元華文創
歷史迴廊 EH001

陳寅恪別傳

近現代中國思想文化與社會變遷的真實寫照

劉正 著

當傳統的價值取向失落之後，陳寅恪先生以其個人之力，獨守其舊，不為外界所左右。以其獨特的學術理性和文化心境，構築了現實中不復完卵的價值取向；以他天才而傑出的研究成果和獨步而獨立的學術結論證明了，中國文化木位思想是中國社會和歷史發展的永恆價值尺度。

作者介紹

劉正 Liu Zheng（一九六三年九月十日—）字京都靜源。（英文表述：kyotosizumoto）男，漢族。出生於北京市，籍貫北京市。畢業於北京師範大學分校中文系、日本關西大學（文學碩士）、日本大阪市立大學（文學博士）、日本京都大學（博士後）。曾任日本愛知學院大學客座研究員、日本京都大學研究員、武漢大學歷史系教授、中國人民大學古籍整理研究所研究員、華東師範大學教授。正教授職稱。國際易經學會會員、國際中國哲學學會會員、國際東方學會會員、日本中國學會會員、日本中國出土資料研究學會會員、中國殷商文化學會理事、中國文字博物館學術委員・理事、中國國際易學研究中心理事、中華書院學術委員會副主任、教學導師等。二〇一四年加入北京作家協會。著名古文字學家、歷史學家、漢學史家和易學家。清代學術世家傳人。著有長篇小說《獨釣寒江雪》（兩卷本），文學傳記《閒話陳寅恪》（獲評二〇一一年大陸書展暢銷書）、《陳寅恪史事索隱》、《民國名人張璧評傳》（獲評二〇一五年大陸網路銷售暢銷書），散文集《扶桑散記》、《旅日隨筆》，詩歌集《靜源律詩自選集》等。曾長期在日本《東方時報》、《新華僑雜誌》、《日本新華僑報》、《新交流時報》、《九州華報》、《中文導報》、《留學生新聞》、《華風新聞》、《外國學生新聞》等開設文藝副刊專欄，發表文藝作品兩百四十多篇、發表學術論文一百六十餘篇。另有學術著作：《周易通說》、《中國易學》（獲評二〇一四年大陸書展暢銷書）、《周易通說講義》（臺灣）、《周易發生學》、《西藏密教：對儀軌和法理的研究》（臺灣）、《海外漢學研究：二十世紀卷》（入選武漢大學學術叢書）、《金文氏族研究》、《金文廟制研究》、《圖說漢學史：十九世紀以前卷》、《京都學派》、《商周彝銘學研究史》、《京都學派漢學史稿》、《京都大學所藏抄本水經注疏》、《周易考古研究》、《赤壁古戰場的歷史地理》、《商周圖像文字研究》、《青銅兵器文字》、《金文學術史》（入選上海文化發展基金會特別資助學術著作叢書）、《漢學通史》兩卷本、《陳寅恪書信集（四二二封）編年考釋》二十幾部總篇幅達到八百萬字在海峽兩岸出版。論文《從觀象繫辭說到乾卦之取象》獲中國中青年哲學工作者最新成果交流會優秀論文獎，《筮短龜長說的成立史研究》獲馬來西亞主辦第十二屆國際易學大會優秀論文獎，博士學位論文《東西方漢學發展史の研究（日文）》獲得日本國大阪市立大學優秀博士畢業生「總代」稱號（等同於中國的優秀博士畢業生）等。多篇學術論文被譯為英、日等文字在海外發表。二〇一四年底移民美國，二〇一六年加入美國漢納國際作家協會和藝術家協會。現為美國漢納國際作家協會理事、副會長，美國 WACS 考古和歷史語言學會常務會長。

書前題記

陳寅恪晚年一方面埋頭於「著書唯剩頌紅裝」的研究範圍內，另一方面卻又熱衷於「晚歲為詩欠砍頭」的詩歌議政興趣中，以這樣的晚年心態，即便是其一九四九年到了臺灣，在當時國民黨嚴酷統治的大環境下，他能否「善終」還真是個大問題！一生經歷了從封建社會到民國時代、再到新中國三種社會轉型的一個傳統知識人，總是抱著「思想囿於咸豐、同治之世，議論近乎湘鄉、南皮之間」的處世態度和價值取向，無論是新中國還是臺灣，都不可能成為他的長久居住之地。那麼，時下的陳學研究和出版的相關著作，大多一味地指責新中國五、六〇年代的種種批判和運動對他造成的身心迫害，謳歌其所謂的「獨立之精神、自由之思想」，但是完全沒有注意到了陳氏自身的頑固守舊態度和主觀的不合作傾向，加重了其自身退出歷史舞臺的進程。雙目失明以後的陳氏，無法將自己的生命歷程進行合乎現實和符合自我身心狀況的準確定位，這使他成為傳統知識人在新中國各種改造運動中的另類，他的人生悲劇的出現，無論在新中國五、六〇年代的種種批判和運動中，還是在臺灣五、六〇年代的種種清黨和嚴查活動中，必然難逃被清理被整肅的命運。

——這就是筆者對一個傳統知識人在近現代三種社會轉型時期的價值取向及其生命情調的個案研究所得出的結論。

陳寅恪像

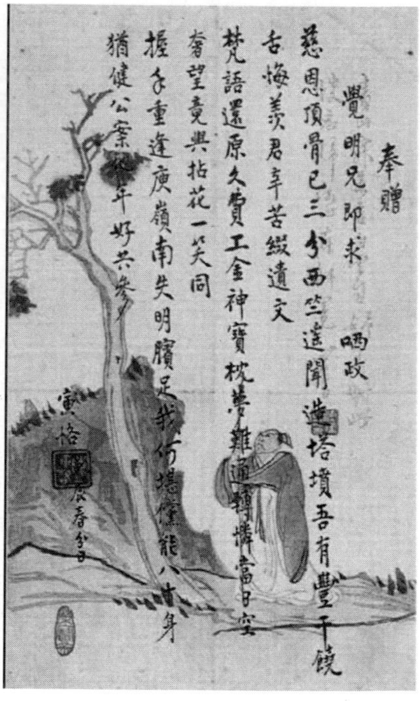

民國時代的陳寅恪護照和書法作品

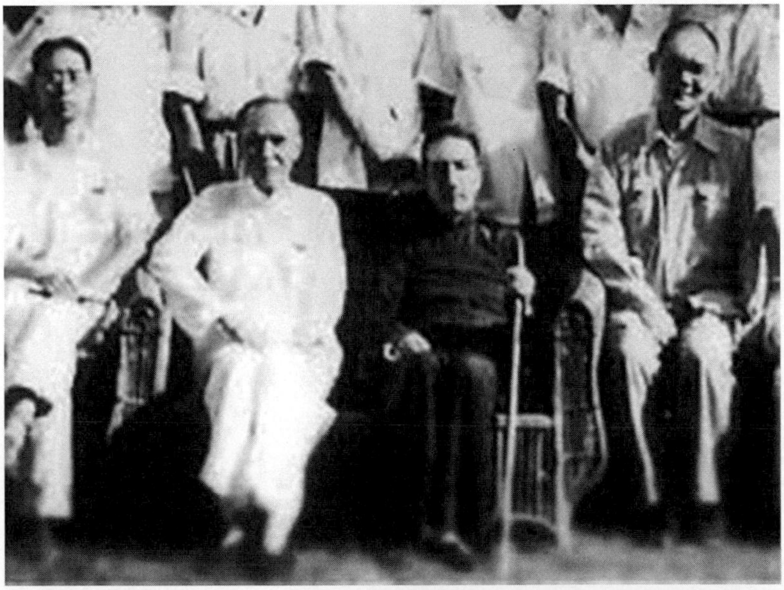

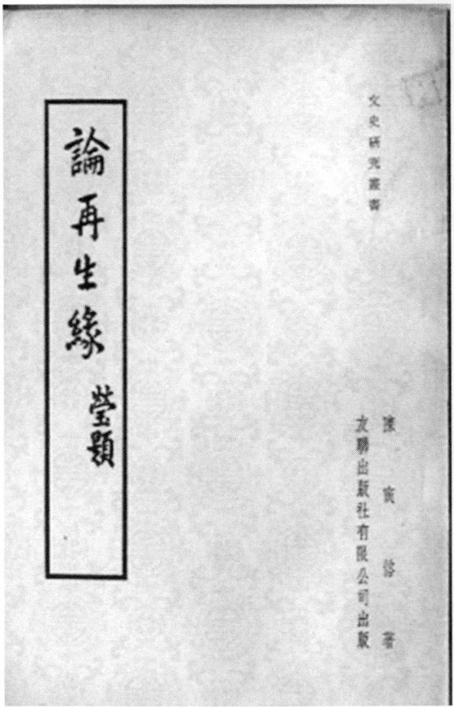

論再生緣　瑩題

文史研究叢書

陳寅恪著

友聯出版社有限公司出版

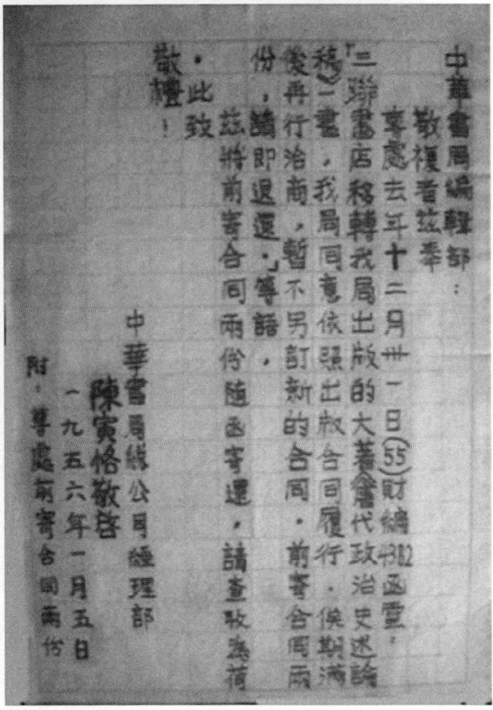

中華書局編輯部：

敬複者茲奉

尊處去年十二月卅一日(55)財編4382函暨，「三聯書店移轉我局出版的大著唐代政治史述論稿》一書，我局同意依照出版合同履行，俟期滿後再行洽商，暫不另訂新的合同。前寄合同兩份，請即退還。」等語，茲將前寄合同兩份隨函寄還，請查收為荷。此致

敬禮！

中華書局總公司經理部

陳寅恪敬啓

一九五六年一月五日

附：尊處前寄合同兩份

五〇年代的陳寅恪及其著作、中華書局來信

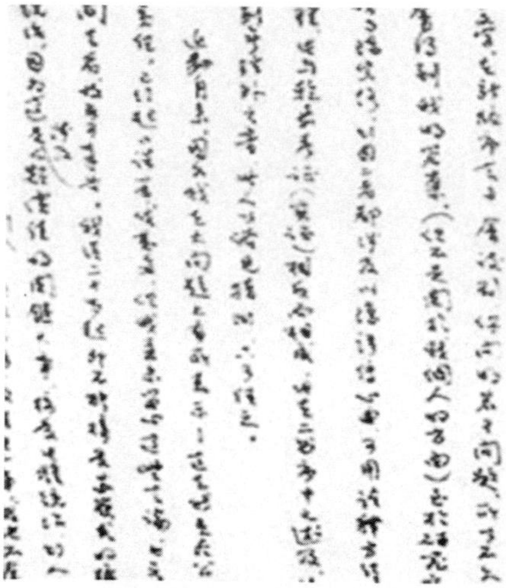

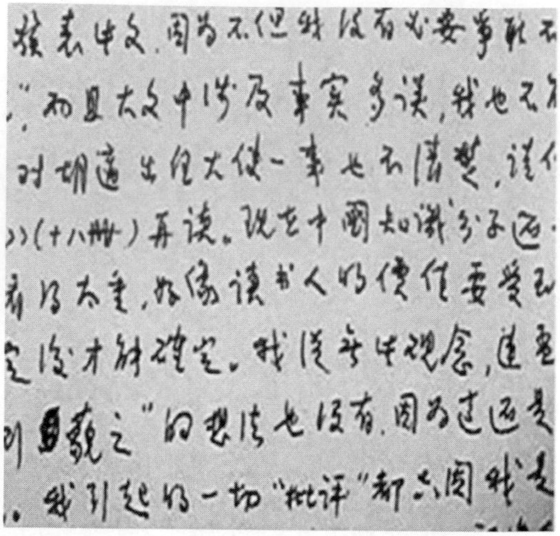

著名史學大師余英時先生致筆者信

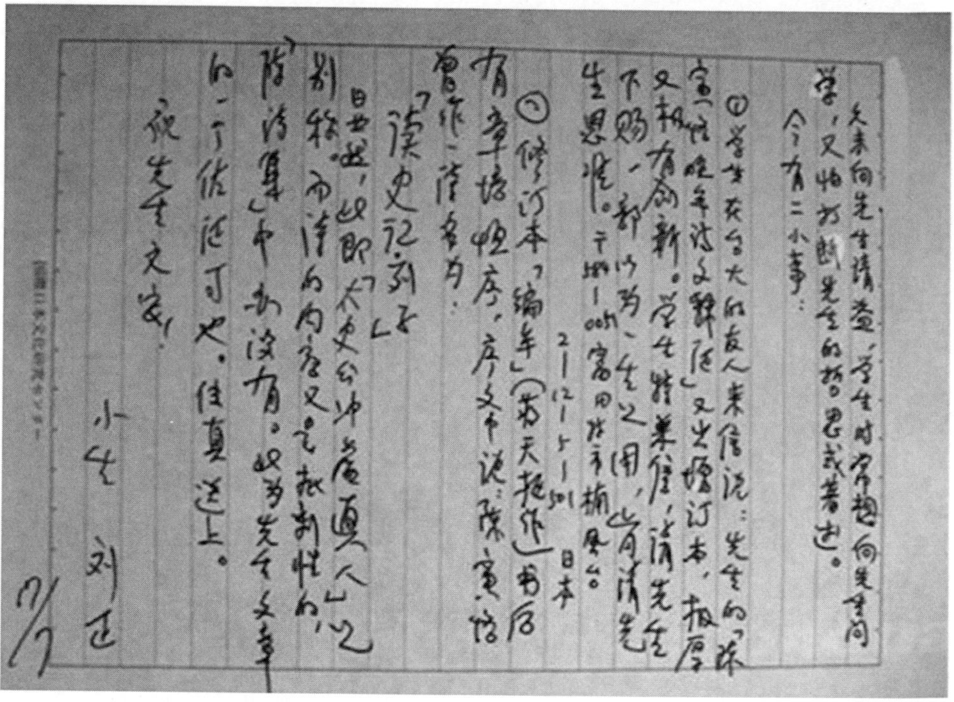

筆者致余英時先生的傳真

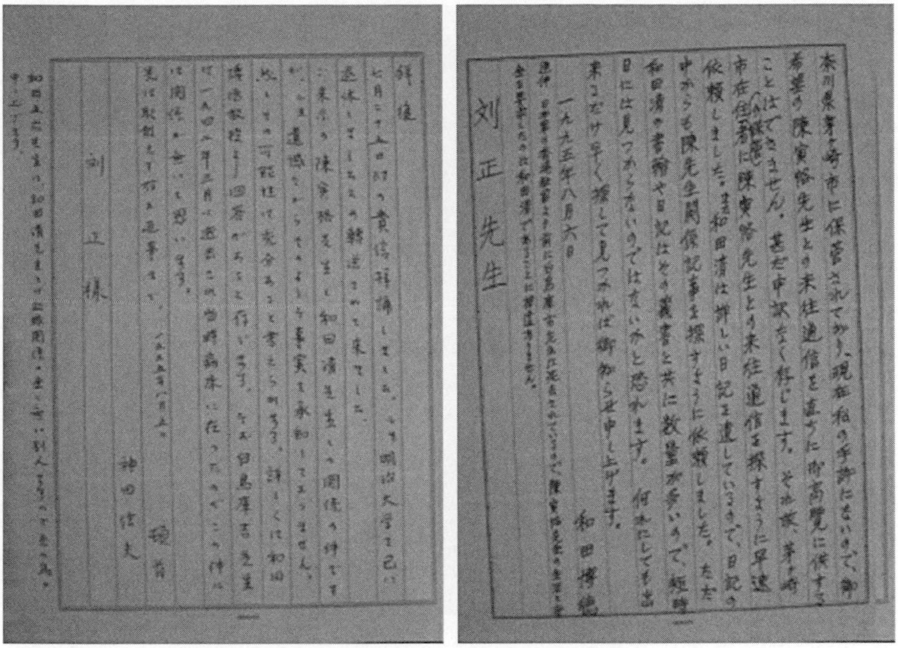

神田信夫、和田博德先生致筆者來函

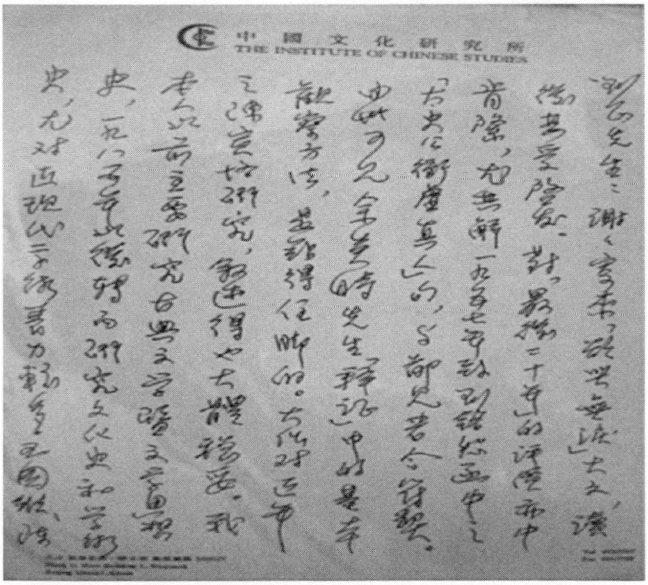

劉夢溪先生致筆者來函

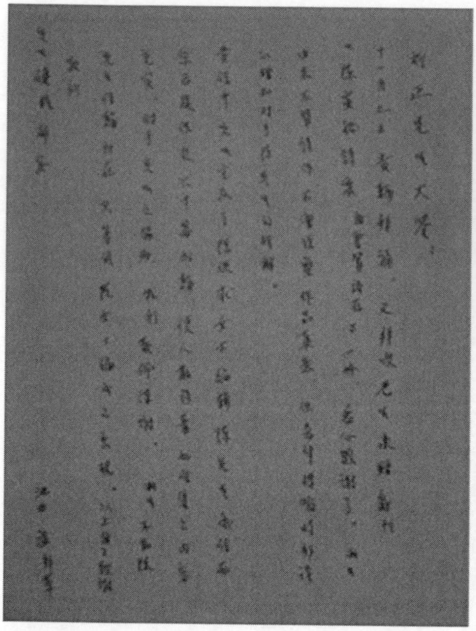

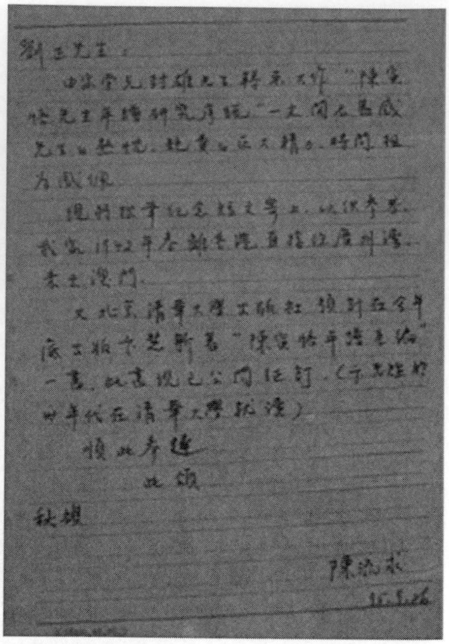

池田溫先生、陳流球女士致筆者來函

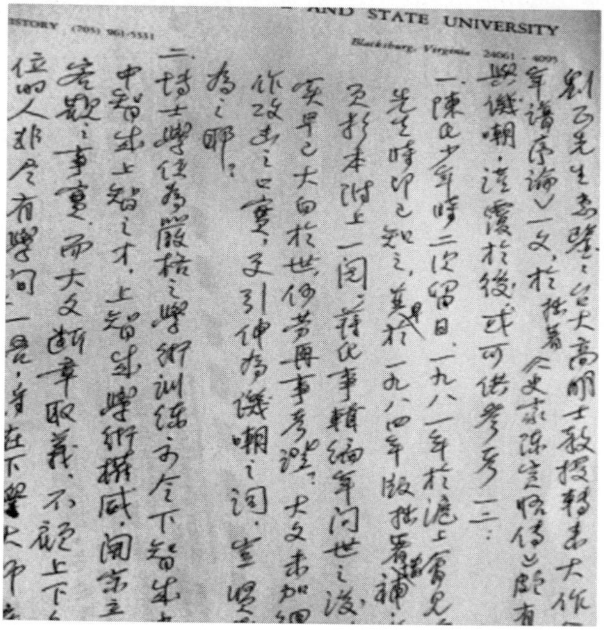

AND STATE UNIVERSITY
STORY (703) 961-5331
Blacksburg, Virginia 24061-0117

汪榮祖先生致筆者信

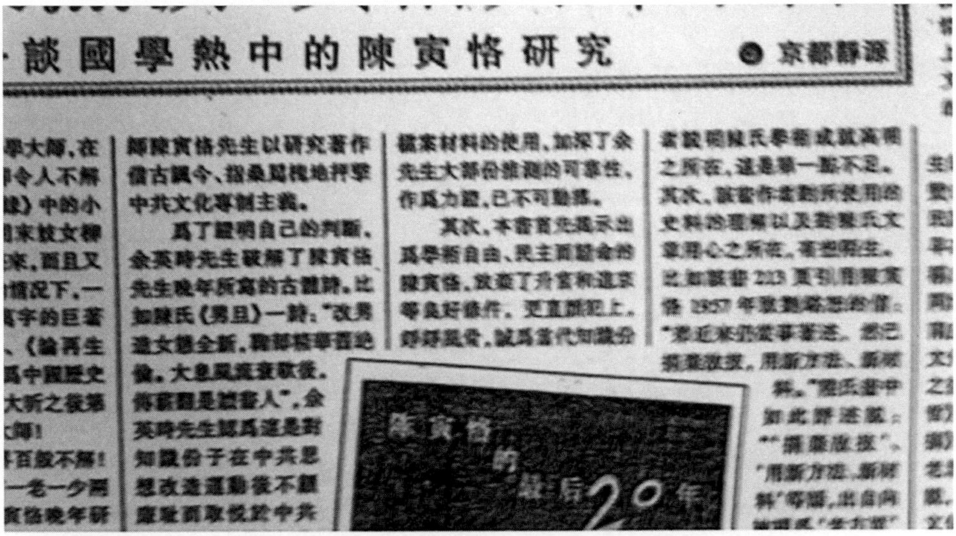

談國學熱中的陳寅恪研究 ● 京都靜源

歸陳寅恪先生以研究著作借古諷今、指桑罵槐地抨擊中共文化專制主義。

馬了證明自己的判斷，余英時先生破解了陳寅恪先生晚年所寫的古體詩。比如陳氏《男旦》一詩："改男造女態全新，鞠部精華舊絕倫。太息風流衰歇後，傳薪翻是讀書人"。余英時先生認爲這是對知識份子在中共思想改造運動後不顧廉恥而取悅於中共

檔案材料的使用，加深了余先生大部份推測的可靠性，作爲力證，已不可動搖。

其次，本書首先揭示出爲學術自由、民主而獻身的陳寅恪，放棄了升官和遠京等良好條件，更重要的是，錚錚風骨，誠爲當代知識份

者說明陳氏學術成就高明之所在，這是第一點不足。其次，該書作者對所使用的史料的理解以及對陳氏文章用心之所在，有待商榷。比如該書 223 頁引用陳寅恪 1957 年致劉銘恕的信："寒齋來所從事著述，然已撥棄故技，用新方法、新材料。"陳氏書中如此評述說："'撥棄故技'、'用新方法、新材料'等語，出自向

1996 年 12 月 15 日日本《留學生新聞》發表拙文局部照片

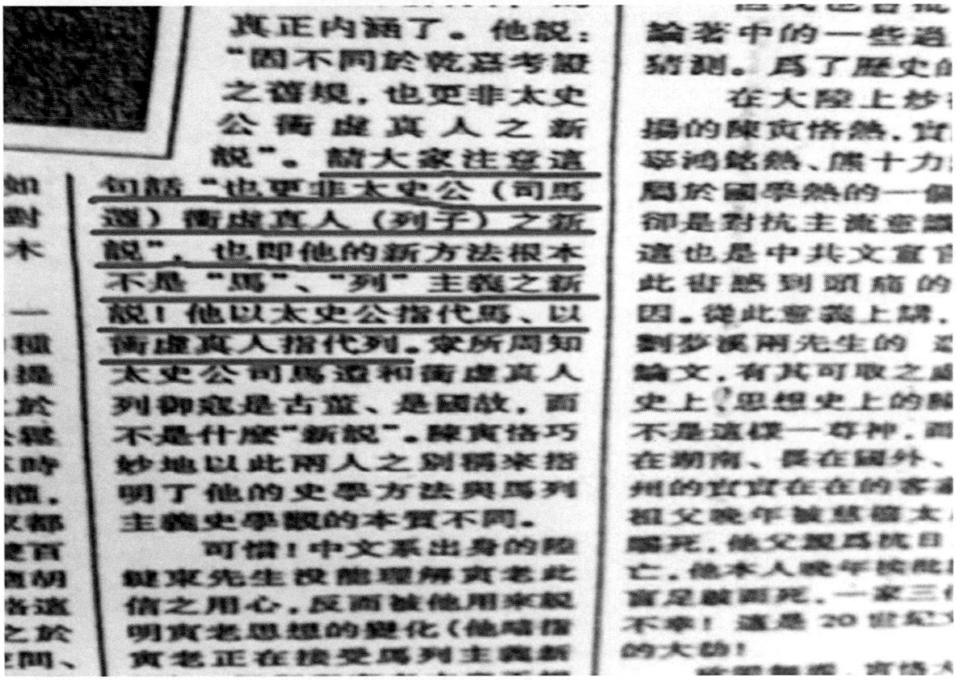

真正内涵了。他說："固不同於乾嘉考證之舊規，也更非太史公衝虛真人之新說"。請大家注意這句話"也更非太史公（司馬遷）衝虛真人（列子）之新說"，也即他的新方法根本不是"馬"、"列"主義之新說！他以太史公指代馬、以衝虛真人指代列。眾所周知太史公司馬遷和衝虛真人列御寇是古董、是國故，而不是什麼"新說"。陳寅恪巧妙地以此兩人之別稱來指明了他的史學方法與馬列主義史學觀的本質不同。

可惜！中文系出身的陸鍵東先生沒能理解寅老此信之用心，反而被他用來說明寅老思想的變化（他暗指寅老正在接受馬列主義新

上述發表的文章中我對「太史公沖虛真人」含義的解釋

欲哭無淚 寅恪大師千古

——談國學熱中的陳寅恪研究

◎ 京都靜源

1996 年 12 月 15 日日本《留學生新聞》發表拙文全部照片

幫陳寅恪治療眼疾的 Steward Duke-Elder 醫生

陳寅恪在柏林大學和哈佛大學的導師
Heinrich Lüders 教授和 Charles Rockwell Lanma 教授

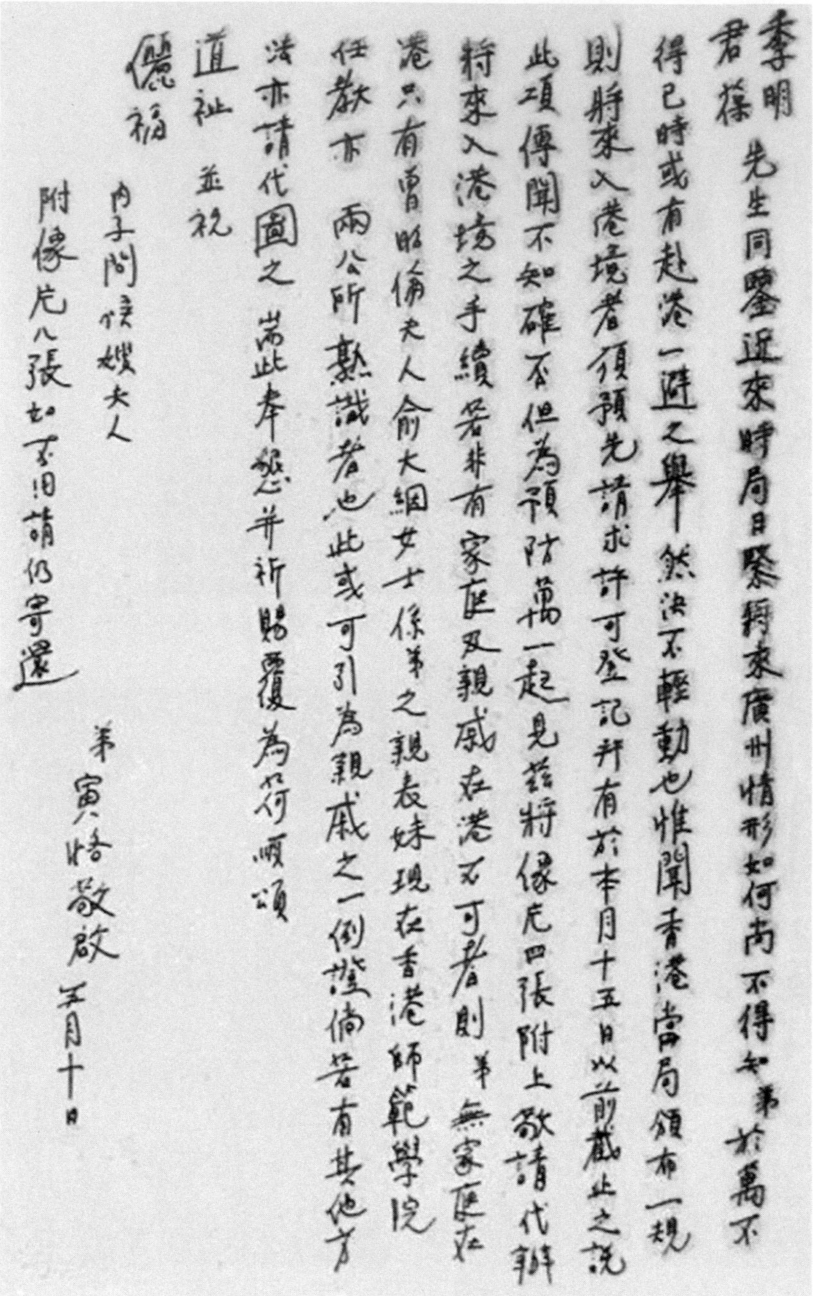
季明
君蓀先生同鑒：近來時局日緊，將來廣州情形如何，尚不得知。弟於萬不得已時或有赴港一避之舉，然決不輕動也。惟聞香港當局頒布一規則，將來入港境者須預先請求許可登記，並有於本月十五日以前截止之說。此項傳聞不知確否，但為預防萬一起見，茲將像片四張附上，敬請代辦將來入港境之手續。若非有家庭及親戚在港者，則弟無家庭在港，只有曾昭掄夫人俞大絪女士係弟之親表妹，現在香港師範學院任教，亦兩公所熟識者也，此或可引為親戚之一例證。倘若有其他方法，亦請代圖之。茲此奉懇，並祈賜覆為荷。順頌
道祉　並祝
儷福
內子附候嫂夫人
附像片八張如不用請仍寄還
弟寅恪敬啟　五月十日

陳寅恪書信（《陳寅恪集·書信集》未收）

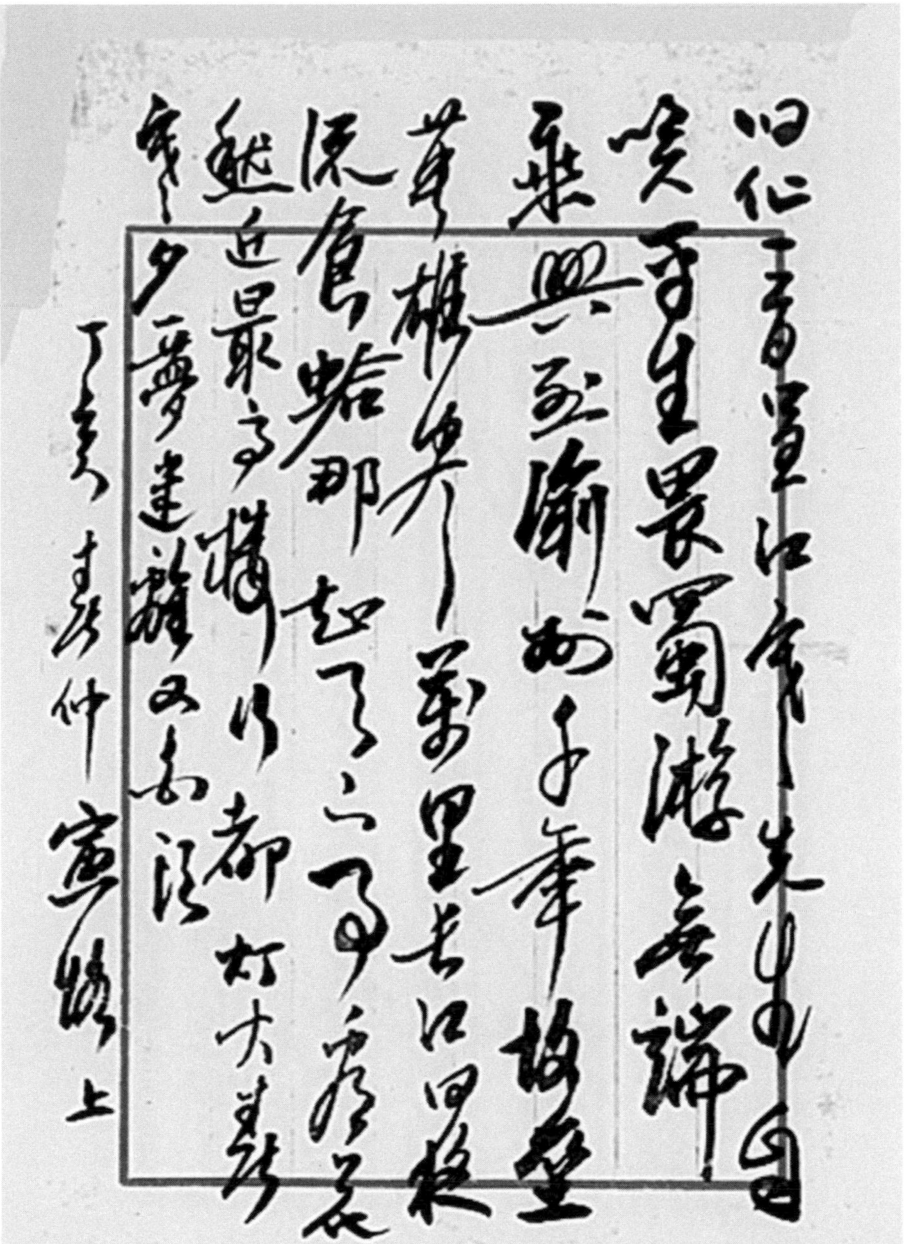

陳寅恪手稿 1

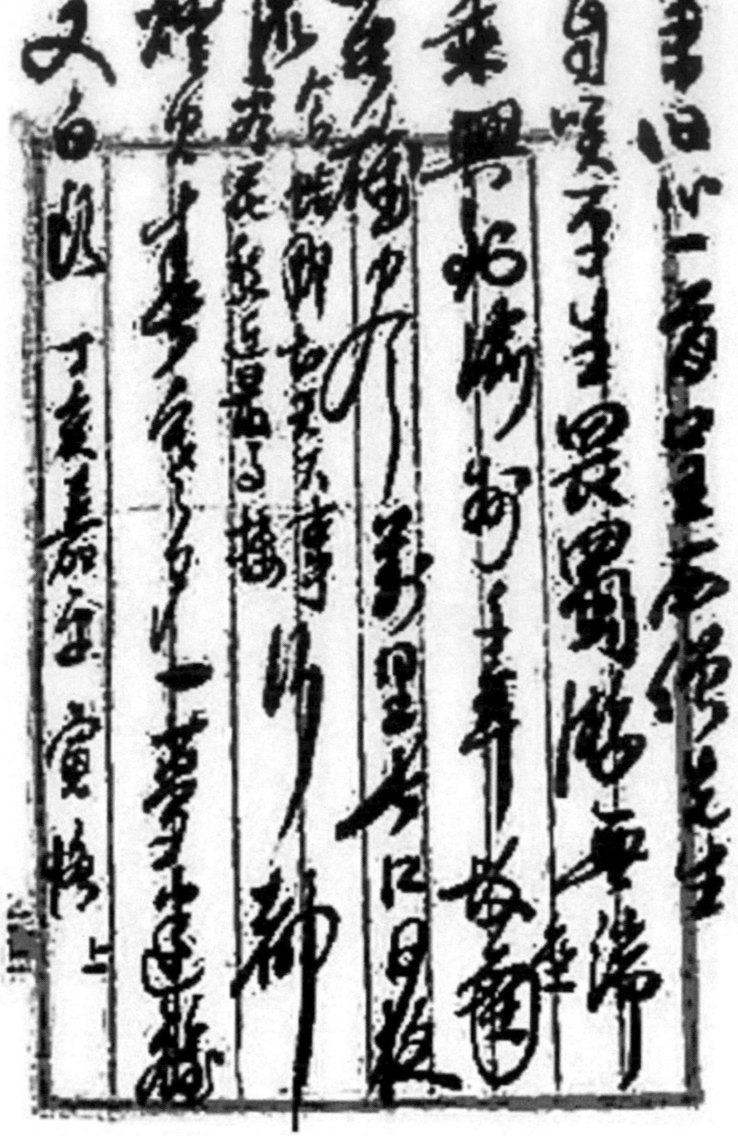

陳寅恪手稿 2

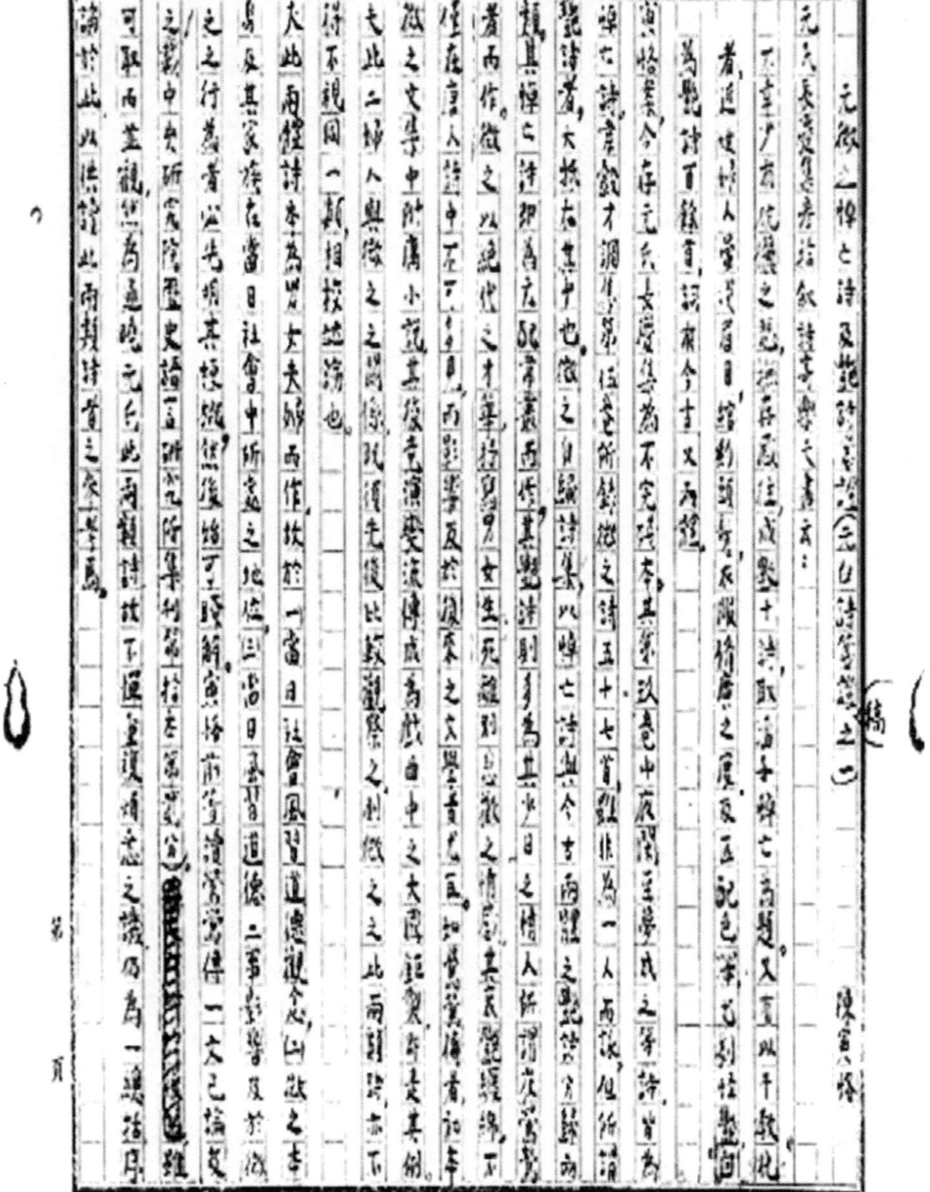
元微之悼亡詩及艷詩箋證（元白詩箋證稿之二）　陳寅恪

元氏長慶集叁拾敍詩寄樂天書云：

不幸少有伉儷之悲，撫存感往，成數十詩，取潘子悼亡為題。又有以干教化者，近世婦人暈淡眉目，綰約頭鬢，衣服修廣之度，及匹配色澤，尤劇怪豔，因為艷詩百餘首。詞有今古，又兩體。

寅恪案：今存元氏長慶集為不完殘本，其第玖卷中夢成之等詩，皆為悼亡詩。韋縠才調集第伍卷所錄微之之詩五十七首，雖非為一人而詠，但所謂艷詩者，大抵在其中也。微之自編詩集，以悼亡詩與今古兩體之艷詩分歸兩類。其悼亡詩即為元配韋叢而作，其艷詩則多為其少日之情人所謂崔鶯鶯者而作。微之以絕代之才華，抒寫男女生死離別悲歡之情感，其哀艷纏綿，不僅在唐人詩中不可多見，而影響及於後來之文學者亦至鉅。如鶯鶯傳者，初本微之之文學中附屬小說，其後竟演變流傳成為戲曲中之大國巨製，即是其例。故此二婦人與微之之關係，既須先後比較觀察之，則微之之此兩類詩，亦不可不視同一類，相校並論也。

夫此兩類詩本為男女夫婦而作，故於一當日社會風習道德觀念，則微之之本身及其家族在當日社會中所處之地位，曰當日社會風習道德二事影響及於微之之行為者，必先明其梗概，然後始可瞭解。寅恪前作讀鶯鶯傳一文已論及之（載中央研究院歷史語言研究所集刊第拾本第貳分）[illegible]雖可取而並觀，然為通曉元白此兩類詩計，故不避重複，略述之梗概，而為一總論，論於此，以供讀此兩類詩者之參考焉。

第　頁

陳寅恪手稿 3

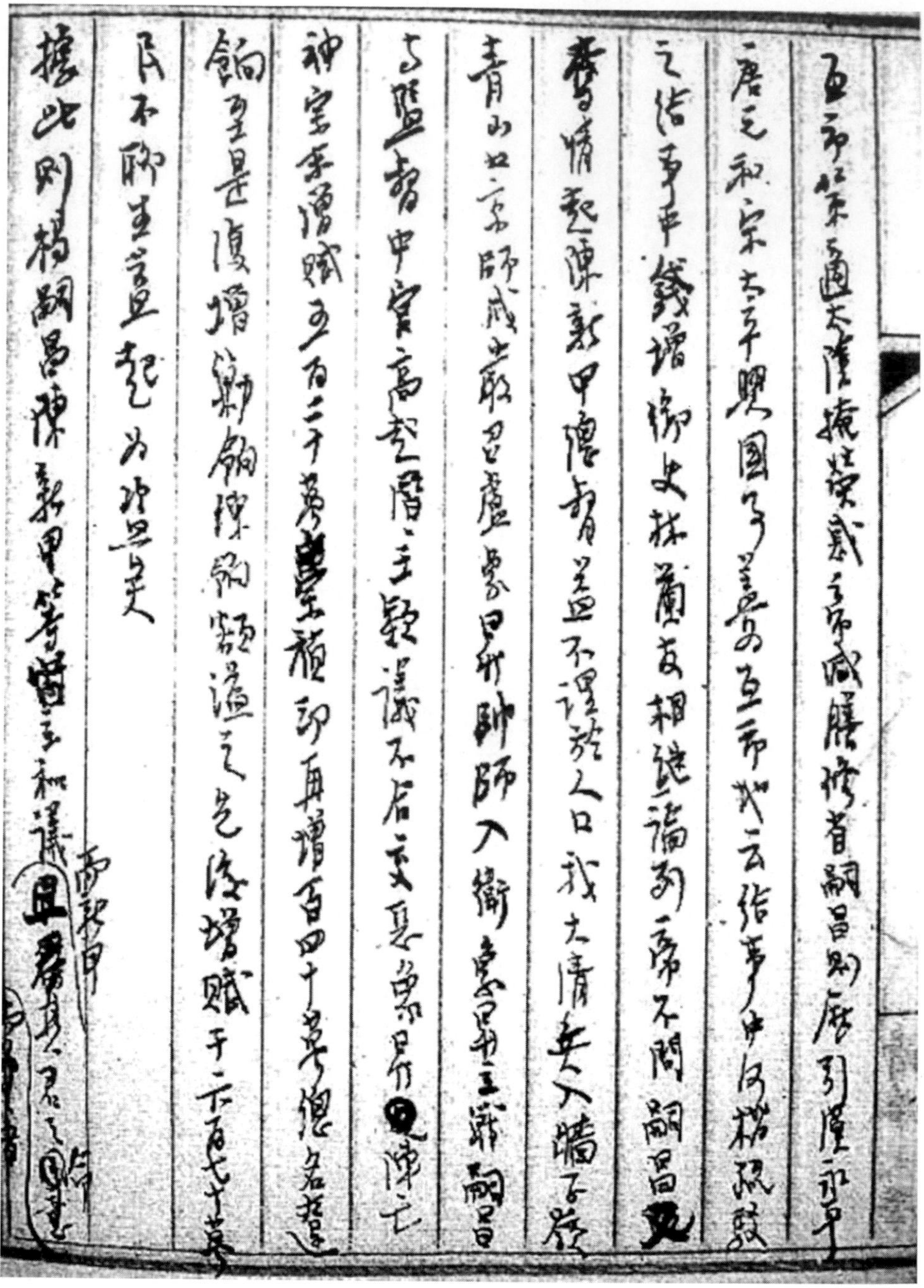
[illegible]
[illegible]
之法事平錢增御史林蘭友相繼論列帝不問嗣昌又
奏請召陳新甲總督□□不得謂於人口我大清兵入牆子嶺
青山口京師戒嚴召盧象升督師督師入衛象升主戰嗣昌
與監督中官高起潛主款議不合交惡象升死陳亡
神宗末增賦五百二十萬崇禎初再增百四十萬總名遼
餉至是復增剿餉練餉額溢之先後增賦千六百七十萬
民不聊生益起為盜矣
據此則楊嗣昌陳新甲等皆主和議[illegible]

陳寅恪手稿 4

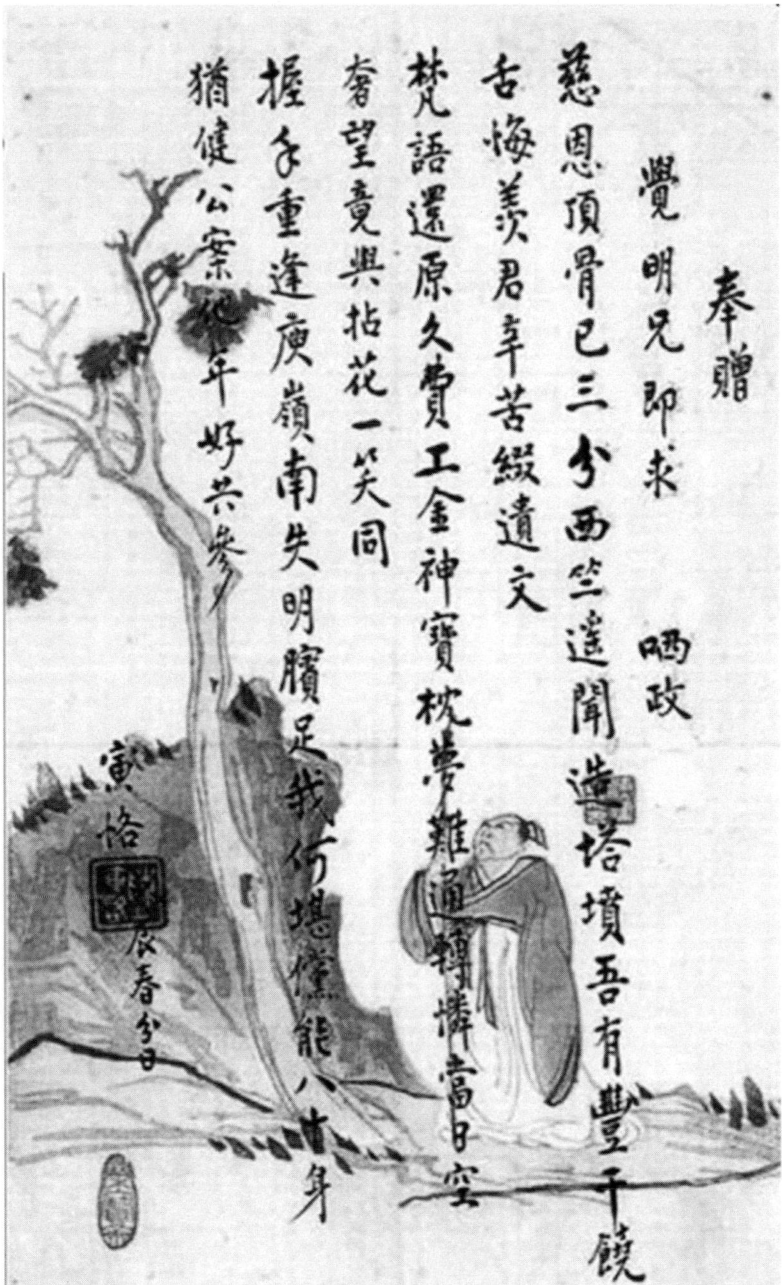
奉贈
覺明兄即求哂政
慈恩頂骨已三分西竺遙聞造塔墳吾有豐干饒
舌悔羨君辛苦綴遺文
梵語還原久費工金神寶枕夢難通轉憐當日空
奢望竟與拈花一笑同
握手重逢庾嶺南失明臏足我何堪儻能八十身
猶健公案他年好共參
寅恪
庚辰春分日

陳寅恪彩色信箋上的尺牘

前言

《陳寅恪別傳》著述由來

甘於寂寞的史學大師陳寅恪先生，生前和死後卻幾度被學界高度重視。現在，他又成了顯學！加之復旦大學葛兆光、中國藝術研究院劉夢溪等先生的大力論著，陳寅恪先生的文化形象成了一尊神像，使人如墜深淵、如臨歧路。嗚呼哀哉！

陳寅恪先生的一生，經歷了滿清、民國、新中國三種社會變革時期，從康梁變法、庚子之變到滿清下臺、辛亥革命，從留學日美、讀書德法到喪祖失父、兄死母亡，從避亂西南、客居香港到北上京都、南下兩廣，從留命任教、思想改造到反右浪潮、停職思過，從文革風暴、人妖顛倒到挨批挨鬥、目盲足跛，直至夫妻雙亡……

陳寅恪先生的一生是一個中國傳統知識人在三種社會變革時期和歷史發展過程中的典型代表，是近現代中國思想和文化、社會和歷史發展變換的真實的寫照。換句話來說，陳寅恪先生作為個體，其一生的遭遇和他的文化思想與價值取向是一個傳統知識人在複雜的社會和歷史轉換中所出現的不可避免的悲劇。

當傳統的價值取向失落之後，陳寅恪先生以其個人之力，獨守其舊，不為外界所左右，以其獨特的學術理性和文化心境構築了現實中不復完卵的價值取向，以他天才而傑出的研究成果和獨步而獨立的學術結論證明了中國文化本位思想是中國社會和歷史發展的永恆價值尺度，並最後與他的選擇勇敢地同歸於盡而九死不悔。用他本人悼念王國維先生的自盡時所說的話來說，即：「近數十年來，自道光之季，迄乎今日，社會經濟之制度，以外族之侵迫，致巨疾之變，綱紀之說，無所憑依，不待外來學說之擠擊，而已消淪喪於不知不覺之間，雖有人焉，強聒而力持，亦終於不可救療之局。蓋今日赤縣神州值數千年未有之巨劫奇變，劫盡則窮，則此文化精神所凝聚之人，安得不與之共命而同盡。」七十多年後的今天，讀來尚有字字見血，句句見淚之力量。

陳寅恪先生是江西修水人，祖父是湖南巡撫陳寶箴，父親是晚清詩壇四大公子之一的陳散原，長兄是嶺南畫派創始人陳師曾，表兄弟是前臺灣國防部長俞大維，母親是晚清詩壇著名女詩人俞明詩，舅父是晚清詩壇大詩人俞明震・再往外拓展一下：陳師曾又是現今大畫家范曾的姑父，俞大維和蔣經國是兒女親家。俞大維長兄俞啟威又是江青的第一任丈夫。其弟陳方恪是旅法共青團創始人之一。其妻唐曉瑩的祖父是晚清臺灣巡撫唐景崧……毫無疑問，自上述政治、文化、姻親關係中長大的陳寅恪先生，有著不同尋常的家庭背景。在他的摯友中，如王國維、梁啟超、趙元任、吳雨僧、胡適、丁文江、張君勱、董作賓、俞平伯、傅斯年……在他的學生中，如勞幹、周一良、季羨林、王力、楊聯陞……舉凡現當代政治、文化、學術界各類頂尖人物皆和他有關。他是清華國學研究院四大導師之一，又是敦煌學的創始人，更是中古史研究的開路先鋒。他學過二十幾種語言和文字，據說能閱讀古希臘文、日文、德文、英文、法文、波斯文、蒙文、吐火羅文、梵文、滿文史料[1]。

---

1 關於陳寅恪所學外語種類問題，請見《陳寅恪所學的外語種類》一章。

他開創了以詩證史的研究方法，從此以後古代文學作品又具有了史料價值。他把對元蒙史的研究極大地推進了一步，至今仍無人能出其右。他對隋唐史的研究成了國際上中古史學的開山祖師。這樣一個史學大師能夠成為時下出版界和讀書界的公眾人物，和大陸最近三十幾年來的國學熱是分不開的。

從二〇一一年開始，陳寅恪研究出版熱和讀書熱再次迎來了新一輪的高潮。二〇一一年，當第二十一屆全國圖書交易博覽會在哈爾濱拉開帷幕，根據當時的相關報導：百花文藝出版社出版的劉正、黃鳴合著《閒話陳寅恪》一書即被推出，並且被稱為「《閒話陳寅恪》在哈爾濱全國書博會上引起強烈反響。」而且「在讀書界反響強烈，引發新一輪陳寅恪熱」。[1]時過兩年，隨著陸鍵東的新版《陳寅恪的最後二十年》的出版，報刊新聞和出版界越來越多的人開始意識到這一熱潮真的已經形成了。

面對這一局面，我們這些陳學研究的局外人都感到十分欣喜，那麼陳氏後人和「陳學專家」應該更是喜不自禁了吧？然而，讓我們始料未及的是：拙著《閒話陳寅恪》引來了兩位年輕有成的「陳學專家」胡文輝和張求會二君的詰難。先是胡君主張拙著《虛經腐史意何如：陳寅恪先生的文字遊戲》一篇，完全是抄襲他對《經史》詩的解說。而後張君出面在《南方都市報》上發表了《無準備卻趕時髦……這樣寫陳寅恪，真的可以嗎》一文，該文對拙著大加指責和嘲諷，並給拙著貼上了「惡意譭栝、以臆測代替考證等等不良學風」的標籤。有鑒於此，迫使我不得不停下手中的工作，開始

1 《天津日報》二〇一一年五月二十七日及網路報導 http://youhuashuo.com/index.php?m=ta&c;id=1717961125，《閒話陳寅恪》在哈爾濱全國書博會上引起強烈反響。

思考陳寅恪研究出版熱和讀書熱中出現的某些問題。兼為答覆兩位年輕有成的「陳學專家」胡文輝和張求會二君對我的詰難。

首先，我先聲明：我不是「陳學專家」，雖然我已經出版了四部研究陳學的專題著作。因為我的研究範圍一直圍繞著以下六大板塊，即：

傳統經學為主的中國思想史研究、商周金文為主的古文字學研究、宗教史和制度史為主的商周史研究、版本學和校勘學為主的古典文獻研究、京都學派為主的海外漢學研究、上古神話和詩論為主的中國文學史研究。

在上述六大板塊上，我至今在國內外發表了將近一百六十篇學術論文，出版了二十幾部總計八百多萬言的學術專著。這些學術著作水準高低，褒貶自有公論。但是否如他們所指責我的那樣是「作者的文史素養儲備不夠」，不用談出身經學世家的我，自幼就開始了研讀《周易》和《說文解字》的歷史。相信讀過我的在上個世紀八、九十年代出版的舊著《周易發生學》、《中國易學》，或者在新世紀第一個十年出版的《商周彝銘學研究史》、《金文廟制研究》、《京都學派漢學史稿》，甚至在第二個十年出版的新著《商周圖像文字研究》、《青銅兵器文字》、《周易考古研究》等專著的人，自會判斷我的「文史素養儲備不夠」這一具有侮辱性含義的「命題」的真偽了。既然張求會君有膽量這樣指責別人，他就該已經儲備了足夠的文史素養向我的上述六大研究板塊發起挑戰和質疑，而不是僅僅停留在網路報刊打嘴架的無聊階段。我虛心、耐心、真心地恭候了，請出示！

——我之所以研究陳寅恪，主要有以下三個原因：

首先是一九八六年，我在北京購買了馮衣北的《陳寅恪晚年詩文及其他》一書[1]，讀後感觸很多，開始撰寫研究筆記，並使用當時的稿紙寫下了幾萬字的《陳寅恪年譜初編》草稿。這是我研究陳寅恪的開始。（這一草稿作為紀念我保存至今。）

其次是一九九二年我到日本留學後，意外得到了史學大師余英時先生撰寫的《陳寅恪晚年詩文釋證》一書[2]，讀後非常震撼！當時立志要研究陳寅恪，並開始和余英時、汪榮祖、池田溫、和田清後代、神田喜一郎後代（包括陳氏後人）等海內外等國「陳學專家」取得直接書信聯繫，並且獲得了很多珍貴的中、日、英文的陳寅恪研究相關史料——甚至從一位旅日華僑、陳氏友人後裔的手中，高價購買到了陳先生早年著作《隋唐制度淵源略論稿》一書的原始油印稿（封面有陳先生親筆題字，現存我處）、陳寅恪書信一封（已經轉售給私人博物館「二十世紀中國文化名人書信博物館」館主收藏，《陳寅恪集．書信集》中未收。限於我已經簽署了保密協議，因此我不能公布他的名字和該信內容）。

最後是一九九七年，我在日本留學期間曾以《陳寅恪年譜》為題目，撰寫了將近三十萬字的草稿，當時余英時先生、汪榮祖等先生來信中多次指教，他們也一直很關心此文稿的出版。這些文稿的一部分，後來經過復旦大學文學博士、中央民族大學副教授黃鳴同志協助我一起整理出版。

其次，從一九八六年至今，我發表的研究陳寅恪的論文如下：

---

1 馮衣北《陳寅恪晚年詩文及其他》，花城出版社，一九八六年。

2 《陳寅恪晚年詩文釋證》（增訂本），臺灣東大圖書公司，一九九八年。

1.《文史哲》一九九六年第三期《陳寅恪先生年譜研究序說》。
2.《新華文摘》一九九六年第八期幾乎全文轉載。
3.《中山大學學報》一九九六年第四期《陳寅恪史事雜考》。
4.日本《留學生新聞》一九九六年第一百三十期《談國學熱中的陳寅恪研究》。
5.日本關西地區阪神中國哲學學術發表會《陳寅恪研究について》。
6.《辛亥革命研究動態》二〇〇一年第四期《辛亥革命前後的陳三立父子》。
7.《尋根》二〇〇八年第一期《陳寅恪先生的列祖列宗》。
8.《長江學術》二〇〇九年第二期《陳寅恪「用東坡韻」詩中蘊涵的生命情調》。
9.《中外書摘》二〇一一年第十一期《毛主席親自批准陳寅恪當選學部委員》。
10.《學術界》二〇一三年第十一期《陳寅恪研究出版熱和讀書熱中的思考》。

從一九八六年算起至今，我研究「陳學」將近二十七年。是我「無準備卻趕時髦」還是張求會君「惡意彙栝、以臆測代替考證等等不良學風」，請大家判斷。

而年輕有成的「陳學專家」張求會君在根本不了解我的陳寅恪研究這一經過的情況下，卻大膽斷言《閒話陳寅恪》一書作者「準備既然不足，又忍不住要趕時髦，難免用大膽的臆測來代替考證」，這讓我對他如此以「惡意彙栝、以臆測代替考證等等不良學風」的批評和該文作者的學霸架勢感到無奈。在我和張求會之間，究竟誰在趕時髦？誰又準備不足？《莊子・逍遙遊》中所謂「朝菌不知晦朔，蟪蛄不知春秋」，謂為信然也！

現在，面對著新一輪陳寅恪研究出版熱和讀書熱，我深深感到有些問題亟待解決。

首先，是研究陳寅恪生平還是研究陳氏家族史？

毫無疑問，雖然陳寅恪傳記和研究著作已經出版了將近百部，但是陳氏一生尚有不少待解之謎留待我們研究和發掘。這就需要通過對其家族史和友朋交往史、特別是相關人物的書信和日記的解讀來還原歷史真相。

比如說，我就曾利用中日文資料的記載，首先揭示了陳三立膝下尚有一個名「陳衡恪」的兒子存在。

針對我首先公布的日文資料記載的「陳衡恪」的存在，已經出版了《陳寅恪的家族史》[1]和《陳寅恪叢考》[2]兩部研究專著的年輕有為的陳學專家張求會君頓時坐不住了。他和其師立刻地站出來主張：

我的老師高福生先生懷疑日文資料的陳衡恪有可能是陳衡恪之誤。如果將上引劉君辛苦考證所得綜合考慮，那麼福生師的推測不是沒有可能的。[3]

——請問：你們在沒有通覽此資料的情況下，為何要如此「推測」而輕易地「證無」呢？！這個時候你們完全忘記了自己剛剛說過的所謂的「證有易，證無難」這句振振有詞的俗話。難道只有你們的推測才算「科學的推測」，而我的推測就是「惡意櫽栝、以臆測代替考證」？其實，答覆你

1 張求會《陳寅恪的家族史》，廣東教育出版社，二〇〇七年。
2 張求會《陳寅恪叢考》，浙江大學出版社，二〇一二年。
3 見張求會《無準備卻趕時髦……這樣寫陳寅恪，真的可以嗎》，見《南方都市報》二〇一三年八月十一日。

們師生的推測只需要一點：一九二八年日本外務省情報部所編《現代支那人名鑒》一書中同時收錄了陳衡恪和陳衡恪兄弟二人，而且對陳衡恪介紹頗多[1]！如果你們見到了這些資料，還敢「懷疑日文資料的陳衡恪有可能是陳衡恪之誤」嗎？！請問：你們是否注意到了我的書中已經明確說明了《現代支那人名鑒》一書中同時收錄了陳衡恪和陳衡恪兄弟二人？你們是否知道：該書是以當時日本情報部門在華收集的戶口紀錄和日本外務省檔案館保存的來日留學人員登記紀錄為基礎編纂的。在這樣兩個來源可靠的原始日文文獻中同時存在陳衡恪和陳衡恪兄弟二人的情況下，主張「陳衡恪有可能是陳衡恪之誤」的人，顯然表現出了「惡意𨻶栝、以臆測代替考證等等不良學風」。

其次，是發掘陳寅恪的文化和學術精神還是熱衷於塑造陳氏的反黨意識？

陳寅恪本人多次聲稱「我從來不談政治，與政治絕無連涉，和任何黨派沒有關係」。（見陳寅恪《對科學院的答覆》）。但是，不談政治的他並不缺乏抨擊時政的詩歌。這也就成了某些人力圖通過熱衷於宣傳、尋找和解釋陳氏詩歌中的反共反黨意識和形象，力圖達到塑造一個傳統文化人的政治追求和反共反黨傾向。這一研究和閱讀傾向，我們認為和陳寅恪學術思想中體現出的一貫的文化和學術精神是相悖的。

1 《現代支那人名鑒》，日本外務省情報部所編纂出版，一九二八年。

比如，我最近剛讀到的胡文輝的《陳寅恪詩箋釋》一書[1]，就有濃厚的這一傾向。我不知道他如此努力地想把陳寅恪塑造成一個具有反共反黨傾向的傳統文化人目的何在？！

胡文輝、張求會二君指責拙著中抄襲了他們的觀點之說，胡文輝君的《陳寅恪詩箋釋》一書中公開指責：

> 至今為止，對於我的寒柳堂詩研究，我發現有兩例剽竊：一是劉正、黃鳴的《閒話陳寅恪》，書中《虛經腐史意何如：陳寅恪先生的文字遊戲》一篇，完全是抄襲我對《經史》詩的解說（我的文章作於《箋釋》撰寫以前，曾刊於臺灣《古今論衡》，後來又貼到網上，估計《閒話陳寅恪》就是從網上不告而取的。[2]

我不禁感到好笑。因為我至今既沒有看到過臺灣《古今論衡》，更沒有在網路上查找過他的什麼文章。我的《虛經腐史意何如：陳寅恪先生的文字遊戲》這篇文字完全是直接來自於余英時先生的《陳寅恪晚年詩文釋證》一書，而且加入了我個人的敘述。我在《閒話陳寅恪》一書中首先就說明了這一點。陳寅恪一九五七年致劉銘恕信中有「弟近年仍從事著述，然已捐棄故技，用新方法，新材料，為一遊戲試驗。固不同於乾嘉考據之舊規，亦更非太史公沖虛真人之新說」等語。在《後世相知或有緣——從〈陳寅恪的最後二十年〉談起》一文中，余英時先生首先破解「太史公是司『馬』遷，沖虛真人是『列』禦寇」，實即隱指馬列主義，否則，「太史公和沖虛真人都是老古董，怎麼

---

1 胡文輝《陳寅恪詩箋釋》（增訂本），廣東人民出版社，二〇一三年。

2 胡文輝《陳寅恪詩箋釋》（增訂本），廣東人民出版社，二〇一三年，一二四六頁。此事已經有了大陸廣州市初級、中級法院的兩次調查和判決。所謂抄襲之說，根本不能成立。關注此問題的讀者，可以見我的《陳寅恪史事索隱》一書的相關章節。

忽然變成了『新說』呢？」[1]。此文寫於一九九六年六月十九日，發表於一九九六年八月。既然，「太史公沖虛真人之新說」這個大前提已經被余英時先生解釋了，那麼解釋《虛經腐史意何如》一詩的人——「虛經腐史」即「太史公和沖虛真人」的簡稱，就必須承認這個大前提的第一解釋人是那個余英時先生。何談我在抄襲胡、張二君的文章，豈非咄咄怪事？！胡文輝的文章《陳寅恪詩箋釋二題》，發表在臺灣《古今論衡》第八輯，我至今尚未讀到該文。根據我讀到的該刊第四輯出版於二〇〇〇年來推算，第八輯應當出版在二〇〇二年前後。而我對於《虛經腐史意何如》（此詩最早名稱為《讀〈史記〉、〈列子〉》）一詩的最早解釋是一九九七年七月十七日，我在致余英時先生的傳真中就已經開始力主此說了！該傳真的原始文稿保存至今。（見本書扉頁照片）在那封傳真中，我當時已經明確寫出蔣天樞《陳寅恪先生事輯編年》（增訂本）[2]中出現的「《讀〈史記〉、〈列子〉》顯然即太史公沖虛真人之別稱，而詩的內容又是批判性的，《陳詩集》中亦沒有。此為先生文章的一個佐證可也。傳真送上。」

這裡我所說的「《陳詩集》中亦沒有」是指當時出版的《陳寅恪詩集》中沒有此詩的這一名稱。不但如此，我在一九九六年十二月十五日公開發表的《談國學熱中的陳寅恪研究》一文中，在訂正陸鍵東《陳寅恪的最後二十年》一書中對「捐棄故技，用新方法，新材料」的重大誤解時，也曾明確說明。並且在該文中，我也解釋出了此詩的含義。那麼，請胡、張二君可否回答：誰最先解讀出

1 《後世相知或有緣——從〈陳寅恪的最後二十年〉談起》，《明報月刊》，一九九六年，第八期。
2 蔣天樞《陳寅恪先生事輯編年》（增訂本），上海古籍出版社，一九九七年。

了《虛經腐史意何如》一詩的內在含義？在沒有任何鐵證的情況下，以為只有自己才是最先解讀出了《虛經腐史意何如》一詩的內在含義之人、才可以讀得懂陳寅恪詩作，這是一名學者應該具有的理性態度嗎？這是研究陳學的人應該具有的文化精神嗎？在一些著名網站的讀書頻道上，大量惡意轉發《無準備卻趕時髦……這樣寫陳寅恪，真的可以嗎》一文和胡文輝君的指控，是否想炒作、製作先聲奪人的既定事實呢，我不得而知。但是，我一直沉默不語，事實擺在那裡，我不想多言以免中了讓其藉機出名和炒作的詭計。君不見，《南方都市報》發表的《無準備卻趕時髦……這樣寫陳寅恪，真的可以嗎》一文，到了 http://book.sohu.com/20130813/n384042565.shtml 就已經將題目更改為「陳寅恪研究成為顯學，《閒話陳寅恪》涉嫌剽竊」了，轉載人是何居心不是昭然若揭了嗎！

因為在九月二十七日之前，我並不知道胡文輝是誰，也根本沒有閱讀過他的任何文章和著作。——特別是對於陳寅恪的《經史》一詩的解釋，我早在一九九七年七月十七日[1]致余英時先生的傳真和十二月十五日公開發表在日本《留學生新聞》理論版上的論文《談國學熱中的陳寅恪研究》中就已經明確點明了、解釋了此詩的真正含義。根本不存在我的著作《閒話陳寅恪》「完全是抄襲」剽竊了胡文輝的論著之指控。而且，我至今也沒有看過他所謂的臺灣《古今論衡》和該文的網路版。我想他肯定不知道我的這些鐵證和我從一九八六年就開始研究陳寅恪的事實。大陸廣州市初級、中級法院的兩次調查和判決，可以發現所謂抄襲之說，根本不能成立。

1 原信誤輸入成一九九六年七月十七日，特此更改說明。

第三，如何看待陳氏對郭老的評價？

感謝陸鍵東先生的著作《陳寅恪的最後二十年》一書，使我們得知陳寅恪曾經評價郭沫若的學術成就為：「他最好的著作是《青銅時代》」[1]。

這是上一輪陳氏研究出版熱和讀書熱中提出的新問題。最近十幾年來，一直未見有人對此加以賞析。在此，我特別提出來請大家討論。

陳寅恪自己稱專治「不古不今之學」，也就是所謂的中古史或隋唐史研究。他自己早在一九三五年《陳垣西域人華化考序》一文中就已經明言了「不敢觀三代兩漢之書」，[2]但是為何晚年居然發如此之怪論？

作為中古史首屈一指的頭號學術權威，在雙目失明前的二十世紀三〇年代，假如真的沒有讀過郭沫若的巨著《卜辭通纂》和《兩周金文辭大系》，那是落後於時代還是根本讀不懂？要知道，當時連國民黨的黨首蔣介石也開始注意到了並試圖閱讀這兩部著作了。更何況，陳寅恪的友人可是和他同為清華國學研究院導師的國學大師、甲骨學金文學和商周史研究的權威王國維啊！說陳寅恪一點不懂上古史顯然是說不過去的。因為他在《對科學院的答覆》中曾這樣評價郭沫若：「郭沫若是甲骨文專家，是四堂之一，也許更懂王國維的學說。」而且，一九三〇年十月二十四日陳寅恪致傅

1 陸鍵東《陳寅恪的最後二十年》，三聯書店，一九九五年，三二二頁。
2 《陳寅恪集・金明館叢稿二編》，三聯書店，二〇〇一年，二六九頁。

斯年信中居然提出要求：希望中央研究院可以購買日文出版的《泉屋清賞》一書。[1]我相信眼下很少有人能明白這本書的價值——因為它是日本收藏的中國商周青銅器的精品和集大成者，更是研究商周歷史和考古學的不可或缺的經典參考書。如果他不懂商周銅器學，他購買這本書有什麼意義？！

——但是，一本幾乎是商周史研究的通俗讀本的文史作品《青銅時代》，怎麼會引起陳寅恪如此的重視和評價呢？！居然說郭沫若「他最好的著作是《青銅時代》」，這是暴露了他的學術知識的欠缺還是他有真知灼見？不懂甲骨文和金文的陳寅恪，怎麼可以將他自己讀得懂的《青銅時代》推崇到壓倒郭氏劃時代的巨著《卜辭通纂》和《兩周金文辭大系》地位之上？其中可有什麼玄機？

第四，陳氏晚年心境和遭遇是否是傳統知識人在近現代三種社會轉型過程中出現的必然悲劇？

陳寅恪晚年一方面埋頭於「著書唯剩頌紅裝」的研究範圍內，另一方面卻又熱衷於「晚歲為詩欠砍頭」的詩歌議政興趣中，以這樣的晚年心態，即便是其一九四九年到了臺灣，在當時國民黨統治臺灣的大環境下，他能否「善終」還真是的大問題！一生經歷了從封建社會到民國時代、再到新中國三種社會轉型的一個傳統知識人，總是抱著「思想囿於咸豐、同治之世，議論近乎湘鄉、南皮之間」的處世態度和價值取向，無論是新中國還是臺灣，都不可能成為他的長久居住之地。那麼，

---

1 《陳寅恪集．書信集》，三聯書店，二〇〇一年，三八頁。

時下的陳學研究和出版的相關著作，大多一味地指責新中國五、六〇年代的種種批判和運動對他造成的身心迫害，並且專注熱衷於陳氏所謂的那個「獨立之精神，自由之思想」的空中樓閣、鏡花水月，但是完全沒有注意到了陳寅恪自身的頑固守舊態度和主觀的不合作傾向加重了其自身退出歷史舞臺的進程。

雙目失明以後的陳氏，無法將自己的生命歷程進行合乎現實和符合自我身心狀況的準確定位，這使他成為傳統知識人在新中國各種改造運動中的另類，他的人生悲劇的出現，無論在新中國五、六〇年代的種種批判和運動中還是在臺灣五、六〇年代的種種清黨和嚴查活動中，必然難逃被清理被整肅的命運。

第五，研究陳寅恪還是研究「余氏陳學」？

研究陳寅恪，有一個人是不能不提的，那就是一位余英時先生的陳寅恪研究。

余英時先生，安徽潛山人，一九三〇年生於天津。一九五〇年開始在香港新亞書院及新亞研究所上學，師從著名國學大師錢穆。一九五六年至一九六一年就讀於哈佛大學，師從陳寅恪的弟子楊聯陞，獲博士學位。曾任密西根大學、哈佛大學、耶魯大學講座教授、香港新亞書院院長兼中文大學副校長。現任普林斯頓大學講座教授、臺灣中央研究院院士。著有《漢代中外經濟交通》、《歷史與思想》、《史學與傳統》、《中國思想傳統的現代詮釋》、《文化評論與中國情懷》、《中國文化與現代變遷》、《歷史人物與文化危機》、《士與中國文化》、《方以智晚節考》、《論戴震與章學誠》、《紅樓夢的兩個世界》、《中國近代思想史上的胡適》、《陳寅恪晚年詩文釋證——兼論他的學術精神與晚年心境》、《猶記風吹水上鱗——錢穆與現代中國學術》、《現代儒學論》等。

如此說來，陳寅恪還是余英時先生的師爺輩的人物呢。

一九五八年以前，余英時先生所寫關於陳寅恪的文章並不多，只有一篇《陳寅恪先生論再生緣書後》，一九九七年十月十二日，在《我為什麼寫陳寅恪》一文中表明了他研究陳寅恪的起因：

一九五八年秋天我在哈佛大學偶然讀到《論再生緣》的油印稿本，引起精神上極大的震盪。現在我願意補充一點，即這一精神震盪和自己當時的處境很有關係。那時我在美國的法律身分是所謂「無國籍之人」（「A STATELESS PERSON」），因為我未持有任何國家頒發的「護照」。最初我對此並不十分在意，因為我一向認為沒有「國籍」並不能阻止我在文化上仍然做一個「中國人」。但終一夕之力細讀《論再生緣》之後，我不禁深為其中所流露的無限沉哀所激動。這首為中國文化而寫的輓歌在以後幾天之中都縈回在我的胸際，揮之不去。我在香港住了五、六年，對於當時大陸上摧殘文化、侮辱知識分子的種種報導早已耳熟能詳。但在那個冷戰高潮的時期，報章上的文字都無可避免的受到政治意識的侵蝕。我平時讀這些文字，終不能無所存疑。[1]

剛才我提到了余英時先生「一九五六年至一九六一年就讀於哈佛大學，師從陳寅恪的弟子楊聯陞」之事，實際上，當時，余英時先生從香港新亞書院畢業後，被推薦到美國哈佛大學做學術訪問。但是，因為他的香港居民的特殊身分和他在報刊上發表的提倡自由民主的文章，使他無法獲得大陸

1 《陳寅恪晚年詩文釋證》（增訂本），臺灣東大圖書公司，一九九八年，一頁。

和臺灣的任何一方給他頒發的護照。由此可以設想，如果此刻陳寅恪到了臺灣繼續寫些「晚歲為詩歌欠砍頭」的文字，其結果可想而知！為此，錢穆先生多方援助。最後，駐港美國領事館以「無國籍之人」的特殊身分發給他的留美簽證。此中過程之艱辛至今使他深深感受了沒有國籍和失去國家認同的切膚之痛。這正是在他一讀到《論再生緣》就立刻有所感觸的個人背景。他一直認為他的這個背景和《論再生緣》中所謂的「家國興亡哀痛之情感」是恰好能夠交融的。一九五八年的秋天，當他在哈佛大學偶然讀到流傳到海外《論再生緣》的油印稿本時，引起了他精神上極大的震盪。用他自己的話說，就是「終一夕之力細讀《論再生緣》之後，我不禁深為其中所流露的無限沉哀所激動。這首為中國文化而寫的輓歌在以後幾天之中都縈回在我的胸際，揮之不去。」1

那麼，究竟是一種什麼樣的感覺使他如此震撼呢？

《論再生緣》是我第一次聽到的直接來自大陸內部的聲音，而發言的人則是我完全可以信任的陳寅恪。他一生與政治毫無牽涉，但就其為中國文化所化而言，則可以說是王國維以來一人而已。《論再生緣》中並無一語及於現實，然而弦外之音，清晰可聞：中國文化的基本價值正在迅速地隨風逝去。顧亭林曾有亡國與亡天下之辨，用現代的話說，即是國家與文化之見的區別。我已失去國家，現在又知道即將失去文化，這是我讀《論再生緣》所觸發的一種最深刻的失落感。……無論如何，這個背景和《論再生緣》中所謂「家國興亡哀痛之情感」是恰好能夠交融的。我情不自禁地寫下那篇《書後》，並將《論再生緣》稿本寄交香港友聯出版社刊行，其根本動力也出於我個人所經

1 《陳寅恪晚年詩文釋證》（增訂本），臺灣東大圖書公司，一九九八年，二頁。

歷的一種深刻的文化危機感。[1]

讀了上段文字，我們可以發現：余英時先生更多的感觸是直接來自文化和思想方面的，而非政治性質的。這種解讀，可以說把陳寅恪先生的此文中的文化使命感和價值觀立刻昭然若揭於天下。這就是他當時在《人生》雜誌一九五八年十二月號上發表《陳寅恪先生〈論再生緣〉書後》一文的宗旨。而郭沫若先生看完此文後，非常震驚。在短短的一年多時間內，以近十篇論文之排炮，對著陳寅恪先生的《論再生緣》一書展開了批判。

但是，接下來的問題就是：余英時先生的這一解讀是否符合陳寅恪先生的原意呢？連他自己也承認：「……今天我們已確知寅恪先生當年是熟悉我的《書後》的內容的。那麼他自己究竟有過什麼樣的反應？」[2]我們所看到的公開反應就是陳寅恪在一九六四年撰寫的《〈論再生緣〉校補記後序》一文這樣一段話：

《論再生緣》一文乃頹齡戲筆，疏誤可笑。然傳播中外，議論紛紜。因而發現新材料，有為前所未知者，自應補正。至於原文，悉仍其舊，不復改易。蓋以存著作之初旨也。噫！所南心史，固非吳井之藏。孫盛陽秋，同是遼東之本。點佛第之額粉，久已先乾。裹王娘之腳條，長則更臭。知我罪我，請俟來世。[3]

這裡面出現了「傳播中外，議論紛紜」和「知我罪我，請俟來世」兩組用語。那麼，是「知我」

1 《陳寅恪先生〈論再生緣〉書後》，《人生》，一九五八年十二月。
2 《陳寅恪晚年詩文釋證》（增訂本），臺灣東大圖書公司，一九九八年，三頁。
3 陳寅恪《〈論再生緣〉校補記後序》，見《陳寅恪集・寒柳堂集》，三聯書店，二〇〇一年，一〇六一〇七頁。

呢還是「罪我」呢？通過香港大學的李玉梅博士在一九八七年十月二十五日致余英時先生的信中一段話，我們就可以找到答案了：

晚正研究史家陳寅恪，因於八月下旬結識陳老二女兒陳小彭、林啟漢夫婦，暢談陳老事，至為投契。小彭夫婦於一九五四年調返中山大學，據稱此乃周恩來之意，好便照顧陳老云云。今則居港七、八年矣。於細讀教授有關大作後，小彭命我告知教授數事如下：

〔一〕陳老當年於讀過教授《陳寅恪論再生緣書後》一文後，曾說：「作者知我」。

〔二〕教授《釋證》頁七〇（按：此指一九八六年新版）有「陳先生是否真有一枝雲南藤杖之疑」，答案是肯定的。

〔三〕陳老夫婦確曾有為去留而爭執之事。

小彭夫婦對教授之注陳老思想，能得其精神，深覺大慰，特命余來信告之。

不用再多說什麼了。

此時無聲勝有聲。

看罷來信，余英時先生感覺是「我還清楚地記得，我當時讀到寅恪先生『作者知我』四字的評語，心中的感動真是莫可言宣。」

陳寅恪在《舊曆壬寅六月十日入居醫院療足疾至今適為半歲而疾未癒擬將還家度歲感賦一律》一詩中曾經寫下了這樣一句：「後世相知或有緣」。我一直很懷疑這句話其實就是說給余英時先生的。如今陳學大熱，不乏利用網路搜索經典而成鄭箋者，引得三五粉絲，紛紛以此言相贈許，東施效顰，陳氏地下有知，夫復何言？！現在需要敘述一下余英時先生的主要觀點了：

他在解讀陳寅恪先生晚年詩文時認為：陳寅恪先生寫《論再生緣》有雙重含義在內，其一是感懷身世，寓自我傷感之情。其二是感概世變，抒發其對極權政治的深惡痛絕之情。而陳寅恪先生寫《柳如是別傳》的用心則是以三百多年前的明清故事，處處結合當前的興亡遺恨，尤其是他個人的身世。在極權主義時代，陳寅恪感歎本人所追求的那種「獨立之精神，自由之思想」之不能實現。陳寅恪先生以文化遺民的心境走進了新中國。

換句話說，他主張一代史學大師陳寅恪先生以研究著作借古諷今、指桑罵槐地抨擊當時的文化專制現象。

為了證明自己的判斷，他首先破解了陳寅恪先生晚年所寫的古體詩。比如陳寅恪的《男旦》一詩：

改男造女態全新，鞠部精化舊絕倫。太息風流衰歇後，傳薪翻作讀書人。

他認為：這是陳寅恪先生對當時的思想改造運動中出現的部分知識分子不顧及廉恥的政治表現進行的批判和嘲諷。

又如陳寅恪先生的《苦熱》一詩：

墨儒名法道陰陽，閉口休談作啞羊。屯戍尚聞連涓水，文章唯是頌陶唐。

他認為：這是陳寅恪先生對當時的文化專制情況下只許歌功頌德的批判和嘲諷。

應當說，余英時先生的上述解讀是十分精湛和精準的。陳寅恪先生自己就曾說他晚年的議論時政的詩歌屬於「晚歲為詩欠砍頭」的言行。但是，限於當時的改革開放之前的封鎖的大環境下，余英時先生的論著更多的是建立在一種基於考證學基礎上的推測而來的結論。就事實本身而言，則缺乏實證。這使得「馮衣北們」可以將余說斥為「假說」、抨擊「其論非實」、是屬於「不懷好意」、是「蔣幫反動文人的反共言行」等等。為此，當時中國社會科學院曾布置專人批判余英時先生。《夏鼐日記》一九八三年四月十八日如實地記錄了這一事實：

> 下午至鮑正鵠同志處，送余英時關於陳寅恪先生的文章，因為院中託他處理此事也。[1]

所謂「院中託他處理此事」，即委託他寫文章批判余英時先生的陳寅恪研究論文。

針對余英時先生的《陳寅恪晚年詩文釋證》這一驚世著作。一時間，被國外戲稱為「文化沙皇」、又是陳寅恪早年弟子的胡喬木，立刻帶兵領將，針對這本著作和有關論文展開了又一輪排炮的反擊！

因為有了上述經歷，到了一九八二年，余英時先生又再次提筆，寫下了《陳寅恪的學術精神和晚年心境》一文。此文在香港的《明報月刊》發表後，立刻引來了國內學術界的熱烈回應。以至於連當時的負責意識形態的主要負責人胡喬木也有形無形地參與進來。這便是花城出版社在一九八六年出版的、署名「馮衣北」的劉斯奮所寫的《陳寅恪晚年詩文及其他》一書。

關於該書的出版，花城出版社介紹說：

> 一九八三年至一九八五年間，香港報刊曾陸續發表余先生（引用者修改）和馮衣北兩先生的文章，就陳寅恪晚年所寫的詩文進行了討論，對已故史學家陳寅恪這一時期的生活、工作和心境提出了一系列不同看法，引起了海內外學術界的注意和興趣。鑒於余先生的部分文章已於一九八四年結

1《夏鼐日記》，華東師範大學出版社，二〇〇一年，二三三頁。

集出版，並擬於近期增訂再版，我們特將馮衣北先生的文章結集出版，並請作者增寫序跋，對問題作了進一步的論辯。[1]

這段掌故，今天大家看了《陳寅恪的最後二十年》一書就可以全然了解事情的經緯了。

余英時先生在看到了馮衣北的答覆文章後，他在《弦箭文章那日休》一文裡寫道：

署名馮衣北的文章，是代表某一部門中共官方的「弦箭文章」，其中並無值得一駁的具體內容。執筆者自然是奉命而行，已是汪中所謂的「如黃祖之腹中，在本初之弦上。」對於「馮文」作者的用心之苦，我只有同情，並無反感。[2]

而「馮衣北」（劉斯奮）看到答覆後，又寫回覆文章反擊說：余先生在他的論辯文章中，一開始就把我封位大陸官方學術界的代言人，說我的文章基本上是為了表示政治立場觀點和態度而寫的。我很榮幸受到如此「抬舉」。只可惜我尚無此種資格。不過無論如何，我仍然得佩服余先生論戰方法的巧妙。因為這樣一來，我在讀者眼中就成了十足的政治工具，我的一切文章自然就成了毫不足信的政治宣傳，簡直可以不攻自破。[3]

拋開此版出籠前後的那段特殊的歷史背景，我想說的是：雙方爭議的核心還是在於陳寅恪本人所說的「傳播中外，議論紛紜」和「知我罪我，請俟來世」這兩組話！更簡單地說：是「作者知我」還是「作者不知我」的問題。值得提醒的是，我們今天所研究的是陳寅恪的文化精神和學術思想，

1 《陳寅恪晚年詩文及其他》，花城出版社，一九八六年。
2 《陳寅恪晚年詩文釋證》（增訂版），臺灣東大圖書公司，一九九八年，二四三頁。
3 《陳寅恪晚年詩文及其他》，花城出版社，一九八六年。

而不是「余氏陳學」。《閒話陳寅恪》出版後，許多讀者、友人來信索求余英時先生致筆者的親筆信的影印件，這實在遠遠超出我的想像之外。甚至連余英時先生一九九六年八月十五日覆劉正函中和我討論陳寶箴之死的原因時，也被張求會等人如獲至寶般的理解為「披露了他對於陳寶箴被賜死一說的態度，彌足珍貴」，他依然沒有忘記此時再嘲諷我一句「作者的虛榮心」。在他看來，余英時先生指導我從事學術研究和我公布一條他的學術觀點都是「作者的虛榮心」在作怪。當然，他沒有忘記在報刊上及時地公布一下余英時先生「對胡文輝《陳寅恪詩箋釋》一書的肯定，順帶提到了我，措辭也是一貫的謹嚴，但的確令我深感榮幸」[1]，讀到這裡，我們想問：這究竟誰才是處處體現出「作者的虛榮心」呢？結果我想已經不言自明了。真是「慣曾為旅偏憐客，自己貪杯惜醉人」啊！我們再看看張秋會發表在《東方》二〇〇三年第八期的文章《陳寅恪、唐篔骨灰安葬側記》一文，該文公然以經辦人自居，全文上下只見他自己唱獨角戲，似乎安葬陳氏夫婦在廬山完全是他一人之力整合各個方方面面而成的。然而，我最近收到了著名學者、老友劉夢溪教授的贈書《陳寅恪的學說》。該書第二二二頁對於安葬陳氏夫婦在廬山問題，說得十分清楚，披露了他對於陳寅恪夫婦歸安廬山經辦人是誰的態度，彌足珍貴：「還有鄭翔先生，陳寅恪先生夫婦歸安廬山，他一手經辦，可以說是陳先生的真正後世有緣人。」天！我大吃一驚，此刻再回頭去看《東方》那篇文章，該文居然對鄭翔先生沒有提一個字！

——在我孤獨、憂患和多難的青少年時代，在我個人的學術成長道路上，我很感謝余英時先生

1 見《教研資訊》二〇一二年第四期。

在過去的那些年代裡對我的及時、無私和耐心的回信與指教！能遇到這樣一位史學大師的指點，真的讓我充滿無限的感謝、感恩和感激之情！當然，我也更加感謝介紹我和余英時先生認識的在國際學術界大名鼎鼎的著名哲學家、我和余英時先生共同的好友、前中國社會科學院馬列所所長蘇紹智教授。在陳寅恪研究和國際漢學史的研究上，乃至於在人生道路和文化精神的選擇上，余英時先生在他寶貴的科研時間裡給我留下了十幾封、上萬字的書信，這不僅是我個人、也是學術界難得的珍寶！如果將來真要編輯出版論學往來書信集時，只要余英時先生同意，我立刻公布我這裡保存的我們之間的全部往來書信。

但是，我認為今天要想真正提高陳寅恪晚年心境的研究水準，就必須超越「余英時先生的陳學」，即必須走出他的思考和研究模式。以上五點思考，希望可以引起新一輪陳寅恪研究出版熱和讀書熱的關注和解答。

第六，關於《陳寅恪的最後二十年》一書

畢業於中山大學中文系的青年作者陸鍵東，推出了他的《陳寅恪的最後二十年》一書。陸氏此書的出現，使國內外陳氏研究學者們百感驚訝和情不自禁。

首先，這部書真實地再現了陳寅恪晚年的生活情景：挨批、挨鬥、被抄家、甚至被開除公職等等細節，以及陳寅恪先生本人由此而來的大致思想變化。凡此種種，印證了余英時先生的書中對陳寅恪晚年心境和詩文所作的種種推測。特別是陸鍵東書中對一些事件當事人的檔案材料的使用，加

深了余英時先生這位美國學者大部分推測的可靠性。作為力證，已經不可動搖。

其次，本書首先揭示出為學術自由、民主而請命的陳寅恪，放棄了升官和進京等良好條件，更直顏犯上，錚錚鐵骨，誠為當代知識分子的楷模。如他對周揚的質問，如他對郭沫若的態度，如他對胡喬木的責難……陳寅恪先生不惜以一死之心向當時極左思潮控制下的種種文化專制和政治運動提出抗議和抨擊，乃至於見之於書。今天，我們可以很輕鬆和時髦地說那個特殊的時代存在著文化專制和極權主義統治。但是在陳寅恪時代，當大家都在高舉三面紅旗、投入雙百運動、參加反右、批胡適胡風等活動時，卻有陳寅恪這樣的學者站出來，書之於史，見之於墨，為自由空間和學術民主而抗爭，他那史學大師的慧眼和哲人的智慧，又豈是我等時代各路學人所能望其項背的。

當然，陸鍵東先生此書存在不足，首先作者不了解陳寅恪先生的學術思想及其深刻內涵，無法向讀者說明陳氏學術成就高明之所在。其次，二一三頁作者對其所使用的史料的理解以及陳氏文章用心所在，有些陌生。比如，該書引用陳寅恪一九五七年致劉銘恕的信：「弟近年仍從事著述，然已捐棄故技，用新方法，新材料」，陸氏書中如此評價說：「捐棄故技，用新方法，新材料等語，出自被視為老古董陳寅恪之口，這說明陳寅恪的學術思想與學術追求晚年內仍在發展與變化。」

——此言差矣！陳寅恪此信在上述幾句話之後馬上就說明了他的「捐棄故技，用新方法，新材料」的真正內涵了，他說：「固不同於乾嘉考據之舊規，亦更非太史公沖虛真人之新說」，也就是說他使用的這一研究方法根本不是「太史公（馬）沖虛真人（列）之新說」！他在這裡以太史公司馬遷的名字暗指「馬」字、以沖虛真人列子的稱號暗指「列」字。眾所周知，「太史公」和「沖虛真人」是屬於老古董的象徵，而不是什麼「新說」。陳寅恪先生巧妙地以藏頭詩的模式指明了他的史學研究方法根本不同於當時流行的「馬列主義新說」。與此同時，根據海外坊間傳說，他還寫有《經史》一詩。這首詩的第一句就是「虛經腐史意何如」。根據上述對「太史公（馬）沖虛真人（列）之新說」的解釋，則「《經史》」一詩其內涵顯然就是陳寅恪對「馬列主義新說」的評價。接下來，該詩的下一句就是「谿刻陰森慘不舒」，即他把馬列主義看成是「谿刻陰森慘不舒」。這代表了作為封建遺老遺少、資產階級史學家之一分子的陳寅恪先生真實的內心世界。陳氏本人使用的這一藏頭詩方法，在他的《柳如是別傳》一書中曾一語道明：「明末人作詩詞，往往喜用本人或對方或有關之他人姓氏明著或暗藏於字句之中。斯殆當時之風氣如此，後來不甚多見者也。」[1]

一句話，陸氏書中的解釋和陳寅恪先生的本意正相反！陸氏此書一出版，就立刻引起了知識人和文宣系統官員們的一致關注。

先是洛陽紙貴般的加印冊數、舉行發布會。緊接著又有人上告陸氏此書洩密、不實、右傾、抨擊現實社會、製造不安定因素、挑撥黨和知識分子之間感情等等，大小帽子上了一簍筐，直至引來了高層文宣系統官員對此書的「終極關懷」。

實際上，研究陳寅恪先生的文化思想，我並不完全贊成余英時先生的文化遺民說。因為陳氏一生之思想早在上個世紀三〇年代就已經定型。他稱自己是「思想囿於咸豐、同治之世，議論近乎湘鄉、南皮之間」，又認為中國文化的發展在於「宋代學術之復興」。因此，筆者在《文史哲》、《新華文摘》等刊物上發表的研究寅老思想的論文中，首倡一說，即：陳氏思想是當代新儒學思想的文

1 《柳如是別傳》上冊，三聯書店，二〇〇一年，一六頁。

化論證。這才是現代思想史意義上的陳寅恪。

當然，學術上的論爭是自由空間、氣度、學識等素養的施展地。我希望不會有人利用我論文中的觀點，來抨擊余英時先生的見解，因為學術爭論和政治主張是需要區別對待的。但是，為了求得歷史的真實，我也會就余英時先生論著中的一些敏感的猜測提出商榷。

第七，浮躁的大陸陳學研究現狀

在浮躁的大陸學術界被炒作得紛紛揚揚的陳寅恪熱，其實是和辜鴻銘熱、熊十力熱等一起屬於國學熱的一個支流。在筆者看來，陳寅恪研究熱至少有兩個方面有些誤入歧途：一是對於陳氏的造神性評價。事實上，歷史上和思想史上的陳寅恪不是這樣一尊神像。一是有些人利用陳寅恪研究用來臧否主流意識形態的一種工具。上述二者皆陳氏思想研究的不幸。

這就說到了本書的著述由來了：它是我過去三十幾年中研究陳寅恪的總結和提煉。對陳氏的思想、生平和學術的研究，向來堪稱晦澀艱深，而絕非既不懂英語德語和日語，又不懂梵文巴利文和吐火羅文，更不懂經學訓詁學和古文字學的學術局外人所駕馭得了的。它要求研究者腳踏實地、皓首窮經，而非急功近利、沽名釣譽。當前國內的陳學研究，無準備又趕時髦的人太多。他們熱衷於搜集陳氏書信、詩歌，一有所得立刻洋洋得意發表在大小報刊上以鳴其功。可是，實際上，他們的解釋又如何呢？我略加揭示如下：

首先，時下對陳詩的誤讀。

比如，陳氏的《乙未陽曆元旦作》一詩：

紅碧裝盤歲又新，可憐炊灶盡勞薪。太沖嬌女詩書廢，孺仲賢妻藥裡親。食蛤那知天下事，然脂猶想柳前春。炎方七見梅花笑，惆悵仙源最後身。

這詩中的「最後身」三個字，那幾個時髦青年「陳學專家」解釋為：「最後身，似自況為世外遺民的最後一人」。

陳寅恪是這個意思嗎？NO！如此「文史素養明顯不夠」的作者及其此書，居然也成了所謂的「陳詩鄭箋」，鄭玄要是活到今天還不被羞死？！如果不懂梵文、巴利文和小乘佛教，是不是屬於「文史素養明顯不夠」？是不是尚不具備研究和注釋陳寅恪詩歌的資格和能力？

案：「最後身」，並非一般意義上的最後、最後之身。陳詩難解往往在於後人望文生義。這三個字其實是難解又難以覺察的典故術語。此詞來自梵語antima-deha。即生死身中最後之身。又作「最後生」、「最後有」、「最後末身」。在小乘佛教中指斷絕一切見思煩惱、證無餘依涅槃之阿羅漢之身。

再如，陳氏的《乙未舊曆元旦讀初學集》一詩：

絳雲樓上夜吹簫，哀樂東山養望高。黃合有書空買菜，玄都無地可栽桃。如花眷屬慚雙鬢，似水興亡送六朝。尚托惠香成狡獪，至今疑滯未能消。

這詩中的「黃合」二字，個別「陳學專家」解釋為：「漢代丞相、太尉官署廳門塗作黃色，後借指宰相。」案：「黃合」，即黃閤。典出唐葛立《聞我師大捷騎宵遁上時宰五十韻》：「端揆開黃閤」一語。這裡的「端揆」指宰相。「黃閤」，相府的大門。又作「黃合」。《高渙墓誌》中有「及軍啟劉蒼之號，儀中鄧騭之府，門開黃合」一語。「買菜」，即「買菜書」之省。典出晉皇甫謐《高士傳・嚴光》：「司徒霸與光素舊，欲屈光到霸所，使西曹屬侯子道奉書，光不起。子道求報，光曰：『我手不能書。』乃口授之。使者嫌少，可更足。光曰：『買菜乎？求益也！』」此句講相府大門打開出來送徵聘之書，但是他認為北京（玄都）那裡沒有地方可以研究學術（栽桃）。這裡暗指當時郭沫若北京來書聘陳氏為中古史研究所所長之事。如此隱諱的詩歌內涵，至此則煥然冰釋。

三如，陳氏的《用前題意再賦》一詩：

歲月猶餘幾許存，欲將心事寄閒言。推尋衰柳枯蘭意，刻畫殘山剩水痕。
故紙金樓銷白日，新鶯玉茗送黃昏。夷門醇酒知難貰，聊把清歌伴濁樽。

這詩中的「夷門」二字，個別「陳學專家」的解釋為：「魏國都城大梁的東門」。請問：陳氏這裡用「夷門」一典和「魏國都城大梁的東門」有何貴幹？研究古詩，重在找出準確的典故出處。

案：陳氏這裡用「夷門」一典恰恰是使用了藏頭詩的方法，他借用了唐李華《奉寄彭城公》：「貧病老夷門」一語。即，此句典出唐李華《奉寄彭城公》：「貧病老夷門」一語。這裡指陳氏感歎自己晚年「貧病老」之現狀。「清歌伴濁樽」，典出漢曹操《短歌行》：「對酒當歌，人生幾何」一語。「濁樽」，典出南朝王寂《第五兄揖到太傅竟陵王屬奉詩》：「濁樽湛澹」一語。指薄酒，印證了上句「貧病老」之現狀。

總而言之，個別「陳學專家」對陳詩的解釋，準備既然不足，又忍不住要趕時髦，難免用大膽的臆測來代替考證。炒作可以鼓譟於一時，「陳詩鄭箋」云云，不過如此而已。大陸陳學研究的浮躁，由此可以看出端倪了吧。

書成至此，意猶未盡，效仿陳氏書成作詩之例，錄舊作七律八首於下，名曰《秋興・追和杜子美》：

秋興一　作於一九八四年秋

罵祖呵宗萬事休，煙飛霞散也風流。梧桐細雨催人老，長恨歌聲把命囚。
碎夜殘燈星破淚，江潘海陸筆悲憂。當時已悔封侯願，只剩心涼也是秋。

秋興二　作於一九九〇年秋

劫運多生苦命兒，一張華蓋罩卿囚。眼觀東土無衕路，心往西方美地疇。
賣馬莊中飄大鳥，牧羊村外唱清鷗。蒼天若得飛金票，度盡仟年乞討羞。

秋興三　作於一九九一年秋

千古滄桑總難知，孤燈鳳筆寫風姿。茅蓬春夜牀前淚，異代深宮鏡裡詞。
吳語琵琶音色軟，越方琴瑟五聲癡。辟征我自甘淪落，不覓封侯但覓詩。

秋興四　作於一九九二年秋

蟬鳴秋夜曲悠悠，不染紅塵即自由。化蝶莊生知蝶泣，愛花周子解花愁。
學遊三界能增慧，心住仟規可卻羞。賤貴達窮非所戀，只留儒雅滿神州。

秋興五　作於二〇〇〇年秋

一入江城雨意深，九年東渡化輕塵。牛衣對泣聽簫客，馬革捲屍舞劍人。玩火少風難遂願，摔琴假戲竟成真。爾來十萬三仟歲，說與愚癡換效顰。

注釋：時任武漢大學中國史教授。

秋興六　作於二〇〇一年秋

都云海上有僊天，半點玄機入雨煙。有女系情流淚眼，無妻懸命頂風船。善離堅白終難斷，窮異和同總被鞭。大笑三聲揮手去，此身已了再生緣。

秋興七　作於二〇〇二年秋

滄海生還蜀道松，仟年風雨顯從容。將軍大樹夸吳井，丞相祠堂罵衛鐘。歎賞鼓琴唐李馬，洗心革面宋文胸。他朝得攬三江月，不信王侯一葉封。

秋興八　作於二〇〇九年秋

居京不易古來言，劍火如今好戲殘。同異離分真假走，姦邪議論是非寬。有心求道尋僊法，無意彎腰討剩餐。若待東都花似錦，一顏華髮傲金鑾。

注釋：調離北京中國人民大學之離別詩。

古人所謂「詩言志」者，陳氏所謂「詩證史」者，謂為信焉。如今，筆者年過五十，本該「知命」，卻連「己」也不「知」，遑論於「命」？

京都靜源　於美國寓所靜維堂書房

目次

第一章

陳寅恪的姓名讀音

令人遺憾的是，對於這樣一位具有獨特歷史地位的知識分子，中國現代很多學者連他的名字的準確發音都不清楚。這是歷史謎團，還是文化失落，抑或另有其他，我們不好先下斷言。即：不清楚他的名字是「陳寅恪（音：克）」還是「陳寅恪（音：卻或怯）」？撰寫和研究陳寅恪的傳記——這位本世紀僅有的一位可以和史學大師王國維並駕齊驅的、傑出的歷史學家，不得不從他的姓名讀音開始，這實在是有點不可思議。但是，在我們和國內外學者們進行有關他的生平活動及其學術思想的討論之時，又常常為他的名字的準確讀音到底是什麼而爭論不休。於是，只好在開始我們的著述之時，有必要作此篇考證文章，對陳寅恪的名字、表字及別名等相關問題，進行比較詳細地考證，以正視聽。

一、陳寅恪命名的由來

一八九〇年七月三日，農曆光緒十六年五月十七日，陳寅恪生於湖南長沙。此時父母住在長沙周氏蛻園。「寅恪」之名乃祖母黃氏所起。其中，「恪」字為其父陳三立之子的排行用字。又見陳氏三姐妹《也同歡樂也同愁》一書：

祖母黃太夫人按族譜排行，「恪」字輩虎年所生男嬰。[1]

則此「恪」字來自黃太夫人的「按族譜排行」。這裡的族譜，當然是陳氏族譜。根據清同治二

1 《也同歡樂也同愁》，三聯書店，二〇一〇年，二〇頁。

年的聚奎堂所立《新定行派》：

從二十一世起『三』字：

三上恪下封上虞下後上，良下家上重下海上邦下。

鳳上飛下占上遠下耀上，振下采上復下西上江下。

這裡的「上」即名字為中間用字，「下」為名字最後用字。這二十個字其實很有內涵。從「三」字起，象徵著「三生萬物」的《道德經》思想。這裡的「萬物」當然就是陳家的萬代後人。第二字「恪」，表明了陳家的客家人身分，沒有用「客」卻用了「恪」，顯然有這樣一種考慮：客有客居的含義，無法生根站穩，故捨棄不用。而恪字則是保留了客家人的內心，又去掉了客居的帽子。「封」字已經是博得封侯之義，暗示陳家的進取心。「虞後」二字乃是點明了陳氏的遠祖。「陳」是虞舜的後裔。族譜前五個字的排行說明了陳家由來、身分、志向等等內涵。因此，筆者在《閒話陳寅恪》一書中就從傳統的姓名學角度分析陳家幾代人的內心世界。現在，對族譜的分析依然證明了這一角度和分析是準確和恰當的。絕非那些中共黨校和新聞媒體的下屬沒有文史功底的個別青年黨棍所謂的「作者貌似對名字特別感興趣，專門安排了一節使用『恪』字作為排行的一點推測，雷人之語層出不窮」[1]的無知質疑所指控的那樣。

「寅」字的由來又是從當年的農曆紀年為庚寅年而來。在十二生肖中寅為虎，因此古今寅年生人，以「寅」字或「虎」字命名者是一種傳統的命名法。如明代著名的畫家唐寅，字伯虎。

1 見《南方都市報》二〇一三年八月十一日張求會文章。看起來，缺乏嚴格和嚴謹的博士階段教育，或許是使其如此發難的學術原因所在吧。

按照《陳氏家譜》的記載：陳寅恪的族名叫「陳彥恭」。但是，這一名字只出現在族譜中，這是傳統家譜學的特點之一。即：家族成員除了具有各自的符合排行的名字之外，還有族名。族名的存在是清人家譜的典型特徵之一。這已經成了家譜學和姓名學研究和斷代的標誌性符號之一。

二、陳寅恪的表字

關於陳寅恪有無表字的問題，蔣天樞在《陳寅恪先生編年事輯》一書中曾說：

昔年樞嘗以字請，師語之曰：「憶聞，余生時適老人熊鶴村來，先祖擬以鶴壽字余，然此字未曾使用。」[1]故可暫定「鶴壽」為陳寅恪最初之字。所謂「鶴壽」是古語「松齡鶴壽」的簡稱。說明其祖父陳寶箴希望孫兒長壽之意。但是正如陳寅恪自

1 蔣天樞《陳寅恪先生編年事輯》（增訂本），上海古籍出版社，一九九七年，九頁。

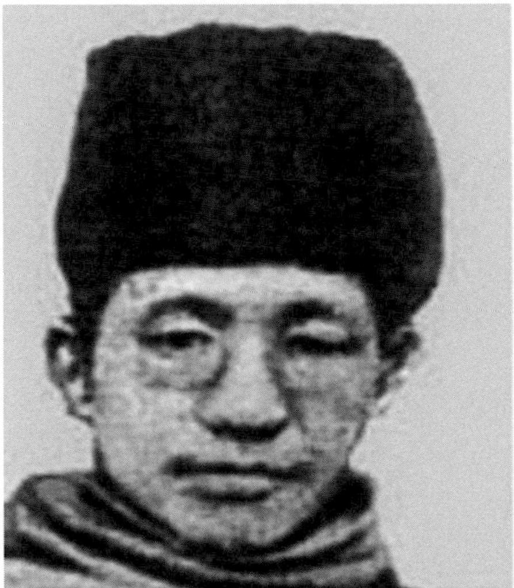

陳寅恪先生標準照

己所說，這一表字「未曾使用」。顯然，陳寅恪本人成年後，定以此為俗，故棄而不用。

三、陳寅恪的別名

關於陳寅恪有無別名問題，以我們所見到的陳寅恪發表的論文和出版的著作來看，尚無使用別名現象；只在一封致當時身處香港的牟潤孫的回信中使用了「湯雲」這一別名。該信內容如下：

數月前奉到大著。烏臺正學，兼而有之。甚佩，甚佩。近年失明斷腿，不復能聽讀。敬請以後不必再寄書為感。敬頌！

湯雲敬啟。

十一月，一日，六六（年）。

北郊兄嫂處乞代致意。

牟潤孫當時居香港。他早年畢業於燕京大學國學研究所。師從陳寅恪的友人、著名歷史學家陳垣。牟潤孫在《敬悼陳寅恪先生》一文中曾說：

一九六六年我曾寄給陳先生一篇文章。不久，得到一封別人署名的信，說以後請勿再寄……[1]

1 牟潤孫《敬悼陳寅恪先生》，《談陳寅恪》，臺北傳記文學出版社，一九七〇年，六六頁。

牟潤孫所說的「得到一封別人署名的信」顯然就是此信了。內容中有「敬請以後不必再寄書為感」一語，和牟潤孫上文中的「說以後請勿再寄……」之回信內容完全一致。

這是在一九六六年的特殊年代下只使用了一次的特殊別名。此信又是由唐篔代筆而書。所謂「湯雲」，亦即「唐（湯）篔記陳寅恪所云」之意。「湯」和「唐」是諧音字，而「雲」字兼有諧音的「篔」和用意的「云（說）」雙重意義。此別名之用意和由來，到此則渙然冰釋。

四、「恪」字的「que」音說

的確，自民國時代以來一直存在著把陳寅恪的「恪」字讀成「que」音的現象。如，趙元任、楊步偉夫婦在《憶寅恪》[1]一文中就曾指出：「但是『恪』字的確有很多人誤讀若『卻』……」再如，胡適在一九三八年七月二十九

1 楊步偉、趙元任《憶寅恪》，臺北《清華校友通訊》新三二期，一九七〇年四月二十九日。

趙元任和楊步偉夫婦、胡適先生照片

日向英國牛津大學寫信推薦陳寅恪出任該大學漢學教授時，他的推薦信第一句話就是：「Prefessor Ying-Chiuh Chan is about 47 years old.（陳寅恪教授時年四十七歲）」。

在此信中，他把陳寅恪姓名的英文發音寫成：「Ying-Chiuh Chan」，和姓名的英文通行寫法完全不同。但此種寫法的讀音即今天的「Chen Yin-Que」。這一寫法念出來是「陳寅恪（卻）」。

又可見劉以煥《國學大師陳寅恪》[1]一書中的記載：

傳主的姓名 Chen Yin-Que，即陳寅恪先生，是按域外通行的漢人姓名英文拼寫法書寫的。這裡是以「que」的音來讀「恪」的音。

一九九六年十一月五日，筆者曾和《陳寅恪先生的最後二十年》[2]一書作者陸鍵東就「恪」字的「que」音說在國際長途電話中展開討論。他提供說：

陳寅恪先生的助手黃萱先生說：在陳先生口述《柳如是別傳》中常常有「寅恪案」一語。當時，陳先生就是以「寅恪（que）案」來讀音的。

由此可見，傳說中的所謂「陳寅恪先生本人就讀成『que』的音」之說，或許是有一定事實根據的吧。而且，蔡鴻生在《不能以陳寅恪先生的是非為是非——蔡鴻生教授訪談》[3]一文中聲稱：

比如，「恪」的讀音，我問過她。她說，她在北平上小學時起，在填學籍報家長名時就讀「que（卻）」。女兒不會讀錯的。而且，師母、黃萱、劉節、周一良、季羨林都這樣讀。這個字的讀法來

1 劉以煥《國學大師陳寅恪》，重慶出版社，一九九六年，三四七頁。
2 一九九六年十一月五日筆者日記記載。
3 《南方週末》二〇〇四年三月十八日。

自陳寅恪先生祖籍江西修水的族譜，屬於客家方言的舊讀。

又見王鍾翰《陳寅恪先生雜記》一文：

> 先生講課，稍帶長沙口音，聲調低微，每令人不易聽懂。[1]

可見，陳寅恪本人的漢語普通話發音並不標準。即，他根本不可能發出漢語普通話中的「que」音。

五、「恪」字的「qie」音說

目前為止，在大陸，把陳寅恪的「恪」字讀成「qie」音的現象，似乎不多。見趙元任、楊步偉夫婦《憶寅恪》一文：

> 但是「恪」字的確有很多人誤讀若……「怯」。[2]

在臺灣學術界則至今仍存在著這一現象。

這可能與漢語的南北兩大語言系統對社會語言發音的影響有關吧。「南音」讀「qie」的現象，在「北調」中並不多見。

---

1 《紀念陳寅恪先生百年誕辰學術論文集》，江西教育出版社，一九九四年。

2 楊步偉、趙元任《憶寅恪》，臺北《清華校友通訊》新三二期，一九七〇年四月二十九日。

六、「恪」字的「Ke」音說

我們主張：把陳寅恪的「恪」字讀成「Ke」的音才是正確的。證據如下：

其一，一九三七年，美國哈佛大學出版的《Harvard Journal of Asiatic Studies》[1]一刊第三卷上刊發了陳寅恪的《Han Yu and the Tang Novel》一文，此文的作者署名就是「Chen Yin-Ke」，而不是「Chen yin-que」，也不是胡適使用的「Ying-Chiuh Chan」。

其二，一九七〇年四月二十九日在臺灣出版的《清華校友通訊》新三二期中，刊發了趙元任、楊步偉夫婦的《憶寅恪》[2]一文中說：「但是『恪』字的確有很多人誤讀若『卻』或『怯』。」可知，讀成 que、qie 是誤讀。著名語言學家又是陳寅恪的數代通家之好的趙元任夫婦的觀點，自然不可輕視。

其三，英國倫敦大學漢學教授 Perceval Yetts 博士（即著名的倫敦大學中國藝術和考古學教授葉慈博士）也曾寫信推薦陳寅恪出任牛津大學漢學教授。有意思的是：他最初寫的推薦信使用的是英文的拼法「Ying-Chiuh Chan」，而後來則又使用德文拼法並訂正為「Tchen Yin-Koh」。劉志偉、程美寶在《陳寅恪先生與牛津緣慳一面的真相》[3]一文中介紹說「關於陳寅恪先生的名字的拼寫，Yetts 前一封信用的是 Chen Yin-chieh，後來卻在同年十一月十九日，專門就此致函給牛津大學註冊

---

1 《Harvard Journal of Asiatic Studies》，一九三七，vol.3。

2 楊步偉、趙元任《憶寅恪》，臺北《清華校友通訊》新三二期，一九七〇年四月二十九日。

3 劉志偉、程美寶《陳寅恪先生與牛津緣慳一面的真相》，《明報月刊》一九九九年第四期。

處，說明陳寅恪先生自己更喜歡使用的拼法是『Tchen Yin-Koh』。」這說明當時讀 que 也很流行了，可是陳寅恪本人的護照（法定讀音）上注明是讀ke，此事居然關係到出國入國手續，可見非同小可又由來已久。

其四，陳寅恪的兄弟數人衡恪、隆恪、登恪、方恪都使用「恪」字排行，他們的發音都是「Ke」的音而非「que」的音，為何單單陳寅恪的「恪」字要讀成「que」的音或「qie」的音？這是說不通的。

其五，清代後期以「恪」字作為姓名者，如，李文恪、陳榮恪等人，皆發「Ke」的音。

其六，讀為「que」的音或「qie」的音，在訓詁學和音韻學上沒有根據。我們看不少字典喜歡為「恪」的 que 音說注解為：「陳寅恪先生之恪讀此音」。實在有些滑稽可笑。

其七，陳寅恪在德國時註冊的名字是「koh」，而不是「que」，而「koh」是「ke」音的德文寫法。見王晴佳《陳寅恪、傅斯年之關係及其他》一文：「陳寅恪在註冊單的署名是 Chen Yinkoh，顯然，這一 kol 是ke的不同拼法，而絕對不會念成 que」。[1]

其八，一九四四年七月十二日陳寅恪當選為英國學術院通訊院士，當時公布的為陳氏本人認可的名字英譯為「Tschen YinKoh」。這裡的「Koh」就是「恪」的發音英式英文拼寫。一九四七年四月十五日陳寅恪當選為美國東方學會榮譽會員時，當時公布的為陳氏本人認可的名字英譯為「Yin-Ko Chen」。這裡的「Koh」就是「恪」的發音美式英文拼寫。

1 《學術研究》，二〇〇五年，第一一期，九二頁。

基於以上諸多原因，我們主張陳寅恪姓名的正確讀音是德文的「Tchen Yin-Koh」或英文的「Chen Yin-Ke」。因為至少這相同讀音的德、英文兩種拼法得到了陳寅恪本人的肯定、使用和認可。

另外，在臺北天一出版社所輯之《陳寅恪先生傳記資料》[1]第一輯第一片影印的《BIOGRPHICAL DICTIONARY OF REPUBLICAN CHUNA（I）》（56 COLUMBIA UNIVERSITY）之「陳寅恪先生」條目中，姓名拼法為「Ch『en Yin-k』o」，另有「Alt. Ch『en Yin-ch』ün」的拼法，雖然沒有明確說明孰正孰誤，但也暗示著以「Ch『en Yin-k』o」為準。

又最新出版的《不列顛百科全書》上的「陳寅恪先生」條目拼法只有一種，是「Chen YinKe」。[2]這是標準中文拼音方案的拼音，它確定了「恪」字讀音應是「Ke」。

又見劉經富《陳寅恪家族稀見史料探微》一書：

陳寅恪的名字究竟怎麼念，不能不考慮「恪」是陳氏家族一個輩分用字，眾多的恪字輩成員都不將自己名字念成「que」這個客觀事實。既然近千個恪字輩都不念「que」，另外五個陳某恪也不念「que」，那麼，根據邏輯常識推理，這個同根共源的陳寅恪也不應念「que」。[3]

實質上，今天不少讀「que」的人，更多是出於對自己師長的尊重，即如下思路：「我的老師就讀為 que 音，而他又是陳寅恪先生的弟子……」這一態度是有些非理性的文化崇拜意味。對於某些堅持讀「que」音的人，我覺得最好的辦法是「姑妄聽之」並「任其自言自語」吧。

1 《陳寅恪先生傳記資料》，臺灣天一出版社，一九八五年。
2 Encyclopedia Britannisa International Chinese Edition，VOL.4，中國大百科全書出版社，一九九九年，一〇九頁。
3 劉經富《陳寅恪家族稀見史料探微》，中華書局，二〇一三年，一七八頁。

臺灣大學歷史系教授、東京大學文學博士高明士學兄，二〇一四年八月十四日給我來信表示：寅恪先生是吾等所敬仰學習的典範，大著談到〈陳寅恪姓名讀音考〉，對該讀「克」或讀「卻」，我也曾請教當年教我們「隋唐史」的傅樂成先生（他是傅斯年先生的侄子），他說讀「卻」，所以至今也都讀「卻」。我也曾查字典，得出「克」為讀音，「卻」為語音，《廣韻》等亦讀「克」。「卻」的讀法，正是大著所說的「對自己師長的尊重」。

可見，這一讀音問題還存在於兩岸陳氏弟子們中，而且也不知讀「que」的原由。

按：傅樂成，生於一九二二年，卒於一九八四年。字力更，號秀實，傅斯年之侄。終身未娶。一九四〇年，他考入昆明國立西南聯合大學歷史系。一九四五年，他大學畢業後，到南京珠江路教會中學任語文、歷史教員。一九四八年夏，他應聘到國立河南大學任助教。很快他隨傅斯年去了臺灣。一九四九年起，他先後任臺灣大學校長辦公室秘書、歷史系助教、講師、副教授、教授。一九五六年，他赴美國哈佛大學歷史系留學，獲得博士學位。回臺後，他就任臺灣大學歷史研究所所長、秦漢史教授。《中國通史》[1]、《秦漢史論文集》、《隋唐五代史》是他的名作。他還曾給傅斯年撰寫過年譜，並且得到出版。

---

1 針對此書，許倬雲在該書序中高度評價說：「在中國通史之中，公認最好的一部作品。相對於錢穆先生的《國史大綱》，傅著並沒有特殊的史觀，卻十分重視經過考訂的歷史現象。錢先生的大著，吸納了顧炎武、顧祖禹、顧棟高、趙翼和錢大昕等人的著作，因此《國史大綱》中，埋藏了上百個可以作為博士論文的題目。傅先生的《中國通史》，則是綜合已經成定論的許多研究發現，做個總結。兩者各有長處，而兩者也正可以在幾十年教條主義的框架下，提供另外一些讀史的角度，對讀者絕對是有益處的。」

七、使用「恪」字作為排行的一點推測

清代中後期以來，以「恪」字作為排行或名字來使用的大多是客家人。如現代文學家邵洵美之弟邵洵恪、陳三立的諸子衡恪、隆恪、登恪、方恪、寅恪等人。

就此現象來說，筆者有一點推測，即：清代中後期以來，由於客家人和內陸各地人的同化——特別是因為科舉制度中專為客家人設置了「懷遠籍」以增加中舉名額——於是，在中了舉的客家人家族中出現了摘掉客家人的「帽子」、保留客家人「內心」的紀念性命名現象。「客家人」的「客」字摘掉了「帽子」就成了「各」字，而保留客家人的「內心」就使「各」字成了「恪」字。

這或許就是清代中後期客家人喜歡使用「恪」字排行或命名的原因吧。當然，這只是筆者一點推論，尚需要相關史料與事實驗證。

客家人傳統土樓住宅照片

筆者的上述推論居然遭到了「陳學專家」的張求會的發難，他說：

作者貌似對名字特別感興趣，專門安排了一節「使用『恪』字作為排行的一點推測」，雷人之語層出不窮：「清代中後期以來，以『恪』字作為排行或名字來使用的大多是客家人。如現代文學家邵洵美之弟邵洵恪、陳三立的諸子衡恪、隆恪、登科、方恪、寅恪等人。就此現象來說，本書第一作者劉正有一點推測，即清代中後期以來，由於客家人和內陸各地人的同化——特別是因為科舉制度中專為客家人設置了『懷遠籍』以增加中舉名額——於是，在中了舉的客家人家族中出現了摘掉客家人的『帽子』、保留客家人『內心』的紀念性命名現象。『客家人』的『客』字摘掉了『帽子』，就成了『各』字；而保留客家人的『內心』，就使『各』字成了『恪』字。這或許就是清代中後期客家人喜歡使用『恪』字排行或命名的原因吧……」（九～一〇頁）幸而劉正先生還有自知之明，認識到這番「文化推論」「還需要相關史料與事實查證」（一〇頁），可見並非故作驚人之語。細究其根源，仍是儲備不足所致。[1]

如此發難，真讓筆者為張君的無知而感到震驚！自以為早已經是「儲備足」的廣州市中共黨校教授張求會居然絲毫不懂中國傳統文化中的姓名文化，居然看不出筆者特意從這一角度去解讀陳家歷代的名字。君不知，在陳寅恪《柳如是別傳》中就已經明確點出：

吾國人之名與字其意義多相關聯，（號間亦與名相關，如謙益之號牧齋即是一例，但此非原則也。）古人固如此，今人亦莫不然，此世所習知，不待例證。

1 張求會《無準備卻趕時髦……這樣寫陳寅恪，真的可以嗎》，刊於《南方都市報》二〇一三年八月十一日。

難道「陳學專家」的張求會君還沒有通讀過此書？

再看陳氏的論文《崔浩與寇謙之》

> 蓋六朝天師道信徒以「之」字為名者頗多，「之」字在其名中，乃代表其宗教信仰之意，如佛教徒之以「曇」或「法」為名者相類。東漢及六朝人以《公羊春秋》譏二名之義，慣用單名。故「之」字非特專之真名，可以不避諱，可以省略。六朝禮法士族最重家諱，如琅邪王羲之、獻之父子同以「之」字為名，而不以為嫌犯，是其最顯著之例證也。

難道「陳學專家」的張求會君還沒有通讀過此文？

如今的中共黨校教授該不會排斥這種很傳統、很文化的姓名學吧。

現在，我的學術推測已經公布，正確與否，自恃「儲備足」的張君不妨來求證。求真或證偽皆可。研究陳寅恪可以從各個角度，傳統的姓名文化就是角度之一，有何不可？筆者的推測如何就「雷人之語層出不窮」了？！從事歷史學研究，歷來是考證和推測相輔相成的。雖非「大膽假設」，但是歷史科學從來是建立在史料考證基礎上的合理推測和結論。歷史學不是考證學的附屬產品。但歷史科學至少可以實現考證學和史學理論的邏輯推演和合理推測的高度統一。想必張求會不會不知道這種歷史研究的基礎知識吧。

其實，學界同仁也有人注意到了陳家歷代名、字、號、堂之間的特殊用意問題。比如，葉紹榮《陳寅恪家世》一書中就對陳家大屋的含義進行分析說：

> 陳家大屋亦稱「鳳竹堂」，將祖屋名之為「鳳竹堂」，取古代神話傳說中「鳳，非梧桐不棲；非竹實不食；鳳有仁德之征，竹有君子之節」的含義，希冀陳氏子孫仰鳳凰之高風，慕勁竹之

亮節。[1]

更早還有清代晚期的郭嵩燾對陳寶箴讀書樓命名為「四覺草堂」為此專門寫有《四覺草堂記》文，加以分析說：

四覺者，視、聽、言、動之四目，惻隱、羞惡、辭讓、是非之四端。

這一解釋已經十分到位而清楚。葉氏書中更進一步點明「是時刻警告自己的言談舉止都要合乎四端之行為規範」。[2]而據說是廣州市委黨校文化教研室責任人的張求會（黨和文化的一體化體現者）居然對此一無所知，實在讓人汗顏！當然，無論別人如何為此汗顏，但是人家依然可以繼續以「專家」的身分出來說三道四，閒話一街，難怪如今老百姓對「專家」這一辭彙的貶值表示無奈。戲稱他們是磚家。就是用磚頭來砸人的。黨叫砸誰就砸誰。誠如是，我們大可不必「為賦新詩強說愁」了。通過中共黨校和新聞媒體對我的攻擊和指控，我已經感受到了陳寅恪當年的那種「領略新涼驚骨透」的感覺。

1 葉紹榮《陳寅恪家世》，花城出版社，二〇〇一年，九頁。
2 葉紹榮《陳寅恪家世》，花城出版社，二〇〇一年，一一頁。

第二章

陳寅恪的先祖史事

現今已知的義寧陳氏祖先，始自六世祖陳騰遠，是為遷寧始祖。陳騰遠之前，作為客家人的陳氏祖先，世居福建上杭。至於福建上杭之陳氏族源，則可追溯到中國著名的封建大家族——江州義門陳氏。唐文宗太和六年（八三二），著作佐郎陳伯宣之孫陳旺在廬山腳下江州德安縣太平鄉常樂里開始購田置產，並在此定居。

唐僖宗時曾感其義聚一堂，御筆贈「義門陳氏」四字匾額。

到了宋代，歷經三百多年，陳氏全族多達三千九百餘口，當時有田莊三百餘處。

到了北宋仁宗嘉祐七年（一〇六二），宋氏王朝怕陳氏「朝野太盛」，危及朝廷安全，下旨分莊，由朝廷派官員監護執行，將「義門陳氏」分遷到全國七十二個州郡，一百四十四個縣，分成大小兩百九十一個莊，龐大而複雜的陳氏一族，整合起來，十分不易，雖有聖旨卻也歷盡波折，歷時八月乃定。從此，一家衍成萬戶。[1]

據劉經富在《義寧陳氏家史述略》一文中云，在此次分莊中：

旺公十世孫、宋進士曰魁公者，攜眷九十七人，自江州徙汀州，為入閩之始祖。魁公生五子，曰崑、崙、嵩、嶽、峯，兄弟同居寧化之石壁寨葛藤坳陳德村，傳十二世，復由閩播遷，散處粵東、江右、楚南諸郡縣。峯公十二世孫曰中興，中興生子十八人，後世稱十八郎公。其中十一郎公字扶桑，由寧化遷廣東之潮州，再遷福建杭邑之來蘇鄉中都林坊。後世遂尊十一郎

1 據許懷林《陳氏家族的瓦解與「義門」的影響》，載《中國史研究》，一九九四年第二期，一五七—六五頁。

義門陳氏殘碑照片

義門陳氏住宅圖

公為杭邑一世祖。扶桑公再傳十七世即為鯤池公。[1]

文中「旺公」指陳旺，是一〇六二年江州陳氏入閩始祖陳魁公的十世祖。陳旺是江州始祖，他將陳氏居住地由廬山遷至德安。

又見陳寶箴《義門陳氏宗譜序》一文：

> 自胡公傳至吾宗旺公，蓋七十有五世，皆遠有端緒可尋。……更三十有二世至旺公，著籍江州，即所謂義門陳氏也。傳十世至宋進士曰魁公者，實始挈眷九十七人自江州徙汀州，為入閩之始遷祖。魁公子五人，傳十一世，乃復由閩播遷，散處粵東、江西、楚南諸郡縣，遂各以近代遷祖起一世。

1 劉經富《義寧陳氏家史述略》，《陳寅恪與二十世紀中國學術》，浙江人民出版社，二〇〇〇年，五一一—五三〇頁。

義門陳氏莊園畫像

再如陳寶箴《義門陳氏宗譜序》中的記載：

吾義寧之親，十八郎公之後居多。則魁公第五子峰公裔也。入國朝，嘉慶甲戌肇修諜譜。至咸豐乙卯，二次纂修，吾宗之長、前福建安虞知縣文鳳，與寶箴實與其役。乃合子姓之居義寧、武寧、奉新三邑者，證以宋時嘉祐譜。條列而編輯之。會更寇亂，至同治癸亥始，竟厥緒。迄今歲甲午，距前次編纂之期，已三十餘載。諸宗老復議續修。寶箴羈宦武昌，安溪君宦成而歸，以高年碩德，復總其成。於是義門諸宗分處南昌、奉新、武寧、新昌及湖南瀏陽者，各奉厥籍，咸旨州祠，相就纂錄。其於敬宗收族之誼，推而益遠，可謂盛矣。

又，中國陳姓的受姓大始祖為西周武王時所封之陳滿，以封地「陳」為姓，陳滿的四十二世孫為漢太丘長陳寔，其封地在潁川，陳氏遂以潁川為族望。陳氏何時從河南遷至江西，已無記載，但如果以陳旺由廬山遷往德安之時為參考點，曾有一個假設，即：

——在安史之亂時陳氏由河南南遷。

大致經歷是陳魁公於一〇六二年分莊入閩，後二十六世至陳騰遠（依陳扶桑到陳騰遠為十三世說），陳騰遠於清代雍正年間遷入義寧，其時在十八世紀三〇年代，則二十六世歷時六百七十餘年，取其平均數，每代約為二十五年。依此平均年數上推，魁公十世祖陳旺由廬山遷至德安之時大約是西元八一〇年前後，則可以推測如下：旺公遷家之前陳氏已在江西境內定居一段時間。此次旺公遷家雖然路程不遠，但路線是由南向北。由上可知，這段定居時間不會太長，否則陳旺不會急於北返。又在此前後五十餘年前的安史之亂，叛軍兵鋒曾至潁川。唐憲宗元和九年（八一四），唐朝廷發諸道兵征討淮西吳元濟，由江州北返之路正是戰場。則似可推測，陳旺之父或祖於安史之亂時由潁川逃往江西廬山附近，經過五六十年，思鄉北返，恰為淮西軍事阻擋，所以遷至德安便停下不前，遂從此定居德安，是為江州陳氏之始。這個推論只是以理推斷，至於它的真實性，要有詳實的史料方可證實。

結合「分莊」史實，我們可以看到，義寧陳氏的客家族源並非像大多數客家祖先一樣是在南宋末避兵亂進入閩粵諸省聚居而成的，而是由封建皇帝下令以行政權力遷徙的結果。而這次分莊的直接原因又是因為義門陳氏龐大的聚族而居規模所隱藏的對當時封建皇族政權的威脅。奉旨分莊即是朝廷對陳氏的分化，但從反面來看，也未嘗不是對義門陳氏的認可與重視。這種心理淵源導致義門陳氏的後代雖然顛沛流離、險阻備嘗，但他們始終不會忘記「義門陳氏」的輝煌與榮耀，身體力行，恪守家法，耕讀傳家，即使在他們成為客家人之後，亦行之如故。這條路在陳寅恪的先祖那裡，也表現得非常清楚。

一、六世祖陳騰遠

陳寅恪的六世祖是陳騰遠。陳騰遠，字鯤池。

陳家祖居福建上杭，是客家人。到了陳騰遠時代，才移民到江西省義寧州修水縣竹塅里村。娶妻何氏。陳騰遠有子四人，依此為陳克繩、陳克調、陳克藻、陳克修。

案：陳氏祖先為客家人之說，見羅香林《客家史料彙編》[1]一書中的考證：

按江西義寧縣陳公右銘（寶箴）一家，據曩歲友人古公愚先生直所面告，謂昔曾於江西廬山，遇陳伯嚴先生三立（陳右銘之公子），與談歷史，據謂其家先世，蓋由嘉應州興寧縣壩尾橋所遷出，壩尾橋陳氏與曾坑陳氏，為同系統者。余初亦頗以為然。惟稍後檢讀陳伯嚴先生《散原精舍文集》卷五載《撫府君行狀》，明謂「……其先自閩上杭來遷，是為府君曾祖。」雖閩之上杭陳氏，與義寧陳氏，同屬客家系統，然與古先生所言，則稍殊焉。惟義寧陳氏中，亦確有自嘉應州遷至者，如同上《散原精舍文集》卷六載《福建安溪知縣陳公墓銘志》，謂「……其先幾世祖自嘉應州遷義寧銅鼓營，遂世居焉。」是其例也。意古先生所面告者，乃指銅鼓營陳氏乎。

又見廖國仁在《關於陳寅恪先生是否客家人》[2]一文中：

考入兩江師範，適有同班同學陳莘夫兄[3]，為伯嚴先生令侄，……據莘夫兄談稱，其先世係福建之汀州，後遷居江西之修水縣，原為客家人。

再見《藝林叢錄》第一編《記陳師曾》[4]一文中：

1 羅香林《客家史料彙編》，中國學社，一九六五年，九四頁。

2 廖國仁《關於陳寅恪先生是否客家人》，《談陳寅恪》，臺北傳記文學出版社，一九七〇年，一二二頁。

3 陳莘夫為陳寅恪從曾祖陳規鈖的曾孫，名伊恪，湖北自強學校肄業，轉南洋陸師學堂，復考入南京三江師範學堂，一九〇七年赴日留學，入東京中央大學法律專科修業，歸國後在江西省政府機關任職。另同文中亦云陳榮恪也是陳三立的侄子。但陳榮恪實為陳寅恪另一從曾祖陳規鏡的曾孫，字莘成，留日時加入同盟會，夫人是辛亥志士劉道一之姊，民國時任北京商業銀行文書主任，一九二二年四十三歲時逝於北京。見劉經富《義寧陳氏家史述略》，《陳寅恪與二十世紀中國學術》，五一八頁。

4 《藝林從錄》第一編，香港商務印書館，一九六一年。

江西的修水縣，在清朝是義寧州，在宋朝是分寧縣……這個地方雖然屬於南昌府管轄，其實離南昌較遠，而離湖南的邊界反近。

所以，陳家多在湖南居住。今聖歎在《國寶云亡》一文中以為是因為「以官湖南，故子孫皆生長久住長沙」之說顯然是不當的。[1]

陳騰遠字鯤池，從名字的意義上來看，客家人的陳家久有進取之心。騰遠即騰飛高遠，鯤池即以自比為池中的大鯤魚。當然這是典出於《莊子．逍遙遊》。

這也是封建社會中普通士大夫階層的一點夢想，對於陳家而言，這一夢想更有了復興當年祖業之興旺的含義在內。

《義門陳氏宗譜序》中記載陳騰遠：

憶自汀來寧時，無尺寸憑籍。身無一

1 今聖歎《國寶云亡——敬悼陳公寅恪先生》，《談陳寅恪》，臺北傳記文學出版社，一九七〇年，六〇頁。

江西修水陳家老屋照片

文，地無一壟，屋無一間。公等遂結棚棲身，種藍為業。時公方弱冠，力勤耕稼，盡三農之苦，閱十餘稔。家道日侈，置田園，新言棟，儼然有大家風。

而陳克繩曾將「鳳竹堂」匾重新鐫刻。為此，《義門陳氏宗譜序》中記載說：

鯤池公壯歲遷寧，始擇居於護仙源。雖川源秀麗，係在崇山峻嶺之間，且基址狹隘，其屋僅堪容膝。時公年已八十有三，嘗語諸子曰：「吾少壯來寧，歷數十年之辛勤，雖精神不衰，今荃然為八十餘之老翁矣。惜未建一堂屋上以安先靈、下以聚兒孫」。

又見《太學生陳公鯤池大人行略》一文：

年躋七十，循例入太學，繼先世科甲家聲。乾隆庚戌恭遇覃恩予八品職銜。

今修水陳家老屋尚存有陳騰遠親題「鳳竹堂」三字匾。

二、五世祖陳克繩

陳克繩（一七六〇—一八四一）是陳騰遠的長子，字顯梓，號紹亭先生。又作韶亭先生。陳克繩自幼聰穎，青年時力學為文，但投考多次而連年科場不利，連秀才身分都未取得。後來援例入太學，赴省參加鄉試，又不中，於是絕意於仕宦。在家中肆力於詩歌古文，晚年泛舟江湖，與友人相唱和，其衣食無憂之狀，可以想見。在當地士紳圈中頗有聲望。娶當地謝氏之女為妻。繼室何氏。陳克繩有子四人，依次為陳規鏡、陳規鋐、陳規鈁、陳規鎬。

此時的陳家，正如陳寅恪在《寒柳堂記夢未定稿》中所說的那樣「吾家素寒賤」。[1]這幾個字道出了陳氏家族史上辛酸的振興發達歷程。到了陳克繩之子的時代，陳家才漸漸開始發跡。陳騰遠的四子中，以陳克繩的後裔最為顯達。

陳克繩之名，其意義即以「克己復禮」為準繩，取法於《論語》中的孔子之言。因此，「韶亭先生」中的「韶亭」二字顯然是孔子聞韶之亭的略稱。《論語》中有「子在齊聞韶，三月不知肉味」之說。古代齊地曾有所謂「孔子聞韶處」的碑銘存在。這裡的「韶亭先生」，疑當地亦曾留有「聞韶亭」之類的古建築，才有可能以「韶亭先生」來指代有德行和學養的人。

又見《太學生紹亭先生傳》一文：

自幼聰穎邁倫。及壯，力學為文，淹博精通，所養者裕，艱於一衿，因援例入太學。

陳克繩墓今尚存，墓碑上書「清授太學生十八世祖陳公名克繩字顯梓號紹亭大人之墓」。碑上面刻著「湖海風清」四字。碑左右兩邊有對聯，上聯是「仙影騎箕去」，下聯是「英魂跨風來」。這裡的「騎箕」，典出《莊子．大宗師》：「乘東維，騎箕尾，而比於列星。」「跨風」，則典出於《莊子．逍遙遊》：「夫列子禦風而行，冷然善也。」可見，陳騰遠、陳克繩，這對父子迷戀的依然是《莊子》的世界。

從鯤池到韶亭，讓我們看到陳氏幾代人奮發進取的歷程。而陳寅恪卻依然沒有過多渲染祖上出身，卻念念不忘他來自「寒賤」的窮書生之家。陳氏家族中的這一清醒的自省意識尤為可貴。

---

1 陳寅恪《寒柳堂記夢未定稿》，《寒柳堂集》，上海古籍出版社，一九七九年，一六八頁。

三、四世祖陳偉琳

陳偉琳（一七九八—一八五四）是陳克繩第四子，族名規鋐。字琢如，號子潤。據郭嵩燾《陳府君墓碑銘》一文中的記載：

陳琢如先生諱偉林，係出江州，世所稱義門陳氏者也。先世有什閩者，遂為閩人。祖鯤池由閩遷江西之義寧州，再傳而生先生。考克繩以孝義生子四人，先生其季也。[1]

在學術活動上，據郭嵩燾《陳府君墓碑銘》中記載：

得陽明王氏書讀之，開發警敏，窮探默證，有如夙契。曰：「為學當如是矣！」[2]

故可以定王陽明思想為陳偉琳的最初思想基礎。那麼，王陽明的什麼思想深深打動了他呢？從他的經

1 郭嵩燾《陳府君墓碑銘》，《養知書屋文集》，清光緒壬辰刻本，卷二十一。

2 郭嵩燾《陳府君墓碑銘》，《養知書屋文集》，清光緒壬辰刻本，卷二十一。

孔子聞韶處碑銘照片和聞韶亭照片

歷來分析，應該是王陽明的最著名的「知行合一」學說，見《傳習錄》卷上：

某嘗說知是行的主意。行是知的功夫。知是行之始。行是知之成。若會得時，只說一個知，已自有行在。只說一個行，已自有知在。古人所以既說一個知，又說一個行者，只為世間有一種人，懵懵懂懂的任意去做，全不解思惟省察。也只是個冥行妄作。所以必說個知，方才行得是。又有一種人，茫茫蕩蕩，懸空去思索。全不肯著實躬行。也只是個揣摸影響。所以必說一個行，方才知得真。此是古人不得已，補偏救弊的說話。若見得這個意時，即一言而足。今人卻就將知行分作兩件去做。以為必先知了，然後能行。我如今且去講習討論做知的工夫。待知得真了，方去做行的工夫。故遂終身不行，亦遂終身不知。此不是小病痛，其來已非一日矣。某今說個知行合一，正是對病的藥。

陳偉琳精通醫術，是那個時代儒醫傳統的實踐者，這對陳家門風的更改具有獨到的意義。這也是他履行王陽明的「知行合一」思想的表現。

陳氏家族和王陽明的關係還可以直接上溯到明代，嘉靖丁亥年的十月，王陽明親自撰寫了《明代嘉靖丁亥重修義門陳氏大成譜序》一文，該文如下：

自五宗九族之禮行於天下，後世凡通都大邑之間，號稱巨族而能僅譜其家者，不多得矣！若進而譜其族者，則尤鮮焉！況推及天下同源異流者哉！能推及天下同源異流，必其心之仁、志之遠、力之健，而學問之充博也。今祁門庠生陳君璧，一旦思欲矯世俗之弊，溯本窮源，合陳姓而一之，其故大有功於陳氏矣！然使千萬世之下，步塵蹈跡，倫理得以不滅，昭穆得以常明，維持名教於誠心真切之地，又誰之功耶？此余喜得於俄覯創見，而不容以辭其請也。按陳氏之先本媯姓，出於胡公滿，受武王之封於陳，世主虞祀，傳至閔公越，為楚所並，子孫因以國為氏。嬴秦之際，有曰平者，即越之十世孫也，家住陽武戶牖，與張子房同為高帝謀臣封侯拜相，光顯天下。元帝時，有諱湯者，又平之六代孫，拜西域副校尉，奉使方外，斬郅支單于及閼氏、太子、名王以下千五百餘級，功上，賜爵關內侯，於平有光。湯之後移家潁川，七傳而生文范先生實，以節義風四方。厥子六皆賢，而元方、季方為最，世稱難兄難弟，殆本諸此，自是潁川之陳氏益著。二方之子孫益盛，顯於魏而著於晉，大行於宋、齊、梁間。如大司空群，尚書僕射泰，至諱逵而遷長城者，皆元方之後也。高原太守閏魏、主簿譚至、為福建節度使曰：邁而遷莆田者，皆季方之後也。季方之後居莆為多，福泉建安次之。宋元間，鮮有會者，故其派無稽焉。長城自逵之後，十一世生武帝霸先，傳五君曆三十二年，故當時膏腴之地，多為陳氏所居。有曰新安者，則伯固之受封。而其後移家績溪，若旌德昌溪、霞溪、陳村、古山徑之雲苓，昌化義千，類皆績溪之分派也。有曰宜都者，則叔明之受封，而其後移家德安。若高安、椒坊、善富、赤土、安陂、征溪、秋塘、宏石泉、富廣城、新昌、天寶、新建、赤岡、紫塘、建昌、石塘、萬福、永興、果石、寧州、武寧、興國、義安、上饒、南昌、慶安、封城、瑞昌，類皆德安之分派也。有曰湘東者，則叔平之受封，而其後移家歙之黃墩，若樂平、臨懷、定海、永嘉、昆山、金華、靈壁，類皆黃墩之分派也。有曰義陽者，則叔達之受封，而其後移家吉州之黃金鄉，若成都之聚星街、茶陵東山、攸之馬頭嶺、杜口諸處及安城、烏溪、新喻之街背。若玉山、隱槳、武寧、上杭、上饒、沙溪、弋陽、榮錦坊、吉水、赤安、崇仁、丹桂里、新淦之閭陂、大塘、清江之黃龍潭，類皆黃金鄉之分派。伯仁受封於廬陵，而安陸、新昌、大姑、信封、新田、寧州、沙市、宣城、長安諸派，皆祖之。莊受封於會稽，而鳳陽、塗山、廣穗、苦竹墩、臺州、狀元壙、諸派皆祖之。允受封於吳興，而平湖、延津、上虞、歸安、嘉興、東陽、義烏、璉市、海鹽、乍浦諸派，皆祖之。叔獻受封於河南，而原武、寧陵、祥符、時和、臨安、新鄭諸派皆祖之。叔儼受封於潯陽、而安仁、太原陳營、南河、鄱陽南村、貴溪、永豐諸派，皆祖之。叔虞受封於武昌，而江夏金沙、竹牌、團風、荊、襄諸派，皆祖之。若赭山、山陰、遂昌、奉化、烏城、無錫、常鎮之派，則自恬王於錢塘，劍王於南安始也。鄱陽大園、南昌石橋、進賢、羅嶺、湖南之派，則自山王於鄱陽，謨王於巴東始也。至地西川東門，又由太子深避隋所遷，而後亦有家，保寧新井而卒，宏大家聲如三堯者；亦有奉節出鎮，因家浮梁鹽倉嶺而卒，能死職廟祀，如大夫軼者；亦有宦遊浙江，愛其山水佳勝，而家桐廬，如觀察使輕者。若重慶南川，鄱陽禮城、婺源霍口，則托始新井，而瓜分子析，如樂之城南、婺之金闉、五馬鳳崗、沙源，又或有自澧城，自霍口者也。祁之竹源，休之陳村，浮之引京，下連鎮市，則肇跡於鹽倉嶺，而蹊殊徑別：如祁之西方村，程村、磻溪、宣化、崇善、棕櫚、穀木；如建德之小梅，青陽灣里，休之冰潭，潛阜新墟，德興之洛塢，歙之慈孝坊，太平之西鄉；又或有自竹源，自陳村者也。桐廬一派分遷尤多，近則涼安、遂安、富陽、碣口，遠者休之藤溪，歙之石門，湖之鴨頭，蘇之閶門，招之天築，暨夫上廣、山陰、天臺、秀水、平陽義門一派，分遷更多，同族三千餘口，析煙三百多支，近則都昌、湖口、星子、彭澤，遠則黃梅、廣濟、杭州、東鄉、豐城、吉安、臨江，暨夫永豐、上羅、崇仁之丹桂里，吉水之赤岸、佳岐、東原等莊，歷歷可考。其餘或出此入彼，或入彼出此，殆如斷絲散純，誠不可以頭緒計也。唐天成間，有諱天麟、諱萬鎰諸君子者，一倡是會，於時而相從者三百餘支，繼之以宋開慶，則得半焉。繼之以元至正，則又得半焉。自後各居其地，各宗其譜，雖咫尺之近，而有秦越之分，回視古人家天下之心，殆天壤矣！豈真家天下云乎哉！散於天下，收於廟中，國之制也；散於天下，收於譜中，家之訓也。陳君之意，蓋欲拔去澆漓之俗，挽回淳樸之風，使族之人，各自其身，推及於其父，自其父推及於其祖，自其祖推及於其曾祖，自曾祖推及於其高祖，而之於無窮焉！則同吾身者，同吾父者，同吾祖者，同吾高祖者，同吾世分祖者，雖有親疏遠近，貧富貴賤，智愚賢不肖，自祖宗視之，則皆子孫也，何有親疏、遠、近、富貴、貧賤、智愚、賢不肖之分哉！無親疏遠近，富貴貧賤，智愚賢不肖之分，則親之於疏，思何如而敦睦之；近之於遠，思何如而時會之；富之於貧，思何如而周恤之；貴之於賤思何如而維持之；智之於愚，賢之於不肖，思何如而勸勉之。將見好惡相同，憂樂相共，音問相通，聲勢相倚，綱紀相扶，有無相濟，出入相友，會遇相揖，德業相勸，過失相規，農末相資，商賈相合，水火盜賊相顧，疾病患難相恤，婚姻死喪相助，強不淩弱，眾不暴寡，大不欺小，一宗之中，和氣周流，仁恩滂沛，上無愧於祖宗，次無愧於大家，次無愧於譜系，善哉！陳君之為是也。然其集譜說、表世系、序節略、寫遺像，即此謂匡之，直之，輔之，翼之，使自得之。或者指為無益之舉，此不知譜者也，烏足為陳君議哉？故曰能推及天下同源異流，必其心之仁、志之遠、力之健、而學問之充博也。嗟乎！舉萬鈞之鼎，必烏獲而後能；遊千仞之淵，必律人而後可勝斯任者，余固知在斯人也。然譜學失傳久矣，感發而興起者亦多也，求如是譜之光明正大，簡切真實而易觀者，蓋寥寥焉。余以是又知陳君為經綸之手，而是譜信哉，為大成也。故並序之，以為將來者勸。

明嘉靖丁亥冬十月

新建伯陽明　王守仁撰

本來，在陳家傳統中並無通醫道之人。但是，據郭嵩燾《陳府君墓碑銘》一文中的記載：

陳琢如先生諱偉琳。祖鯤池由閩遷江西之義寧州，再傳而生先生。考克繩，生子四人，先生其季也。先生以太淑人體羸多病，究心醫家言，窮極靈樞素問之精蘊，遂以能醫名。病者踵門求治，望色切脈，施診無倦。配李淑人。子三人，樹年某官，觀瑞殤，寶箴辛亥舉。[1]

陳寅恪在《寒柳堂記夢未定稿》一文中記述的通醫之先祖就始自陳偉琳：

先曾祖以醫術知名於鄉村間，先祖先君遂亦通醫學，為人療病。[2]

醫學活動之外，在文化活動上，陳偉琳曾創辦梯雲書院，培養當地客家子弟學習。在軍事活動上，他又曾組織團練，防禦當時太平天國義軍的攻打，以防衛義寧有功而遠近聞名。

又見《子潤府君行述》一文：

讀書觀大略，不屑屑於文，然應童子試，輒有聲譽。

這裡的「屑屑」，典出《左傳．昭公五年》：「禮之本末將於此乎在，而屑屑焉習儀以亟。」

1 郭嵩燾《陳府君墓碑銘》，《養知書屋文集》，清光緒壬辰刻本，卷二十一。
2 陳寅恪《寒柳堂記夢未定稿》，《寒柳堂集》，上海古籍出版社，一九七九年，一六七頁。

注重實用而輕於為文，使陳偉琳學儒而重兵，已經有儒將風度。

陳偉琳娶當地李大嶸之女為妻，生有三子，依此為陳樹年、陳觀瑞、陳寶箴。其中，次子早亡。

陳偉琳字琢如，此名和騰遠類似，其義是希望能立於偉丈夫之林。而其琢如之字，則是指品行像玉一樣。

四、祖父陳寶箴

陳寶箴（一八三一—一九〇〇），族名觀善。字相真，號右銘。娶黃氏之女為妻。生有子二人，即陳三立、陳三畏。其中，陳三畏早亡。女二人，長女嫁席寶田之子。次女早亡。

陳寶箴三十歲時曾進京參加會試，不中。居京三年，遍交當時豪傑。後成為曾國藩的幕僚。曾國藩視他為「海內奇士」。他曾調解曾國藩與沈葆楨之間的齟齬。

陳寅恪在《寒柳堂記夢未定稿》一文中曾自述其家世說：

至寒家在清季數十年間，與朝野各方多所關涉，亦別有其故。先祖僅中乙科，以家貧養親，不得已而就末職。[1]

在這裡，陳寅恪連續使用了「僅中乙科」、「不得已」、「就末職」等詞來表達他對祖父早年未能高就的不滿。可見，在他的理想中，清庭還不是首善之選。

1 陳寅恪《寒柳堂記夢未定稿》，《寒柳堂集》，上海古籍出版社，一九七九年，一六七頁。

回到江西以後，陳寶箴加入江西席寶田的幕僚。他在協助席寶田圍攻太平天國起義軍的活動中，調解其與沈葆楨的關係，並劃策幫助席寶田生擒太平天國幼天王洪天貴福、乾王洪仁玕等活動中立下戰功。又曾平定貴州苗民起義。一八八〇年，陳寶箴官河北道。一八八二年，轉任浙江按察使。在此期間，他在平亂和興修水利等方面表現出濟世經邦的奇材大略，一時聲譽鵲起。

一八九〇年秋，由於湖南巡撫王文韶的保薦，陳寶箴被「授湖北按察使，旋改署布政使」。

一八九一年，陳寶箴任布政使後，「逾一年還任，又以協餉加頭品頂戴」。一八九三年，陳寶箴再任布政使。一八九四年冬，大學士李鴻藻因中日戰爭向陳寶箴請教軍事問題。而後，被授直隸布政使。光緒帝召見陳寶箴於北京，並特別向他提問國家自強變法問題。陳寶箴回答說：「讀聖祖御纂《周易》以其變不失常」，以此表達維新變法思想，並為光緒帝的變法找到了理論根據。當時光緒帝大為高興。陳寶箴可以熟練地用《周易》文辭來回答光緒帝的提問。

陳寶箴畫像

一八九五年，陳寅恪和全家人到武昌。陳寅恪在《寒柳堂記夢未定稿》一文中說：

猶憶光緒二十一年乙未，先祖擢任直隸布政使，先君侍先祖母留寓武昌，一日忽見傭工攜魚翅一榼，酒一甕並一紙封，啟先祖母曰，此禮物皆譚撫臺所贈者。紙封內有銀票五百兩，請查收。先祖母曰，銀票萬不能受，魚翅與酒可以敬領也。傭工從命而去。譚撫臺者，譚復生嗣同丈之父繼洵，時任湖北巡撫。曾患疾甚劇，服用先祖所處方藥，病遂痊癒……寅恪時侍先祖母在側，時方五、六歲。頗訝為人治病，尚得如此酬報。在童稚心中，固為前所未知，遂至今不忘也。[1]

同年七月，經榮祿的推薦，陳寶箴出任湖南巡撫。全家搬進巡撫署內居住。

一八九六年八月，陳寶箴建立各種金屬礦業機構和經商公司，進行革新和改良。一八九七年四月二十二日，陳寶箴和湖南學政江標支持唐才常發刊《湘學新報》，作為維新改良的理論基地。同月，陳寶箴推薦黃遵憲出任駐英國大使，但不成功。

一八九七年九月，陳寶箴把王先謙的私立時務學堂收為官方所有，並確立了「必以中學為本」的教學原則。他在《時務學堂招考示》中提出了「國勢之強弱，繫乎人才，人才之消長，存乎學校」的觀點。同月，黃遵憲介紹梁啟超來湖南拜見陳寶箴，陳寶箴決定由梁啟超出任時務學堂總教習。同月，陳寶箴寫信請譚嗣同回湖南輔佐新政。

關於陳寶箴和梁啟超的這段交往歷史，陳寅恪本人在《讀吳其昌撰梁啟超傳書後》一文中敘述頗詳：

新會先生居長沙時，余隨宦巡署，時方童稚，懵無知識。後遊學歸國，而先君晚歲多病，未敢以舊事為問。丁丑春，余偶遊故宮博物院，見清德宗所閱舊書中，有時務學堂章程一冊，上有燭燼及油污之跡，蓋崇陵乙夜披覽之余所遺留者也。歸寓舉以奉告先君，先君因言聘新會

---

1 陳寅恪《寒柳堂記夢未定稿》，《寒柳堂集》，上海古籍出版社，一九七九年，一六九頁。

至長沙主講時務學堂本末。先是嘉應黃公度丈遵憲，力薦南海先生於先祖，請聘其主講時務學堂。先祖以此詢之先君，先君對以曾見新會之文，其所論說，似勝於其師，不如舍康而聘梁。先祖許之。因聘新會至長沙。新會主講時務學堂不久，多患發熱病，其所評學生文卷，辭意未甚偏激，不過有開議會等說而已。惟隨來助教韓君之評語，頗涉民族革命之意。諸生家屬中有與長沙王益吾祭酒先謙相與往還者。葵園先生見之，因得挾以詆訾新政。韓君因是解職。未幾新會亦去長沙。此新會主講時務學堂之本末，而其所以至長沙者，實由先君之特薦。其後先君坐「招引奸邪」鐫職，亦有由也。[1]

十一月，陳寶箴支持譚嗣同等人成立各種宣傳新思想的學會和團體。冬，王先謙、葉德輝

1 《寒柳堂集》，上海古籍出版社，一九八〇年，一四九頁。

湖南嶽麓書院照片和黃遵憲照片

等人上書張之洞，告發時務學堂所用課本有謀反之詞。陳寶箴知道後，馬上派人密告梁啟超，讓他連夜調換課本，躲過了張之洞的調查。狄楚青《任公先生事略》[1]一文中曾就此事評述說：「不然不待戊戌政變，諸人已遭禍矣。」

一八九八年三月，陳寶箴建立南學會，作為政治革新和議會制度的基地。同月，發刊《湘報》。一八九八年六月十一日，光緒帝下《明定國是詔書》，肯定了陳寶箴在湖南的各種新政和改革。七月，陳寶箴向光緒帝推薦林旭、劉光弟、譚嗣同、楊銳四人為軍機章京。八月二十一日，西太后發動政變，陳寶箴父子因在湖南支持革新和變法而被免職。清政府對陳寶箴有「以封疆大吏，濫保匪人，實乃有負委任，陳寶箴著即行革職，永不錄用」之語，對陳三立有「招奸引邪，著一併革職，永不敘用，並交地方官，嚴加管束」之語。

如此處理，陳寅恪在《寒柳堂記夢未定稿》中說是因為「榮祿及王元和叩頭乞請所致也」。為此，陳寅恪在《寒柳堂記夢未定稿》[2]一文中曾自述說：

其仕清朝，不甚通顯，中更挫跌，罷廢八稔。年過六十，始得巡撫湖南小省。在位不過三載，竟獲嚴譴。[3]

上述諸語，實為代其祖父控訴清廷不識人才之過。而「竟獲嚴譴」亦可看出陳寅恪此時難以解開的憤悶心結。他對清廷的失望一覽無餘。根據李慎之《獨立之精神：自由之思想——論作為思想

1 狄楚青《任公先生事略》，見《任公年譜》，四八頁。
2 陳寅恪《寒柳堂記夢未定稿》，《寒柳堂集》，上海古籍出版社，一九七九年，一八二頁。
3 陳寅恪《寒柳堂記夢未定稿》，《寒柳堂集》，上海古籍出版社，一九七九年，一六七頁。

家的陳寅恪》一文中的記載，或可以作為佐證：

至於陳寅恪本人，據我的同學，陳寅恪晚年弟子劉適（現名石泉，為武漢大學歷史系教授）告訴我，陳的祖父陳寶箴、父親陳伯嚴效忠清朝，力主維新而終遭貶斥，維新事業付之東流，是陳心中永遠的傷痛，他對清朝是完全沒有孤臣孽子的心情的。[1]

又，范當世《故湖南巡撫義寧陳公墓志銘》：

蓋公一生行事之大者在湖南，尤習於湖南，樂用其人，人亦樂人。思以一隅致富強，為天下倡，而務分官權與民。故湘之人興起者太半。其頑者一二，中立審勢者裁二三而已。

對於這段歷史，陳寅恪在《寒柳堂記夢未定稿》一文中曾如下陳述：

寅恪案，綜合上列資料，先祖關於戊戌政變始末，可以概見矣。蓋先祖以為中國之大，非一時能悉改變，故欲先以湘省為全國之模楷，至若全國改革，則必以中央政府為領導。當時中央政權實屬於那拉後，如那拉後不欲變更舊制，光緒帝既無權力，更激起母子間之衝突，大局遂不可收拾矣。那拉後所信任者為榮祿，榮祿素重先祖，又聞曾保舉先君。（西人Backhouse所著慈禧外紀言及此事，寅恪昔舉以詢先君，先君答言不知。）但其時先君摯友李木齋丈盛鐸在榮祿幕府，慈禧外紀所言，或非無因。又湖南文史館所輯參考資料中皮鹿門丈（錫瑞）日記，謂當時館中學正張公百熙保薦二人，首為康南海，次即先君。但先君於光緒二十三年丁酉十二月丁先祖母憂，依例丁憂人員不列保薦，故張公薦剡未列先君之名。榮祿之薦先君，不見於公

1 《學術界》，二〇〇〇年第五期，五七頁。

犢，或亦此故歟？[1]

陳寶箴因為處理夫人黃氏的喪事等，到了冬季才回江西義寧老家。證見《散原精舍文集》卷六《大姊墓碣表》中有「其冬攜家扶柩浮江絕重湖抵南昌」一語。如此說來，蔣天樞《陳寅恪先生傳》中所說「家屬當即離湘返南昌」之說有誤。[2]

由此可見，陳寅恪本人對清政府更多的是耿耿於懷的不滿情緒，他使用了「素寒賤」、「巡撫湖南小省」及「竟獲嚴譴」等詞句，表達陳氏家族史上的一種憂患而傷感的生命情調。這也成了他本人的一個生命基準。

冬，陳寶箴全家返江西義寧老家後在西山建崝廬。並書一聯「天恩與松菊，人境托蓬瀛」掛在門上。《陳寅恪詩集》中《憶故居》一詩中序說：

寒家有先人之敝廬二，一曰崝廬，在南昌之西山，門懸先祖所撰聯，曰：「天恩與松菊，人境托蓬瀛」。[3]

一八九九年，陳寶箴因為對官場失意，所以不再許陳寅恪等人學習儒家經典以博取功名。吳宗慈在《陳三立傳略》一文中曾描述此時的陳寶箴父子說：

---

1 《陳寅恪集．寒柳堂集》，三聯書店，二〇〇一年，二〇三二〇四頁。

2 蔣天樞《陳寅恪先生傳》，收入北京大學中國中古史研究中心編《紀念陳寅恪先生誕辰百年學術論文集》，北京大學出版社，一九八九年，一頁。

3 陳寅恪《憶故居》，陳美延、陳流求編《陳寅恪詩集》，清華大學出版社，一九九三年，三八頁。

益切憂時愛國之心，往往深夜孤燈，父子相對欷噓，不能自已。[1]

我們還可以從《四覺老人書示隆恪》一文中看出他的內心世界：

> 讀書當先立志。志在學為聖賢，則凡所讀之書，聖賢言語便當奉為師法，立心行事俱要依他做去，務求言行無愧為聖賢之徒。經史中所載古人事蹟，善者可以為法，惡者可以為戒，勿徒口頭讀過。如此立志，久暫不移，胸中便有一定趨向。如行路者之有指南針，不致誤入旁徑，雖未遽是聖賢，亦不失為坦蕩之君子矣。君子之心公，由親親而仁民，而愛物，皆吾學中所應有之事。故隱居求則積德累行；行義達道則致君澤民，志定則然也。小人之心私，自私自利，雖父母兄弟有不顧，況民物乎？此則宜痛戒也。

陳寶箴父子平時也帶全家人出遊湖北等舊地。陳寅恪在《寒柳堂記夢未定稿》中曾說：「又光緒二十五年已亥先祖寓南昌，一日諸孫侍側，話舊事」之記載，可為一證。四月，陳三立全家搬往南京。其父陳寶箴未同行，但說「秋必往」。葉紹榮《陳寅恪家世》中記載：「他移居南京，在南京賃劉世五行宅居住，宅後有雅室名編心齋。」[2]

同年，七月二十二日，陳寶箴卒，死因不明。現有二說：

①陳三立說。

見陳三立的《湖南巡撫先府君行狀》一文：「忽以微疾卒」。可謂語之不詳。

1 吳宗慈《陳三立傳略》，《國史館館刊》創刊號，一九四三年十二月。
2 葉紹榮《陳寅恪家世》，花城出版社，二〇〇一年，七二頁。

②戴遠傳說。見戴遠傳《文錄》：

> 光緒二十六年六月廿六日，先嚴千總公（名閎炯）率兵從巡撫松壽馳往西山崝廬，宣太后密旨，賜陳寶箴自盡。寶箴北面匍伏受詔，即自縊死。巡撫令取其喉骨，奏報太后。[1]

陳三立時在南京，此事之原委或為不知，或有意隱瞞才用曲筆說「以微疾卒」吧。陳三立率全家回江西處理喪父之事。但是，對於戴遠傳說，余英時先生在給我的信中對此持懷疑態度。理由是：

> 我很懷疑戴遠傳《文錄》的可靠性。是年庚子之亂，慈禧何以在此緊張期間獨賜陳寶箴死，甚不易解？此是大事，不可能隱瞞甚久，當時康、梁等在海外，如有所聞，更會大作宣傳，以彰西太后之惡。我不敢完全斷定無此可

1 戴遠傳《文錄》，轉引自鄧小軍《陳寶箴之死考》，胡守為主編《陳寅恪與二十世紀中國學術》，浙江人民出版社，二〇〇〇年，五三一—五三二頁。

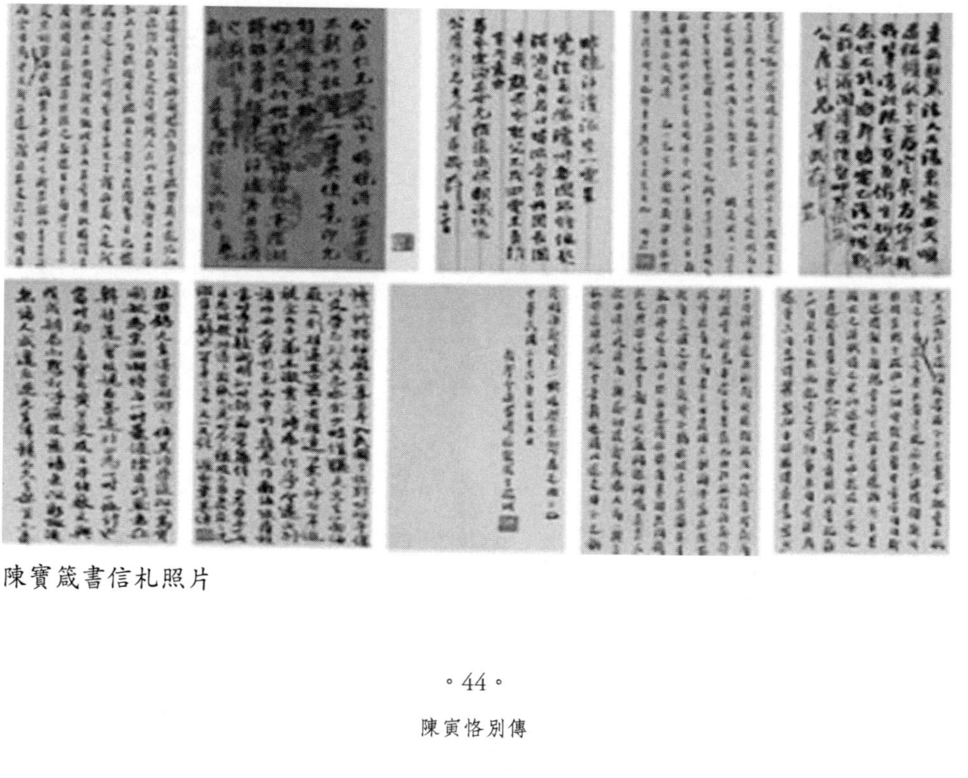

陳寶箴書信札照片

能，但終覺你必須先加詳考，再作斷語。[1]

鄧小軍在《陳寶箴之死考》一文中，則根據其時慈禧太后處死帝黨諸臣的史實，對以陳三立辛丑歲詩《讀〈漢書．蓋寬饒傳〉聊短述》為中心的一系列詩作進行箋釋，得出戴遠傳《文錄》所載為事實的結論，內容翔實，可備一說。[2]

特別是鄧氏的下列考證：

「告墓終傷殉國先」，因為「告墓」是指散原謁告右銘公之墓，因此「殉國」是指右銘公之殉國；因為只有為國而戰死、為國而自殺、為國而被殺害，才可以稱為「殉國」，而光緒二十六年六月二十六日右銘公死於南昌西山崝廬，既不可能是為國而戰死，亦不可能是為國而自殺，因此，「殉國」只能是指右銘公為國而被殺害。按戴遠傳《文錄》：「光緒二十六年庚子六月廿六日，先嚴千總公率兵弁從巡撫松壽馳往西山崝廬，宣太后密旨，賜陳寶箴自盡。寶箴北面匍伏受詔，即自縊死。巡撫令取其喉骨，奏報太后。」所謂「賜自盡」，實際是殺害。夏劍丞《寄懷陳伯嚴》詩「告墓終傷殉國先」，與戴遠傳《文錄》「宣太后密旨，賜陳寶箴自盡」記載一致，可證「殉國」正是指右銘公是為國而被殺害。[3]

並且，他得出三點結論：

第一，夏劍丞《寄懷陳伯嚴》詩「告墓終傷殉國先」，「殉國」指右銘公是為國而被殺害。

1 余英時先生一九九六年八月十五日致劉正信。

2 鄧小軍《陳寶箴之死考》，胡守為主編《陳寅恪與二十世紀中國學術》，浙江人民出版社，二〇〇〇年，五三一－五五二頁。

3 《東南大學學報》，二〇一三年五月，一〇九頁。

因為「殉國」是指為國而死，包括為國而戰死、而自殺、而被殺害；自然死亡即老死、病死，不能稱為「殉國」。

第二，散原答詩《紀哀答劍丞見寄時將還西山展墓》「煩念九原孤憤在」，是用陸機《辨亡論》「社稷夷矣，雖忠臣孤憤，烈士死節，將奚救哉」，以及蘇軾《正輔既見和復次前韻》「猶勝嵇叔夜，孤憤甘長幽」之典，回應夏劍丞《答寄懷陳伯嚴》詩「告墓終傷殉國先」，表示右銘公是忠臣烈士，為國死節，是如嵇康，為國而死於冤殺。

第三，夏劍丞《寄懷陳伯嚴》「告墓終傷殉國先」，散原答詩《紀哀答劍丞見寄時將還西山展墓》「煩念九原孤憤在」，均表示右銘公是為國而被害，因此同為戴遠傳《文錄》所載「宣太后密旨，賜陳寶箴自盡」之有力證據。[1]

又見葉紹榮《陳寅恪家世》中記載：

農業部離休幹部俞啟忠老先生，俞老先生年近九旬，乃陳小從的表兄。一見面，俞老先生便直言不諱地對陳小從說：「是慈禧傳密旨處死你祖父的！」[2]

再見該書的記載：

陳三立住南京時，每年清明、冬至兩節日都要回到江西親自登西山掃墓。每次都匍伏墓前痛哭不止，甚至長達一二小時方起來，似有難言之隱痛。[3]

1 《東南大學學報》，二〇一三年五月，一一四頁。
2 葉紹榮《陳寅恪家世》，花城出版社，二〇〇一年，一八六頁。
3 葉紹榮《陳寅恪家世》，花城出版社，二〇〇一年，一八七—一八八頁。

再看劉夢溪先生的觀點，他經過詳細的考證，提出以下三個關鍵性解釋：

首先，他主張：

婁妃自盡，是在官軍面前不投降而隕命，故散原稱為「殉節」。陳寶箴也是自盡而亡，但卻是慈禧密旨賜死，是被害而不是殉節。而且以散原當時的意態心緒，面對毒如蛟蛇的慈禧，也不會認為有「節」可「殉」。因此，右銘這位婁妃的「鄉井」，恐怕要為婁妃的「英靈」所笑了。散原詩句的本義，就在這裡。[1]

其次，他認為：

陳三立始料不及的是，他的致梁鼎芬的密札寫後僅過去十二天，陳寶箴就被慈禧賜死了。當時關於義寧父子不利於慈禧臨朝的訊息太多了，其中一點點到得「蛇龍」耳邊，陳寶箴都難免一死。其實還有自立軍起事計畫中，唐才常力主由翁同龢和陳寶箴坐鎮。只此一條，陳寶箴也逃不過慈禧的第二次殺機。[2]

第三，基於諸多考證和證據，他判斷：

六月七日，慈禧下令將已遣戍新疆的張蔭恒就地正法。這與賜死陳寶箴的時間幾乎同時。陳寶箴被害於庚子六月二十六日。張蔭恒實際行刑的時間為七月二十六日。蓋由於新疆路途遙遠，處死令的到達需較多的時間，江西相對地域較近，諭令到達會比新疆要快。因此很可能殺

1 劉夢溪《陳寶箴和湖南新政》，故宮出版社，二〇一四年，二七六頁。
2 劉夢溪《陳寶箴和湖南新政》，故宮出版社，二〇一四年，三一八頁。

張蔭恒與殺陳的密旨是同時發出的。[1]

眾多史料和歷史見證人皆指向了慈禧傳密旨賜死陳寶箴之事實。因此，余英時先生的反對顯然是揣測之辭。我們再看看那個自恃「文史素養已經足夠」的「陳學專家」張求會的觀點：「披露了他對於陳寶箴被賜死一說的態度，彌足珍貴」[2]，其逐人隊後之姿，足可以博君子飯後一哂，或啞然失笑。

陳寶箴字右銘，其名字頗不易解。可能即以「箴」為寶、以此作為座右銘之義吧。自陳寶箴開始，陳家名字中的進取之氣勢明顯得到了緩衝。大概是已經功成名就、成了大戶望族了吧。所以自陳寶箴開始，陳家人的名字中文人氣濃了起來。

六、父親陳三立

陳三立（一八五三—一九三七）是陳寶箴的長子，字伯嚴，號散原。辛亥革命後曾以「乾坤袖手

1 劉夢溪《陳寶箴和湖南新政》，故宮出版社，二〇一四年，三〇四頁。

2 見張求會《無準備卻趕時髦》，《南方都市報》二〇一三年八月十一日。

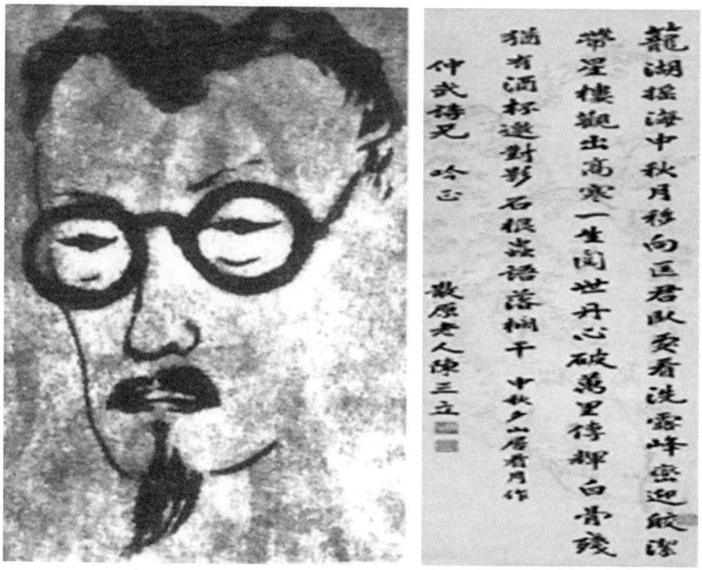

陳三立自畫像及其書法照片

人」為號。「三立」一名，與其弟「三畏」皆有深義。更進一步證實了我推測的陳家歷代命名皆有特殊含義之用心。

葉紹榮《陳寅恪家世》中記載：

三立得名典出「太上有立德，其次有立言，其次有立功」的古訓，三畏得名典出「君子有三畏：畏天命、畏大人言、畏聖人之言」。[1]

陳三立的生年爭議頗多。如，汪榮祖《史家陳寅恪傳》一書中說他「咸豐三年（一八五四）生於江西省義寧本籍」，[2]劉以煥《國學大師陳寅恪》一書中說他生於一八五二年，[3]王子舟《陳寅恪的讀書生涯》一書中說他生於一八五三年。[4]甚至有的辭典中說他生於一八五〇年。蔣天樞《陳寅恪先生編年事輯》一書中明確記錄說陳三立「生於咸豐三年癸丑九月二十一日」。[5]

案：咸豐三年乃西曆一八五三年，既非汪榮祖的一八五四年，亦非劉以煥的一八五二年。

有妹二人，一人嫁席寶田之子，一人以未婚之年早卒。又有弟陳三畏一人，惜三畏以三十一歲之英年早卒。見《散原精舍文集．弟繹年義述》：

君名義，故名三畏，國子監生。後余三歲。父改官河北，於是涉河北至武陟。尋又至杭州。

1 葉紹榮《陳寅恪家世》，花城出版社，二〇〇一年，一九七頁。
2 汪榮祖《史家陳寅恪傳》，臺北聯經出版事業公司，一九八四年，一七頁。
3 劉以煥《國學大師陳寅恪》，重慶出版社，一九九六年，二二頁。
4 王子舟《陳寅恪的讀書生涯》，長江文藝出版社，二〇〇〇年，八頁。
5 蔣天樞《陳寅恪先生編年事輯》（增訂本），上海古籍出版社，一九九七年，四頁。

九年，余父罷職，復居杭州。十四年四月七日以病卒，年三十一。

陳三立於一八七三年結婚，夫人為羅氏。見馬衛中《陳三立年譜》：

春，公迎娶元妻羅孺人於其父羅亨奎酉陽知州官廨，妻孺人時年十九。[1]

但羅氏於一八八〇年早亡。見陳三立所作《誥封一品夫人先妣黃夫人行狀》一文：

光緒六年……不孝前婦道病死。遺五歲兒衡恪……[2]

又見陳三立所作《故妻羅孺人狀》一文：

孺人姓羅氏，世居武寧之洋井里。外舅惺四先生之長女也。……年十九，外舅知酉陽州，贅余於官。……余父由湖南往官河北，余攜孺人從焉。次潁上之溜犢灣，而孺人病死焉。[3]

一八八二年，陳三立續娶浙江山陰人俞明詩。其父俞文葆亦名詩人。俞氏能詩會畫，又善古琴，寫有《神雪館詩集》。見陳三立所作《繼妻俞淑人墓誌銘》一文：

淑人諱明詩，字麟洲。籍山陰……初余侍父分巡河北……歸應鄉試，道出長沙。故人李太守有棻之妻，淑人從姊也。李傳其妻之言曰：公子誠圖續娶者，無如吾妹賢。力媒合，於是試後就贅焉。[4]

羅氏生有一子名衡恪，字師曾。俞氏生有四子三女：長子隆恪，次子寅恪，三子方恪，四子登

1 馬衛中、董俊玉《陳三立年譜》，蘇州大學出版社，二〇一〇年。
2 陳三立《先妣黃夫人行狀》，《散原精舍詩文集》，上海古籍出版社，二〇〇三年，八三九頁。
3 陳三立《故妻羅孺人行狀》，《散原精舍詩文集》，上海古籍出版社，二〇〇三年，七六一—七六二頁。
4 陳三立《繼妻俞淑人墓誌銘》，《散原精舍詩文集》，上海古籍出版社，二〇〇三年，一〇二四頁。

恪。又有三女，以後分別嫁張宗義、俞大維、薛深錫。

光緒八年時，陳三立才考中舉人，後一直在吏部任職。陳三立應試時老師即為著名學者陳寶琛，見徐一士《一士譚薈・陳寶琛》一書中記載：「陳與三立，三立為其壬午典試江西所得士。師生均工詩。」[1]

有關他此時的從政記錄，可見文廷式的《聞塵偶記》中：

陳伯嚴吏部曰：「舉五千年之帝統，三百年之本朝，四萬萬人之性命，而送於三數昏妄大臣之手！」[2]

可見當時他已清楚地認識到清廷的無能和腐敗。筆者在陳三立的文章和詩歌中並沒有發現他有殉清意識。陳三立的才學、詩名和政績，使他和譚嗣同、吳保初、丁惠康三人一起被當時人稱為「文壇四公子」。

自一八九三年陳寶箴再任布政使時，陳三立正式作為其父的幕僚起，這是陳三立正

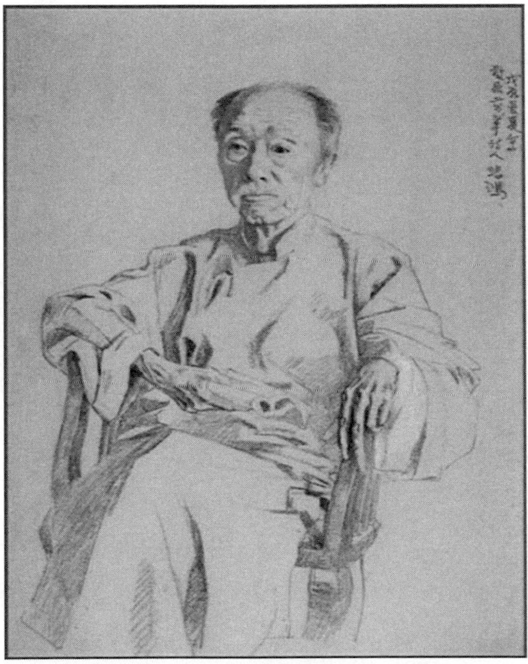

著名畫家徐悲鴻先生所畫陳三立先生像

1 徐一士《一士譚薈》，太平書局，民國三十四年，一六七頁。

2 轉引汪榮祖《史家陳寅恪傳》，臺北聯經出版事業公司，一九八四年，一八頁。

式接觸新學和革新思想的開始。在甲午戰爭中慘敗後，陳三立曾由武昌發電給張之洞，電文云：「讀銑電愈出愈奇，國無可為矣，猶欲明公聯合各督撫數人，力請先誅合肥，再圖補救，以伸中國之憤，以盡一日之心，局外哀鳴，伏維賜察。三立。」一八九五年十月，陳三立到上海專訪黃遵憲，在上海等黃遵憲三日而不遇。大約在十月底前後，陳三立和黃遵憲在上海見面。黃遵憲有詩為證：

《上海喜晤陳伯嚴》：

颯颯秋風夜氣深，照人寒月肯來臨。磯頭黃鵠重相見，海底鰻魚未易尋。

大地山河悲缺影，中年絲竹動歡心。橫流何處安身好？從子商量抱膝吟。

詩中有一注為：「訪我三日不值」。從這詩歌的內容來看，「颯颯秋風」和「照人寒月」顯然已經不是九月的天氣，也不是當年的農曆九月。因此，《陳寅恪先生年譜長編》中說此二人見面時間為九月，顯然與詩歌內容不符合。至少是十月底、十一月初比較合適。

一八九六年春，陳三立全家人居住在長沙，並開始聘請周大烈等人教授陳家子弟學習。從此時起，陳寅恪接受私塾教育。

一八九八年冬，戊戌政變之後，陳寶箴父子被免職。陳寅恪和全家人返回江西義寧老家。以筆者掌握的資料來看，這是陳寅恪首次回故里。第二年夏季，陳三立攜帶全家人到南京。在南京，聘請王伯沆等人教授陳家子弟學習。

其教育情形，錢堃新在《冬飲先生行述》一文中有言：

陳伯嚴建精舍為文酒之會，雅知先生有師道，固請就館，使子女執經問業。伯嚴子女八人，衡恪最長，名冠諸才士，亦欽重先生。先生於是遊伯嚴父子間，俯仰提挈，所獲弘多，寅恪以次，亦漸發名成業，多本先生教也。[1]
冬飲先生即王瀣，字伯沆，一字伯謙，號冬飲。詩取法江西詩派，見知於文廷式、陳三立等詩人，清末曾任南京陸師學堂教習、兩江師範學堂教習。據上文可見，他曾擔任陳三立諸子女的館師，對他們影響甚大。

夏，陳三立為寅恪請西醫治病。見陳寅恪《寒柳堂記夢未定稿》一文：
自光緒二十六年庚子移家江寧，始得延西醫治病。[2]
以中醫為家學傳統的陳三立能開明到請西醫為寅恪治病，已表明了他對西式新學的信任。在當時的國情上是很不一般的。

一八九九年春，陳三立再次攜帶全家人返回江西老家。清明節後，他們再次返回南京，住在頭條巷，與俞明震家為鄰居。後來，陳寅恪在《柳如是別傳》中曾回憶說：

寅恪少時家居江寧頭條弄。是時海內尚稱乂安，而識者知其將變，寅恪雖年在童幼，然亦有所感觸，因欲縱觀所未見之書，以釋幽尤之思。伯舅山陰俞觚齋先生明震同寓頭條弄，兩家衡宇相望，往來便近。俞先生藏書不富，而頗有精本，如四十年前有正書局石印戚蓼生鈔八十回石頭記，其原本即先生官翰林日以三十金得之於京師海王村書肆者也。一日寅恪偶在外家檢讀藏書，獲睹錢遵王曾所注牧齋詩集，大好之，遂匆匆讀誦一過，然實未能詳繹也。是後錢氏

1　錢堃新《冬飲先生行述》，見《南京文獻》第二十一號。
2　陳寅恪《寒柳堂記夢未定稿》，《寒柳堂集》，上海古籍出版社，一九七九年，一六九頁。

遺著盡出，雖幾悉讀之，然遊學四方，其研治範圍與中國文學無甚關係，故雖曾讀之，亦未深有所賞會也。

一九〇〇年七月下旬，陳三立全家返江西處理陳寶箴喪事。八月中旬，全家返回南京。陳三立到南京後建散原精舍以會文壇友人。

一九〇一年，陳三立在南京時常和友人聚會、訪談。趙元任、楊步偉夫婦在《憶寅恪》一文中就記載陳三立「與先祖（指楊步偉之先祖）當日交很密」。[1]無疑，號稱「乾坤袖手人」的陳三立把他的晚年放在文壇交遊上。陳寅恪《寒柳堂記夢未定稿》一文中曾說：

後雖復官，迄清之末，未嘗一出。然以吏能廉潔及氣節文章頗重名於當代。

又說：

先君移居金陵，以詩歌自遣。[2]

在這裡，陳寅恪尤其肯定了其父的「氣節」和「文章」二者，這也是陳寅恪本人的自我警示之語。關於陳三立的詩歌創作活動，可見梁啟超《飲冰室詩話》：

陳伯嚴吏部，義寧撫軍之公子也。與譚瀏陽齊名，有兩公子之目。義寧湘中治跡，多其所贊畫。其詩不用新異之語，而境界自與時流異。醲渾俊微，吾謂於唐宋人集中，罕見倫比。

當時，陳三立自號「乾坤袖手人」，這已表明他的無意於政局的立場。一九〇四年開始，因為

1 楊步偉、趙元任《憶寅恪》，臺北《清華校友通訊》新三二期，一九七〇年四月二十九日。
2 陳寅恪《寒柳堂記夢未定稿》，《寒柳堂集》，上海古籍出版社，一九七九年，一八二頁。

寅恪兄弟數人先後自費出國留學，一時使他感到經濟拮据。於是，他開始經商，先後創立了江西鐵路公司、中國商辦鐵路公司等。這一短時間的經商活動表現出陳三立有志於振興民族工業、走西式資本主義發展的一念之心。

一九一一年，陳三立移居上海。在此期間，他曾參加組織江西共和討論會。經商活動和討論共和活動在此時的出現，是陳三立久已破滅的新政和維新思想的又一次具體體現。他自己主動去解決失去清廷後的生存問題。

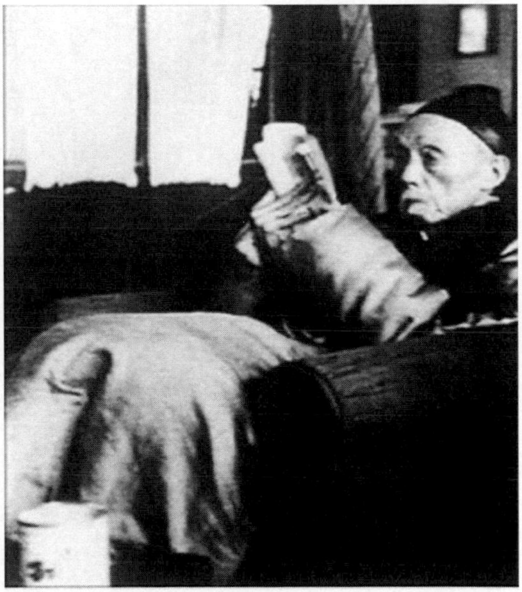

晚年的陳三立先生讀書照片

一九二四年春，在著名詩人徐志摩的介紹下，陳三立有機會一識來華訪問的印度著名詩人泰戈爾。在此期間，他曾多次往復於上海、江西、南京三地之間。或訪友、或嫁女、或祭祖、或悼念亡友等等。

一九二八年五月十七日，陳三立在家中接待來訪的胡適。但是根據《胡適日記》的記載，他們似乎沒有什麼實質性的談話。[1]

一九三一年開始，陳三立移居江西廬山。

1 《胡適日記》，安徽教育出版社，二〇〇一年，七四頁。

吳宗慈在《陳三立傳略》一文中記述說：

民十九年，余寄寓牯嶺。翌歲，先生亦以避暑至。遂得朝夕過從。亙三載，講學論世，親聆謦欬……先生創議重修《廬山志》……商志例，先生主應注重科學。[1]

可見，此時的陳三立對西式的科學研究已極為重視。在討論修史志的體例問題上已開始走出舊式的軌範。綜上所述，下野後的陳三立，仍然沒有改變維新思想和對西式科學技術的敬仰，甚至在某些方面較戊戌變法時代有了具體的進展和實施。在這一點上，他比其子陳寅恪更多激進和變革的意識。

一九三三年開始，陳三立移居北京，以寓公式生活頤養晚年。

1 吳宗慈《陳三立傳略》，《國史館館刊》創刊號，一九四三年十二月。

在北京時陳家全家合影照片

在此期間，他的老友如鄭孝胥、羅振玉等人依附偽滿洲國並邀請他一同共事，被他嚴辭拒絕。一九三七年七．七蘆溝橋事變後，陳三立感於日寇侵華，憂憤數日，引發重病，他又拒不進食、服藥，以八十五歲之高齡抱恨而亡。陳寅恪自己在《第七次交代底稿》中曾說：

七七事變，北京淪陷。八十五歲老父親因見大局如此，憂憤不食而死。

又見陳流求《回憶我家逃難前後》一文：

記得那天晚上，祖父靈前親友離去後，父親仍久久斜臥，在走廊的藤躺椅上，表情嚴峻，一言不發。[1]

而在汪東《義寧陳伯嚴輓詩》的序中，則記載：

二十六年秋，倭寇陷北平，欲招置先生，遊說百端皆不許。詗者日伺其門，怒呼傭媪持慧帚逐之。因發憤不食五日死。

由此看來，則「發憤不食五日死」的起因是「倭寇陷北平，欲招置先生」之故。可見當時的陳三立已經深深地憂慮國家的危難。選擇死亡是求得自身解脫的一種方式。蓋受傳統文化影響的世家子弟，往往父子皆秉持同樣的生活倫理和價值觀。簡直如同遺傳一樣影響著歷代後裔的生活及其命運。這種文化的遺傳和重複，顯示出古代所謂的世家和門風的存在特點，有著一脈相承的延續。

筆者以為，陳三立的「憂憤不食而死」，是繼承了其父親的悲壯「憂憤」的死，而下啟其子的「憂

1 《紀念陳寅恪先生百年誕辰學術論文集》，江西教育出版社，一九九四年，七三頁。

憤而死」的家族命運。究其根源，是陳氏家族歷代所形成的人生信仰和價值取向，當面臨失去國家這一大前提時，在各自的生死存亡之時，前代影響了後代或說後代立志要效仿前代的選擇，去面對死亡。清朝的滅亡並沒有使他喪失生存的勇氣，而外族的入侵使年高的他澈底失去了生存的勇氣。我從「憂憤不食而死」的陳三立之死，推測其父陳寶箴可能也是因為被賜死而先內心「憂憤」至極，因此，我認為戴遠傳的西太后賜死說值得深究。

寫到此處，我也想起了我的列祖列宗在清朝的命運。成詩一首如下：

七律《清明祭祖》：

一支大姓是堯封，綿續東西下北蹤。寶應解經名海內，江岑玏禮感天容。

離鄉索夢正偏苦，分祖安親血水濃。世過百年墳廟毀，惟余著作不平庸。

附錄：

陳寅恪先生家族史上的四大姻親家族（俞氏，范氏，曾氏，唐氏）和重要社會關係譜：

1. 曾廣珊，曾國藩的孫女，是曾國藩第三子曾紀鴻的女兒，嫁給俞明頤。

曾國藩的兩個兒子紀澤、紀鴻都是清代有名的人物。紀澤，字劼剛，擔任過清朝駐英、法、德、俄公使，收復新疆伊犁，是一位對中華民族有貢獻的外交家。紀鴻，字栗誠，一八四八年生於北京賈家胡同寓所，精通數學、天文和英文。一八七五年，紀鴻以「月餘之力推得圓周率百位」，也就是將圓周率求到小數點後一百位。曾紀鴻與夫人郭筠，生五子一女。女兒曾廣珊，別號「心杏老人」，生於同治十一年，擅詩文，有《鬘華仙館詩鈔》留世。

曾廣珊、俞明頤婚後，生了十三個兒女。除了三個早夭外，其餘十人為：大維、大綸、大紱、大絜、大綱五子，大緗、大絇、大縝、大絪、大彩五女。

2. 曾憲植，葉劍英元帥的夫人，曾國藩的曾孫女。

3. 俞明震、俞明頤、俞明詩兄妹三人。魯迅是俞明震的學生。而俞明震除了是位詩人，在清末民初政壇上他還曾上書彈劾過張廣建。一九一五年四月五日的報紙上就有報導。證據見《吳宓日記（一九一五年四月五日）》。

4. 俞明震長子俞大純。

5. 俞大純膝下四子兩女。長子俞啟孝，後在天津當教授；次子俞啟信，化學家；三子即俞啟威（化名黃敬）；四子俞啟忠，農學教授；大姐俞珊，演員。小妹俞瑾，醫生。俞啟威，化名黃敬，是江青前夫、也就是大陸現政協全國委員會主席俞正聲的父親。俞正聲的母親范瑾，曾任北京市委常委兼北京市副市長、《北京日報》社社長。俞正聲的舅舅是著名歷史學家范

曾國藩的孫女曾廣珊小姐結婚照和其父曾紀鴻照片，新郎即為俞明頤先生。

文瀾。俞正聲之妻張志凱，岳父中共國防科工委副主任張震寰。
6. 俞明詩，嫁給陳三立。她還是曾廣珊之夫俞明頤的妹妹。
7. 俞大維，俞明頤的長子，前臺灣國防部長，俞大維的兒子俞揚和蔣經國女兒蔣孝章為夫妻。
8. 俞大彩，俞大維之妹，傅斯年的夫人。
9. 范孝嫦，陳師曾的夫人，為著名畫家范曾姑祖父。先祖為北宋范仲淹。自父親范子愚先生上溯明末，凡十二代詩人，皆有專集傳世。曾祖范伯子先生為同、光朝詩壇巨擘。兄范彥殊，弟范彥。
10. 唐景崧，唐篔之祖父，臺灣巡撫。此時，胡適的父親胡傳在其手下時任臺東知縣。

第三章

陳寅恪的兄弟姐妹

尋根尋的是血緣之根，尋根尋的是文化之根。在尋根的路上，發現自己的直系祖先出處固然欣喜若狂，但是無意中窺視到祖先的部分隱私大可不必驚慌。我們需要的是客觀和冷靜的態度，去面對歷史，去尊重歷史。對陳寅恪先生兄弟們史實的考證，也需要抱有客觀和冷靜的態度。

一、兄陳衡恪

陳衡恪（一八七六—一九二三），乳名師曾，後以為字。號槐堂，又號朽、朽者、朽道人。為民國初年著名畫家、藝術理論家、詩人。為陳三立前妻羅孺人所出。陳衡恪畫風奇絕，開創嶺南畫派。娶妻范氏（范當世女）、汪氏（汪東之姊春綺）、黃氏（黃國巽）。生子封可、封懷、封雄、封舉、封邦、封猷。

光緒二十八年（一九〇二），陳衡恪挈六弟寅恪赴日留學，出國前，遇英國教士李提摩太（Timothy Richard）於上海，教士作華語曰：「君等世家子弟，能東遊，甚善！」他與魯迅是好友，曾為周氏兄弟翻譯的《域外小說集》

陳衡恪先生美術作品照片

設計封面。由此原因，陳寅恪先生可能在日本時就已認識魯迅，《魯迅日記》一九一五年四月六日條下曾記：「贈陳寅恪《域外小說集》第一、第二集。」陳三立《繼妻俞淑人墓誌銘》言：

> 衡恪，羅淑人出，已後淑人一月歿，淑人屢舉其行誼為諸弟率，所最篤愛者也。[1]

陳衡恪與俞明詩的母子感情很深。一九二三年，俞明詩病危，衡恪從北京趕回南京侍疾，俞氏卒後，衡恪哀痛過度，又冒雨為俞氏置辦後事，引發舊病。在俞氏卒後一個多月，衡恪亦卒。

又見陳三立《長男衡恪狀》一文：

> 衡恪迂拙，守儉素，不解慕聲利。往往徒步張蓋，穿風雪，趨吏舍。治事刻厲自苦，謹身而矯俗。其諸弟皆莫及也。

衡恪卒時，陳寅恪當時正在德國柏林大學梵學研究院留學。母兄之喪，「家中容或未即告

陳衡恪先生遺像及其墓地照片

1 陳三立《繼妻俞淑人墓誌銘》，《散原精舍詩文集》，上海古籍出版社，二〇〇三年，一〇二六頁。

之」。[1]

范孝嫦乃南通望族，兄范彥殊，弟范彥矧，皆留學日本。其祖、其父皆晚清大詩人。汪春綺其父為汪東之，其祖為汪荃臺，皆晚清進士。弟汪東旭，亦曾留學海外。

二、兄陳隆恪

陳隆恪（一八八八—一九五五），字彥和，東京帝國大學（現日本東京大學）財商系畢業。回國後在財經界發展。新中國成立後，由齊燕銘介紹任上海文物管理委員會顧問。娶妻喻徽（詩人喻兆藩之女），生女陳小從。

陳隆恪雖未從文，但善為詩。蔣天樞序其《同照閣詩鈔》云：

一日散原老人於刊物見以「彥和」署名之作，詫曰：「是隆伢之字，他也會作詩，寫得還不錯呀！」及老人年事已高，偶遇應酬，時命子隆恪代作。[2]

他與陳寅恪年歲相近，感情深篤。雖如此，但其詩尚不能同其兄寅恪相比類。憑藉寅恪詩歌的東風，他的詩集也得以被整理出版。縱有續貂之嫌，也不失得道升天之例。於注釋者而言，也算拉近了自己與陳家的關係，何樂而不為呢。正是「點佛弟之額粉，久已先乾；纏王娘之腳條，長則更

1 蔣天樞《陳寅恪先生編年事輯》（增訂本），上海古籍出版社，一九九七年，五五頁。

2 轉引自何廣棪《讀陳隆恪先生同照閣詩鈔隨筆》，《傳記文學》，一九八二年第四十一卷第二期，一一九頁。

臭」之謂也。

三、弟陳方恪

陳方恪（一八九一——一九六六），字彥通，是陳氏兄弟中唯一未曾到外國留學的一人。亦工詩，並工詞，陳衍曾以「名貴」論之，以為酷肖散原（陳三立）。陳方恪先生為學，特長是目錄學。

坊間傳聞陳方恪曾一度沉湎於酒色，揮霍奢靡，但在一九四五年任職南京國學圖書館時曾因掩護地下電臺被日本憲兵逮捕，大節炳然。新中國成立後，他曾任南京圖書館編目主任及研究員。一九六六年，陳方恪在南京去世。

四、弟陳登恪

陳登恪（一八九七——一九七四），曾以「陳春隨」為筆名，作《留西外史》一書，寫留法中國學生之逸事趣聞，風行一時。專長是法國文學，長期任教於武漢大學法文系。生子陳星照。他素性倜儻好玩，因此頗不入如錢穆、朱東潤等治學嚴謹的學者們的法眼。一九七四年在湖北武漢逝世。一九七四年十一月二十八日的《湖北日報》上登載了他逝世的消息。

一九二三年冬，在柏林時，陳寅恪曾通過登恪認識後來宣揚國家主義的曾琦（一九一四年登恪在上海震旦大學的室友）。

李璜在《憶陳寅恪登恪昆仲》一文中說：

……與慕韓相識之後，即時囑登恪約慕韓與我至寓或下午五時共同把酒清談於康德大道街頭之咖啡館中。寅恪所專與我輩彼時所學皆不相類，然甚喜慕韓談清季中興人物曾國藩、左宗棠與胡林翼之學術及其政績。且寅恪早對日本人之印象不佳，而對於袁世凱之媚外篡國，尤其深惡痛絕，並以其餘逆北洋軍閥之胡鬧亂政，大為可憂，因甚佩慕韓內除國賊與外抗強權之論。不過，寅恪究係有頭腦分析問題、鞭辟入裡的學人，於暢飲淡紅酒，而高談天下國家之餘，常常提出國家將來致治中之政治、教育、民生等問題；大綱細節，如民主如何使其適合中國國情現狀，教育須從普遍徵兵制來訓練鄉愚大眾，民主須儘量開發邊地與建設新工業等。[1]

此條記載可與《吳宓日記》一九一九年十二月十四日條下所載陳寅恪暢論中西文化條相參看，都是關於陳寅恪早期思想的珍貴記錄。

陳寅恪與眾兄弟之間關係融洽，茲引陳小從《庭聞憶述》之八、九、十條如下，以見一斑：

〔八〕指揮若定出奇兵，挖土飾枝陷阱成。誘敵先鋒乏機警，出師不利失街亭。

先君言彼小時，頑皮甚，一日，有親戚某從鄉間來，小兄弟喜獲捉弄對象。經聚議，在花園內挖一大坑，上鋪以亂草雜枝為掩飾。陷阱成，派寅叔為前鋒，誘敵入圈套。豈料先鋒誘敵未果，自己反誤中機關，落入陷阱。

〔九〕弟兄相顧阮囊羞，恰值金陵好個秋。清興驅人間不住，典質金錶資出遊。

1 李璜《憶陳寅恪登恪昆仲》，《追憶陳寅恪》，社會科學文獻出版社，一九九九年，一四一五頁。

某年，先君與六、七、八叔兄弟相聚，談到某地風景正佳，盍不命駕一遊，但苦於囊空，遊資無著。寅叔慨然將自用金錶一只送往當鋪典質，得銀元若干，充旅遊之費。

〔十〕劫餘重聚薩家灣，雁序依然鬢已斑。收拾十年離亂苦，聲聲煮粥話團鴞。

一九四六年秋，先君由牯嶺赴寧，與睽違九載之弟妹同聚於薩家灣大維姑父母家。亂後重逢，悲喜交集，寅叔每於飯後，建議道：「我們一道去『煮粥』吧！」於是，擇一靜謐之室，六人圍坐，共話家常。[1]

五、兄陳衡恪考

在陳寅恪早期經歷中最為神祕的一次活動是：一九六七年十二月寫的「第七次交代稿」中記述的發生在一九一四年的事情：

江西省教育司副司長符九銘電召回江西南昌，閱留德學生考卷。並許補江西省留學官費。

——這裡最宜注意的是：

①江西省教育司副司長符九銘為什麼要電召一個在法國的留學生回國參加閱留德學生的考卷工作？既非當時國內無人了解德語，亦非當時陳寅恪的德語水準名揚中外。

②江西省教育司副司長符九銘是怎麼認識陳寅恪的？在已知陳三立、陳寅恪父子的交遊史中沒

1 陳小從《庭聞憶述》，引自《追憶陳寅恪》，中國社會科學文獻出版社，二〇〇〇年，四五一—四五二頁。

有史料證明陳家父子和符九銘有來往。

③ 作為當時江西省教育司副司長的符九銘為什麼要無緣無故地許給陳寅恪先生江西省留學官費的資格？

以上三個疑問說明此事實在太離奇了！可是陳寅恪本人和其後代、親屬至今無人道及此事。這便是有必要在此略加考證的原因。由此便引出了陳寅恪早期生平經歷中的一個神秘人物——陳衡恪。

首先，我們先從陳三立共有多少名子女這一基本問題入手。也許，陳家後代、陳寅恪的朋友和學生、研究陳寅恪的專家會以為我們無事生非。因為出自陳寅恪的學生之手的那部《陳寅恪先生編年事輯》（增訂本）、出自研究陳寅恪的專家汪榮祖之手的《史家陳寅恪傳》（增訂本）等書中都比較詳細地說明了陳三立的子女情況，我們把他們的觀點稱之為子女八人說。

1. 子女八人說

一八七二年，陳三立結婚。夫人為四川人羅孺人，不幸的是：原配羅氏夫人於一八八〇年早亡。見陳三立所作《故妻羅孺人行狀》[1]一文：

> 孺人姓羅氏，世居武寧之洋井里。外舅惺四先生之長女也。……年十九，外舅知西陽州，贅余於官。……余父由湖南往官河北，余攜孺人從焉。次潁上之溜犢灣，而孺人病死焉。

又見陳三立所作《先妣黃夫人行狀》一文：

1 陳三立《故妻羅孺人行狀》，《散原精舍詩文集》，上海古籍出版社，二〇〇三年，七六一—七六二頁。

光緒六年……不孝前婦道病死。遺五歲兒衡恪……[1]

羅氏生有二子，一名衡恪，字師曾。陳衡恪生於一八七六年，即光緒二年。卒於一九二三年。另一子名同亮早夭。

一八八二年，陳三立續娶俞明詩。俞氏是浙江山陰人，能詩會畫，又善古琴，寫有《神雪館詩集》。見陳三立所作《繼妻俞淑人墓誌銘》：

淑人諱明詩，字麟洲。籍山陰……初余侍父分巡河北……歸應鄉試，道出長沙。故人李太守有棻之妻，淑人從姊也。李傳其妻之言曰：公子誠圖續娶者，無如吾妹賢。力媒合，於是試後就贅焉。[2]

俞氏和陳三立生有四子三女：長子隆恪，次子寅恪，三子方恪，四子登恪。又有三女，以後分別嫁張宗義、俞大維、薛深錫。即：

一八八八年，舊曆光緒十四年，兄隆恪生。卒於一九五六年。

一八九〇年，舊曆光緒十六年，寅恪生。卒於一九六九年。

一八九一年，舊曆光緒十七年，弟方恪生。卒於一九六四年。

一八九三年，舊曆光緒十九年，妹康晦生。

一八九四年，舊曆光緒二十年，妹新午生。

---

1 陳三立《先妣黃夫人行狀》，《散原精舍詩文集》，上海古籍出版社，二〇〇三年，八三九頁。

2 陳三立《繼妻俞淑人墓誌銘》，《散原精舍詩文集》，上海古籍出版社，二〇〇三年，一〇二四頁。

一八九七年，舊曆光緒二十三年，弟登恪生。卒於一九七四年。

妹安醴，生年不詳。

以上七人，再加上陳衡恪，則陳三立共有子女八人。最早在著作中說明此事的是錢堃新《冬飲先生行述》一文。其中：

> 陳伯嚴建精舍為文酒之會，雅知先生有師道，固請就館，使子女執經問業。伯嚴子女八人，衡恪最長，名冠諸才士，亦欽重先生。先生於是遊伯嚴父子間，俯仰提挈，所獲弘多，寅恪以次，亦漸發名成業，多本先生教也。[1]

在迄今為止已出版的有關陳三立、陳寅恪、陳師曾的多種傳記中大都是如此記述的。除蔣天樞的《陳寅恪先生編年事輯》（增訂本）、汪榮祖的《史家陳寅恪傳》（增訂本）等書中，皆是如此說明的。其他如劉以煥的《國學大師陳寅恪》、王子舟的《陳寅恪的讀書生涯》等書外，亦皆如此。

但是，在陳家兄弟排行上，陳寅恪先生行六。這就非常地不可理解了。因為陳三立兄弟姊妹共四人。即，陳三立、陳三畏（早卒）、席陳氏、陳氏（早卒）。亦即，在陳三立並不存在兄弟之子也併入陳家子女排行的現象。而當時又不存在俞明詩兄弟之子女併入陳家子女排行的問題。現在已知的是：

衡恪行大。證見陳三立《長男衡恪狀》等。

行二不詳。

1 錢堃新《冬飲先生行述》，《南京文獻》第二十一號。

行三不詳。

覃恪行四。

隆恪行五。

寅恪行六。證見衡恪《答六弟》、隆恪《懷六弟不遇》及《十一月二十六日六弟將自滬之美刻晨起寄懷》等。

方恪行七。證見《陳寅恪先生編年事輯》所收陳小從的話「彥通乃七叔方恪字，登恪乃八叔也」等。

登恪行八，如上。

到此，則《冬飲先生行述》一文所謂「伯嚴子女八人」便有二解：

其一為前妻之子衡恪和繼室之長子隆恪、次子寅恪、三子方恪、四子登恪，再加三女，共計八人。此是盡人皆知的。

其二為衡恪行大、行二不詳、行三不詳、覃恪行四、隆恪行五、寅恪行六、方恪行七、登恪行八，共計八個兒子。此是以「隆恪行五、寅恪行六、方恪行七、登恪行八」之排行順序計算出的。

現在的問題是：「衡恪行大……隆恪行五、寅恪行六、方恪行七、登恪行八」這一排行順序是以陳三立之子為基礎排列的，還是以陳寶箴之孫為基礎排列的？

①以陳三立之子為基礎排列

如以陳三立之子作為排行順序，則自衡恪至隆恪之間三人不詳，而可考者有二：

《散原精舍文集》卷一《故妻羅孺人傳》：

既歸余，四年生子師曾，是年余祖母卒。又三年，生子不育。今年正月幼子同亮生，七月，余父由湖南往官河北，余偕孺人從焉。次潁上之溜犢灣而孺人病篤死矣，得年二十六，為光緒六年十月五日也。

光緒六年為西元一八八〇年，衡恪（師曾）生於一八七六年，又三年之「生子不育」者為一八七九年，幼子同亮生於一八八〇年初，則羅孺人實曾生三子，後兩子不見提及，除一八七九年生者不育夭折外，同亮在一八八〇年陳三立作《故妻羅孺人傳》時尚存，又見同卷《故妻羅孺人哀祭文》：「有兒在乳，其兄五齡。」此「在乳之兒」即為幼兒陳同亮。

但在三立之母黃夫人之行狀中（《誥封一品夫人先妣黃夫人行狀》）則提到：

光緒六年，余父之官河北，不孝前婦道病死，遺五歲兒衡恪。

又卷十三《繼妻羅淑人墓誌銘》：

衡恪，羅淑人出，……淑人屢舉其行誼為諸弟率，所最篤愛者也。

這兩處都只提到衡恪，可以推定，在羅淑人死後不久，幼子同亮必定也已夭折。

儘管羅孺人所產後兩子均夭折，但按傳統，他們可以在兄弟排行中占一席之地，則此處陳氏兄弟排行為：

衡恪行大。一八七六年，舊曆光緒二年生。

「生子不育」之「子」，本為行二。一八七九年，舊曆光緒五年生。因為早夭，故不計入排行，則尚有一子不詳何人。

陳同亮行三。一八八〇年，舊曆光緒六年生。（早夭）

覃恪行四。

隆恪行五。一八八八年，舊曆光緒十四年生。

寅恪行六。一八九〇年，舊曆光緒十六年生。

方恪行七。一八九一年，舊曆光緒十七年生。

登恪行八。一八九七年，舊曆光緒二十三年生。

② 以陳寶箴之孫為基礎排序

如以陳寶箴之孫為基礎排序，則需計入陳三立之弟陳三畏之子。陳三畏留下子一人，女二人。其子名陳覃恪，證見《散原精舍文集》卷二《弟繹年義述》：「娶嘉定張氏，子一人，妾所出。」又見卷六《誥封夫人黃母陳夫人墓誌銘》：「生一女嫁余猶子覃恪。」又見卷七《清故陝西候補道署陝安兵備道黃君墓誌銘》：「繼娶張夫人，生女一，適余弟之子湖北候補知縣覃恪。」三畏於一八八八年卒，則其子之生年必在隆恪之前，是為：

衡恪行大。一八七六年，舊曆光緒二年生。

「生子不育」之「子」行二。一八七九年，舊曆光緒五年生。（早夭）

陳同亮行三。一八八〇年，舊曆光緒六年生。（早夭）

陳覃恪行四。生年不詳。

隆恪行五。一八八八年，舊曆光緒十四年生。

寅恪行六。一八九〇年，舊曆光緒十六年生。

方恪行七。一八九一年，舊曆光緒十七年生。

登恪行八。一八九七年，舊曆光緒二十三年生。

似乎也能解決陳寅恪行六之說。但此說可能性不大，因為：

（1）雖然封建家庭一祖（第一代）所生兄弟（第二代）之子嗣（第三代）可以混合排行，但其祖之曾孫輩（第四代）則只遵本房（第二代）之排序，其稱呼他房（第二代）之伯叔輩往往冠以「×房大伯、二叔、三叔」等稱謂，或將「×房」省去，直呼「大伯、二叔、三叔」等等。陳小從相當於陳寶箴為第四代，她稱「彥通乃七叔方恪字，登恪乃八叔也」等實際是指陳三立（乃祖）之子嗣而言。

（2）如將陳覃恪併入計算，則毋須顧及已夭折而死的羅氏後兩子，如陳三立在《浩封一品夫人先妣黃夫人行狀》中所言「孫六人」，又於卷五《巡撫先府君行狀》中說「孫六人，孫女五人」。因其著眼點在祖系，故及生不及死；而著眼點在父系，則保留已夭者的排行以表達紀念的意義。此風至今猶存。

（3）如第二點所言，則陳氏兄弟排行為衡、覃、隆、寅、方、登，寅恪行四，與「六弟」相悖。那麼，按陳三立之子進行排行中不詳的一人，究竟為誰？

根據筆者對清末留日學生人數和出身籍貫的調查，來自江西的留學生中的陳衡恪為「陳三立之子」！陳衡恪的存在，是迄今為止有關陳氏一家三代各類研究論著、回憶文章中從沒有涉及的一個真實的人物！他和陳寅恪有何來往？他是怎麼樣一個人？如此等等，都是本書要予以回答的問題。

2. 關於陳衡恪

但是，有證據表明：陳家後代、陳寅恪的朋友們和學生們、研究陳寅恪的專家們至今尚無人承認、無人知道陳三立的的確確有位叫陳衡恪的兒子存在。

從下面提供的三個年代版本的《現代支那人名鑑》[1]一書原始資料照片來看，我把該書中這段日文資料翻譯如下：

陳衡恪：現年五十五歲。江西南昌人。

學歷：日本高等師範學校畢業。

經歷：第一次革命後成了江西省教育司司長。是江西名門陳三立之子，曾加入統一黨。

當假定陳衡恪為陳三立的長男一事是真實無誤的話，我們從陳家子女八人的命名用字上還可以判斷出：

①《現代支那人名鑑》一書，從一九一二年到一九二八年版本，皆由日本外交部情報部負責編纂。該書是以當時日本情報部門在華收集的戶口記錄和日本外務省檔案館保存的

1 《現代支那人名鑑》，日本外務省情報部編纂出版，一九二八年。

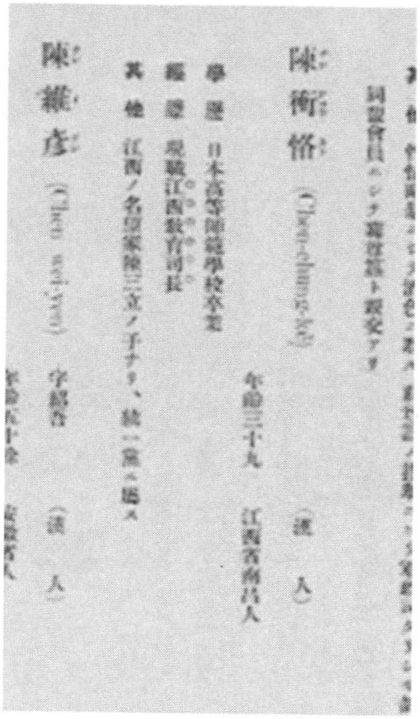
陳衡恪 (漢人) 年齡三十九 江西省南昌人
學歷 日本高等師範學校卒業
經歷 現職江西教育司長
其他 江西ノ名望家陳三立ノ子ナリ、統一黨ニ屬ス

1912 年版

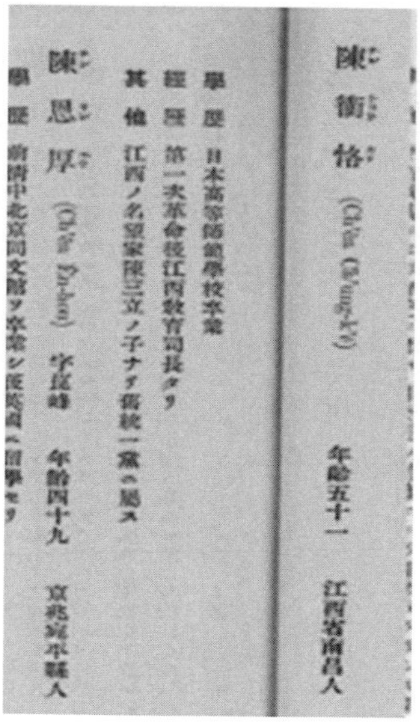
陳衡恪 年齡五十一 江西省南昌人
學歷 日本高等師範學校卒業
經歷 第一次革命後江西教育司長タリ
其他 江西ノ名望家陳三立ノ子ナリ嘗テ統一黨ニ屬ス

1924 年版

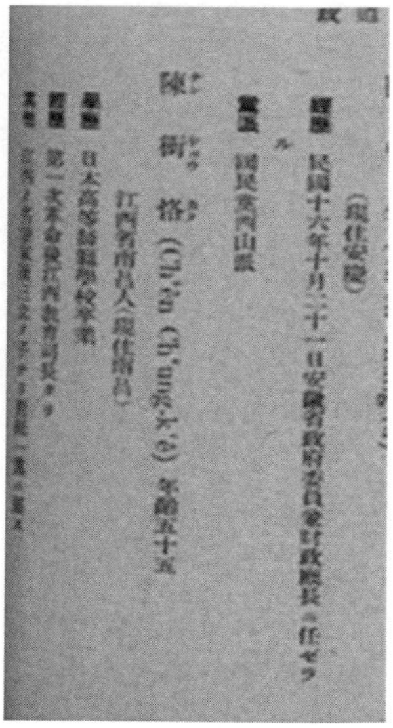
黨派 國民黨西山派
陳衡恪 年齡五十五
江西省南昌人(現住南昌)
學歷 日本高等師範學校卒業

1928 年版

日本文獻中記載的不同年份和版本的《現代支那人名鑑》中的陳衡恪資料：

來日留學人員登記記錄為基礎編纂的。如果一九二八年時陳衡恪現年五十五歲的話，至少他應在一八七三年左右出生。而陳衡恪作為陳三立的長男，生於一八七六年，這是盡人皆知的史實。那麼就存在著陳三立的長男極有可能並不是陳衡恪，而是陳衡恪的問題。亦即：他應該出生在一八七三年左右。當時，陳三立尚未正式娶妻。陳三立才有可能和別人（如，妾或家中女傭人、風塵女人等）非婚生子。然後，陳三立先娶羅氏夫人，再娶俞氏夫人。又因為陳衡恪、陳寅恪兄弟數人無人肯於承認他的正當地位，可見其生母必定身分不高。最低限度，他被排出在陳衡恪以下兄弟姊妹等人之外。

②他是陳衡恪的同父異母的兄弟。因為他的名字中有「沖」字，繁體字「衝」字和「衡」都有「行」字作為部首用字，而俞明詩氏所生隆、寅、方、登兄弟四人則並沒有採用部首命名用字法。可知他必比隆、寅、方、登兄弟四人早出生。

以上是我們的推論。這個推論解決了其不詳之子為誰的問題。

但是，有人主張這一史料是孤證，沒有可行性。那麼，我再提供一條日本外務省駐華諜報人員在大正十二年（即一九二三年）十一月三十日提交給外務省的《支那政府職員名簿》作為輔助證據，該日文使用的並非通行的口語體或文語體，而是使用了接近明治時期的訓讀體文字撰寫，反映了這些情報人員具有較高的漢學素養。因為係內部情報資料，我無法進行拍照或者複印。能看到這一份檔案，我已經很知足了。我如實地翻譯成漢語如下：

陳衡恪：五十一歲。現住南昌。日本高等師範學校畢業。第一次革命後成了江西教育司長，是江西名門望族陳三立之子，屬於統一黨。

我現在把「第一次革命後成了江西教育司長，是江西名門望族陳三立之子」這句話的日文原文披露如下：「一次革命後ニ江西教育司長ニセルナリ江西ノ名望家陳三立ノ子」。很顯然，一九二三年的這個名簿是一九二八年《現代支那人名鑑》一書的重要依據。二者更改的只是年齡。而更早在一九一二年的版本中就已經如實記載了「陳衝恪」，應當也有該記載原始情報來源。

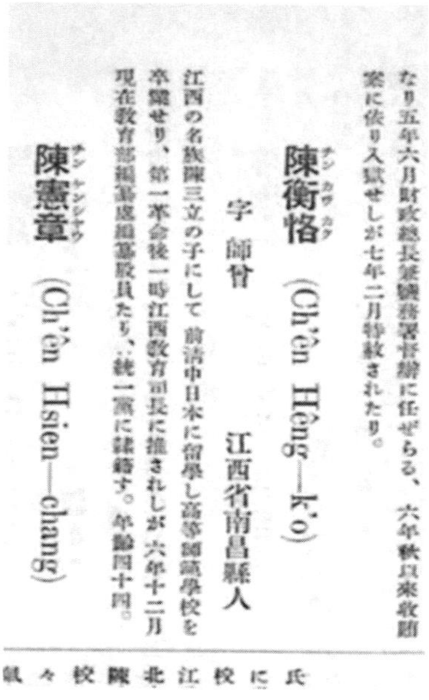
なり五年六月財政總長兼鹽務署督辦に任ぜらる、六年秋具來收賄案に依り入獄せしが七年二月特赦されたり。

陳衡恪 (Ch'ên Hêng—k'o)
字 師曾　江西省南昌縣人
江西の名族陳三立の子にして 前清中日本に留學し高等師範學校を卒業せり、第一革命後一時江西教育司長に擢されしが六年十二月現在教育部編纂處編纂員たり、統一黨に隷屬す。年齡四十四。

陳憲章 (Ch'ên Hsien—chang)

附帶說明一下《現代支那官紳錄》中的陳衡恪的記載：

有人主張：一九一八年八月出版的《最新支那官紳錄》一書，根據該書記載的陳衡恪曾經出任「江西教育司長」一職，可以得出日本各類文獻中記載的「陳衝恪」即是「陳衡恪」之誤。

二〇一四年十月十七日《文彙報》刊發了一篇文章《殺人事件之「e考據」》，該文聲稱：

再舉一個我遇到的用「e考據」發現改編或改寫原文的例子。……在臺灣影印的田原天南主編的《支那官紳錄》中，所收「陳衡恪」詞條與《現代支那人名鑒》裡的「陳衝恪」詞條在內容上幾乎是完全一樣的。面對《支那官紳錄》裡的「陳衡恪」詞條，劉正只有兩種選擇，要麼承認《現代支那人名鑒》裡的「陳衝恪」是「陳衡恪」的印刷錯誤，從而接受張求會的批評，要麼就是轉而堅持《支那官紳錄》裡的「陳衡恪」反而是「陳衝恪」的印刷錯誤。令人惋惜的是，面對這樣有力的證據，劉正在其新作《陳寅恪史事索隱》（上海書店出版社，二〇一四年六月第一版）中依然堅持舊說不改（六三—八〇頁）。……注意到詞條中對陳衡恪畫風的描述全屬傳統畫論裡的套話，當時就產生懷疑，結果在「讀秀」上用「丘壑靈奇」等詞一搜，發現基本上是抄自秦祖永《桐蔭論畫》對吳漁山的評論：「心思獨運，丘壑靈奇，落墨迥不猶人。想見此老高懷絕俗，獨往獨來，不肯一筆寄人籬下。觀其氣韻沈鬱，魄力雄傑，自足俯視諸家，另樹一幟。」真不知《現代支那人名鑒》裡的這個詞條，到底該算是陳衡恪的詞條呢，還是吳漁山的詞條！對陳衡恪的學歷，該詞條只模模糊糊地交代了一句「幼承家學」，沒有交代他一生中非常重要的留日經歷。經歷一欄中既稱陳衡恪為「名畫家」，最後又說「其作品為世所尚」，也等於是重複的廢話。……造成「陳衡格」和「陳衡恪」同時出現的原因，只能是《現代支那人名鑒》的新版編者由於某種原因沒有發現舊版中的「陳衡格」其實就是「陳衡恪」所造成的。用這樣一個嚴重不靠譜的詞條去證明陳衡恪之外另有「陳衡格」，只能是自欺欺人。

面對如此「質疑」，我在此答覆如下：

第一，作為孤證，《支那官紳錄》記載的「陳衡恪」詞條，雖然內容上接近於《現代支那人名鑒》裡的「陳衡恪」詞條，但是並不能直接得出是「陳衡恪」的印刷錯誤之結論。在考證學的邏輯演繹上，我們習慣於「從A等B、B等於C就直接得出 A等C」的結論，這一考證邏輯是「偽考證邏輯」。這正是我所接受的京都考證學派所一貫反對的邏輯模式。用「從A等B、B等於C就直接得出A等C」考證模式，才是不靠譜又自欺欺人的「偽考證邏輯」。

第二，一九二八年版的《現代支那人名鑒》裡的「陳衡恪」，明確注明是「已故」，而對「陳衡恪」則注明是「現住南昌」。這是該書編者明確「陳衡恪」和「陳衡恪」之區別的力證。

第三，我在《陳寅恪史事索隱》一書中已經公布了我對「陳衡恪」的原始記載的調查。在那份原始檔案中，「陳衡恪」和「陳衡恪」同時存在。

第四，《現代支那人名鑒》一書是日本外務省下屬情況機構連續多年出版和編纂，每年有資料核對和人員增補，資料來源出自民國政府的戶籍登記和在華日本情況機構的秘密調查，這正是高山杉等所不知道的。而《支那官紳錄》一書則是出自日本民間出版機構的粗製濫造，大多轉錄和抄襲各類中日出版的圖書，不具備學術價值和可信度。

因此，我結合全部相關史料，認為這裡才是沒有分清「陳衡恪」和「陳衡恪」的區別。

而且，在陳三立撰寫的《長男衡恪狀》一文中明確地寫明了其回國後的主要經歷是：

還國，南通、長沙先後延課學徒。尋入都充教育部不列為官者，主圖書編輯累十年，頗以文藝播士夫間，畫筆、鐫章印，尤為時所推。

再看看日文資料中記載的「陳衡恪」和「陳衡恪」，尤其是在「陳衡恪」逝世後的一九二八年，他們介紹「陳衡恪」為「現住南昌」。可見日本人是可以明顯區分「陳衡恪」和「陳衡恪」二人的生死存亡。

3、陳衡恪和陳寅恪來往的記錄

本節並不是想考證陳三立的風流史。即，如果陳衡恪的存在對陳寅恪不產生任何作用的話，那我們這篇考證文字也就沒有任何意義可言。

——儘管陳衡恪、陳寅恪兄弟數人無人肯於承認他的存在和正常地位，但有證據可證明他對陳家兄弟數人有過幫助。

證據之一：日語教育。

見陳寅恪在一九六七年十二月寫的「第七次交代稿」：「小時在家塾讀書，又從學於友人留日者學日文。」陳寅恪第一次出國留日是在一九〇二年。當時他十三歲。又見陳氏三姐妹《也同歡樂也同愁》一書：「自費生二十七歲大伯父衡恪帶著十三歲的寅恪（此前已在國內從留日友人學過日語）」。[1]還是沒有說明「留日友人」是誰。

而陳衡恪在一九〇二年以前已自日本高等師範學校畢業。可以推定極有可能這裡的「友人留日者」就是他。在此，陳寅恪只是使用一種隱語來間接地承認他在陳家兄弟中的地位。

不過，最為重要的證據是下一點要說明的。請見下文。

證據之二：閱卷和官費問題。

在本文一開始，我們就提出了這一問題。即，在陳寅恪早期經歷中最為神祕的一次活動是：一九六七年十二月寫的「第七次交代稿」中記述的一九一四年發生的事情：

江西省教育司副司長符九銘電召回江西南昌，閱留德學生考卷。並許補江西省留學官費。

——這裡最宜注意的是：

①江西省教育司副司長符九銘為什麼要電召一個在法國的留學生回國參加閱留德學生的考卷工作？既非當時國內無人了解德語，亦非當時陳寅恪的德語水準名揚中外。

②江西省教育司副司長符九銘是怎麼認識陳寅恪的？在已知陳三立、陳寅恪父子的交遊史中沒

---

1 《也同歡樂也同愁》，三聯書店，二〇一〇年，二五頁。

有史料證明陳家父子和符九銘有來往。

③ 作為當時江西省教育司副司長的符九銘為什麼要無緣無故地許給陳寅恪江西省留學官費的資格？

案：符九銘，原名鼎升，生於一八七九年，卒年不詳。曾留學日本，就讀於東京高等師範學校，專攻數學。歸國後曾任北京高等師範學校教授、國立北京工業專門學校教授、第一交通大學校長等。在一九一二年任江西省教育司副司長。一九一三年當選參議院參議員。一九一七年，先後任廣東、江蘇教育廳廳長。

但是，如果我們明白了當時陳三立真正的長子陳衡恪正春風得意地出任江西省教育司司長、是符九銘的頂頭上司的話，那麼此問題也就立刻迎刃而解了！

在《魯迅日記》一九二六年七月一日中也出現了對符九銘的記錄：

一日。晴。上午得語堂信，六月廿一日廈門發。寄半農稿。午後理髮。下午得敬隱漁信並《歐羅巴》一本。晚得兼士信。得品青信。得東亞考古學會柬。夜符九銘來。夜寄小林信辭東亞考古學會之招宴。[1]

陳衡恪怎麼會認識魯迅？可能就是陳衡恪介紹的結果。而符九銘和魯迅的認識很可能又是陳衡恪介紹的。陳衡恪也是畢業於日本高等師範學校。則陳衡恪對陳衡恪的啟蒙作用可以想見。他們三人可能在日本時就相互認識了。

---

1 《魯迅日記》，人民文學出版社，一九七六年。

在日本出版的《現代支那人名鑑》一書中說陳衡恪「曾加入統一黨」。特別說明：該書中還有陳三立、陳衡恪、陳寅恪三人的介紹資料。

案：統一黨建黨於一九一二年一月，是以章太炎為黨首的一個政黨。黨總部設在北京。江西支部負責人就是陳衡恪。符九銘是其中一員。一九一三年五月，統一黨和當時的民主黨、共和黨合併為進步黨。以黎元洪為黨首。江西支部負責人仍然是陳衡恪。符九銘又是其中一員。一九一六年十一月，進步黨正式消失，取而代之的是所謂憲法討論會和憲法同志研究會兩個會黨性組織。

陳衡恪此時政治觀點不明。

顯然，陳衡恪對陳衡恪、陳寅恪兄弟數人曾有過幫助。但為何陳衡恪、陳寅恪兄弟數人不承認他的存在呢？這是個讓筆者百思不得其解的問題。根據我們的上述推論，我們只能有一個，那就是：假定陳衡恪的生母必定身分不高。

這在陳家那樣的封建大官僚人家中出現「妾身未分明」之類的事是在所難免的。而陳家祖先多有「繼室」，這在清代很正常。我們只能假設對於此事陳家一直羞於啟齒，所以陳寅恪在「第七次交代稿」中才只提江西省教育司副司長符九銘、而不提江西省教育司司長的陳衡恪。

而對於當時是誰電召陳寅恪回國「閱留德學生考卷，並許補江西省留學官費」的問題，陳先生自己只說是教育司副司長符九銘，而劉克敵在《陳寅恪和他的同時代人》一書中卻說是「江西省教育司司長」（該書第四頁），但又缺乏更多史料證據和說明。現在，我們可以說此事是司長陳衡恪與副司長符九銘二人操作完成的。

說到這裡，還有幾點需要說明：

其一，一九四二年，陳隆恪居然也在江西省財政廳任職了。這難道和曾任江西省教育廳廳長的陳衡恪有什麼關係嗎？

其二，針對我在《閒話陳寅恪》中首先公布的日文資料記載的「陳衡恪」的問題。張求會君和其師主張：「我的老師高福生先生懷疑日文資料的陳衡恪有可能是陳衡恪之誤。如果將上引劉君辛苦考證所得綜合考慮，那麼福生師的推測不是沒有可能的。」[1]請問：你們在沒有通覽此資料的情況下，為何要如此「推測」呢？！難道只有你們的推測才算科學的推測，而我的推測就是「惡意檃栝、以臆測代替考證」？可他們自己剛剛振振有辭的說什麼「證有易，證無難」的話，一轉眼，他們自己就急忙忙跳出來「證無」了。大概筆者的考證結果傷害了「陳學專家」及其「福生師」的自尊心和虛榮心吧。

答覆你們師生的推測只需要一點：一九二八年日本外務省情報部所編《現代支那人名鑑》一書中同時收錄了陳衡恪和陳衡恪兄弟二人，而且對陳衡恪介紹頗多！如果你們見到如此，你和你的「福生師」還能「懷疑日文資料的陳衡恪有可能是陳衡恪之誤」嗎？！請問：你們是否注意到了筆者的書中已經明確說明了《現代支那人名鑑》一書中同時收錄了陳衡恪和陳衡恪兄弟二人？而該書是以當時日本情報部門在華收集的戶口記錄和日本外務省檔案館保存的來日留學人員登記記錄為基礎編纂的。在這樣兩個原始日文文獻中同時存在陳衡恪和陳衡恪兄弟二人的情況下，主張「陳衡恪有可能是陳衡恪之誤」的人，顯然屬於「惡意檃栝、以臆測代替考證等等不良學風」。

1 張求會《無準備卻趕時髦……這樣寫陳寅恪，真的可以嗎》，刊於《南方都市報》二〇一三年八月十一日。

第四章

陳寅恪來日留學的身分

陳寅恪一九〇二年留日是和陳衡恪一起來的。在《清末各省官自費留日人員名錄》[1]就有陳衡恪的名字和來日時間：

陳衡恪，江西義寧，光緒二十八年。

陳寅恪的《乙酉冬臥病英倫醫院》一詩中序也說：

憶壬寅春，隨先兄師曾等東遊日本。[2]

但是，陳寅恪這裡的用詞非常含蓄：「隨先兄師曾等東遊日本」，他根本沒有使用「留學」二字！

而陳寅恪一九〇四年的第二次留日是和陳隆恪一起來的。又見《清末各省官自費留日人員名錄》中：

陳隆恪，江西義寧，光緒三十年。

陳三立的《十月二十七日江南派送日本留學生百二十人登海船，隆、寅兩兒附焉，遂至吳淞而別》一詩中也明確說明此事。

這裡陳三立的用詞並沒有說明是「留學」，而是在點明了「江南派送日本留學生百二十人」之後，用了「隆、寅兩兒附焉」一詞。而「隆、寅兩兒附焉」卻出現了各自不同身分的問題：隆恪的身分是留學，已經得到驗證。而寅恪的身分卻是「附焉」，陳寅恪「留學」身分並沒有得到驗證！

---

1 《清末各省官自費留日人員名錄》。

2 陳寅恪《乙酉冬臥病英倫醫院》，陳美延、陳流求編《陳寅恪詩集》，清華大學出版社，一九九三年，四八頁。

一九〇二年赴日是在春季。一九〇四年來日是在冬季。

但是在其他一些研究陳寅恪的著作中，卻變成了留學身分。如：

陳流求等人在《也同歡樂也同愁》一書中主張：

父親寅恪出生後的又一個虎年，未滿十二周歲，即隨長兄衡恪自費東渡日本求學。[1]

又見該書：

父親寅恪在日本學習兩年後，於一九〇四年回南京，與五伯父隆恪一同考取了官費留日。[2]

蔣天樞《陳寅恪先生編年事輯》一九〇二年：

春，隨兄師曾至滬，東渡日本留學。[3]

又見一九〇四年：

本年夏，先生假期返南京。回國後，與兄隆恪同考取官費留日。[4]

金應熙《陳寅恪》一文：

他是於一九〇二年隨長兄衡恪去日本的，在東京的巢鴨弘文學院就讀。[5]

而實際上，弘文學院的巢鴨分院是在一九〇四年才成立的，陳寅恪一九〇二年首次來日時是在

---

1 《也同歡樂也同愁》，三聯書店，二〇一〇年，二五頁。

2 《也同歡樂也同愁》，三聯書店，二〇一〇年，二六頁。

3 蔣天樞《陳寅恪先生編年事輯》（增訂本），上海古籍出版社，一九九七年，二一頁。

4 蔣天樞《陳寅恪先生編年事輯》（增訂本），上海古籍出版社，一九九七年，二二頁。

5 金應熙《陳寅恪》，《金應熙史學論集》，廣東人民出版社，二〇〇六年，三三〇頁。

弘文學院的本校，即地址位於東京牛込區西五軒町三十四號的弘文學院就讀的，而且還是這所一九〇二年元月才成立的學院的首批學生——但是，在筆者看來，陳寅恪一九〇二年並沒有取得「留學生」的身分。

再如汪榮祖《陳寅恪評傳》：

寅恪十三歲就開始留學。光緒二十八年（一九〇二）之春，他隨長兄衡恪東渡日本入學。二年後的夏天，他才回南京度假。在假期中，與五兄隆恪同時考取官費留日，在江南派遣的一百廿個名額內。[1]

甚至陳寅恪本人在《一九六八年交代稿》中也主張：

我十五歲，考取官費留學日本。[2]

在這裡，陳寅恪本人根本不提他第一次、而只認可他第二次來日的「留學」問題，已經值得注意了。他似乎在迴避著什麼。現在的問題：陳寅恪兩次來日後在日本停留的真實身分究竟是什麼？因為在《清末各省官自費留日人員名錄》中並沒有他的名字。只有陳衡恪和陳隆恪二人的名字。起初有一人名「陳瑩恪」，我們以為乃陳寅恪先生之誤。因為「瑩」字和「寅」字同音，但是一查年歲和出生地才知大謬：陳瑩恪，一九〇二年時二十七歲，來自浙江省義烏縣。

而且，依日本關西大學北岡正子教授的調查，弘文學院不會錄取十二歲的中國孩子成為留學生，

1 汪榮祖《陳寅恪評傳》，百花洲文藝出版社，一九九二年，二八頁。
2 引見蔣天樞《陳寅恪先生編年事輯》（增訂本），上海古籍出版社，一九九七年，二四頁。

也沒有附設的中學部。更重要的是：弘文學院規定了錄取學生的年齡限制是：「年滿十六周歲以上」。為此，北岡正子教授在一九九六年八月十二日給我回信如下：

劉正先生

暑中お伺つ申し上げます。お葉書有難う存じました。

先日お尋ねの陳寅恪の弘文學院在學の狀況について，手元の名薄を見ましたが，名前を見つけることは出來ませんでした。別名がありましたら，お教えて下さい。若い頃は別の名を使っていたところ例もありますから。

酷暑の候，くれぐれと，お　を大切にお過し下さい。

北岡正子

一九九六年八月十二日

這封日文信件翻譯如下：

劉正先生

很感謝你在暑中的來信。

對於你所詢問的弘文學校學生陳寅恪的學籍問題，我查看了手中該校學生名單，沒有發現他的名字。如果他有別名，請告訴我。年輕時使用別名的情況也有。

正是極度炎熱的季節，要多注意保重自己的身體。

北岡正子

一九九六年八月十二日

北岡先生對此問題的調查，費盡了心血。特別在此感謝。那麼，陳寅恪究竟是以何種身分兩次來日的？至今尚無確解。

卞僧慧《陳寅恪先生年譜長編》一書也注意到了一九〇四年第二次留日這一問題：

慧按：是年十月二十六日，清國留學生會館幹事編輯《清國留學生會館第五次報告》在日本東京發行。書中有《同學姓名調查錄》第八三頁著錄「陳衡恪師曾、二十九歲、江西義寧、二十八年十一月、官費、弘文書院」，而不及先生及彥和。[1]

1 卞僧慧《陳寅恪先生年譜長編》，中華書局，二〇一〇年，五〇頁。

陳寅恪兄弟在日本合影照片

卞氏甚至推測：「豈以是年四月至十月十五日調查期間，先生與彥和不在日本，故不之及之耶？」。[1]此論頗為可笑。是不知該姓名調查錄不是以「是年四月至十月十五日調查期間，先生與彥和不在日本」為準編纂的，而是以是否曾經在日取得正式的留學生資格和身分為準編纂的。

——倒是《也同歡樂也同愁》一書給我們提供了回答此問題的線索，雖然該書作者絲毫也沒有意識到答案其實已經隱藏在其中。

即：

陰曆二月十五日（一九〇二年三月二十四日）他們隨同一批政府派送的中國學生，由時任江南陸師學堂總辦的大舅公俞明震率領，動身赴日本。[2]

這一說明十分重要！卞孝萱《陳寅恪先生年譜長編》在此問題記錄比較真實可信：

俞明震受兩江總督劉坤一委派，到日本視察學務，兼送陸師學堂及附設礦務鐵路學堂學生共計二十八名到日本留學。長兄師曾以文案身分攜先生隨行。[3]

即：一九〇二年，陳衡恪的留學身分是不存在的。他只是作為俞明震的「文案」（秘書）來日，既然如此，他獲得的簽證只能是公務簽證，而非留學簽證。而被師曾「攜先生隨行」的陳寅恪的來日簽證，就只能是「家族滯在」唯一的選擇了。

由於是陳寅恪的舅舅俞明震率領「一批政府派送的中國學生」到日留學，作為外交使節，則陳

1 卞僧慧《陳寅恪先生年譜長編》，中華書局，二〇一〇年，五〇頁。
2 《也同歡樂也同愁》，三聯書店，二〇一〇年，二五頁。
3 卞僧慧《陳寅恪先生年譜長編》，中華書局，二〇一〇年，四八頁。

家兄弟可以作為俞明震的家族隨員，獲得日本政府外務省批給的「家族滯在」簽證，在日本期間則以日語中的所謂「聽講生」（即旁聽生）的身分，非正式的進入弘文學院學習，而且不能參加考試，也不會授予畢業證書。這應該是陳寅恪兩次來日本的唯一合法身分。因此才出現「清國留學生會館幹事編輯《清國留學生會館第五次報告》在日本東京發行。書中有《同學姓名調查錄》……而不及先生及彥和」的現象。

在這一問題上的所謂「一同考取了官費留日」說和「自費留日」說，皆不符合事實。所謂「家族滯在」簽證，按照現在日本外務省的相關解釋和規定如下：

外國人の方が，「教授」，「藝術」，「宗教」，「報導」，「投資・經營」，「法律・會計業務」，「醫療」，「研究」，「教育」，「技術」，「人文知識・國際業務」，「企業內轉勤」，「興行」，「技能」，「文化活動」，「留學」のいずれかの在留資格をもって在留する方の扶養を受ける場合（配偶者又は子に限る。）

而恰恰俞明震率領「一批政府派送的中國學生」到日留學屬於「教育」，而他的外交官身分使他可以攜帶家屬和隨員，為他們申請「家族滯在」簽證來日。按照日本的教育政策，這些人的子女可以就近入學，參加學習。但是不授予學位和畢業證明。當時給予的留日時間是每次半年，可以延續一次。第二次延期期滿後，三個月內必須離境。那時入國管理制度不像現在這麼嚴格。這是陳寅恪兩次來日留學的真實身分和離開的真正原因。和傳統的「經費不足說」、「患腳氣說」有著本質區別。我相信這是離真相最近的解釋。

另一方面，日本弘文學院的創始人、校長嘉納治五郎曾七月十一日離開日本來華訪問。八月二十二日，陳三立、俞明震等人在南京出席接待。為此，陳三立寫有《日本嘉納治五郎以考察中國學務來江南，既宴集陸師學堂，感而有贈》一詩，作為贈送。范伯子也曾在場，並作詩《日本嘉納治五郎以考察中國學務而來江寧俞營通州小學校，故於俞觀察席上多所請質。而感君來意甚悲且慙，郎席為二詩贈行，並因摯父先生遊彼國未歸，附聲問之》一首，送給嘉納。而《藝風堂老人日記》一九〇二年八月二十二日記載：

坐馬車過陸師學堂，俞恪士留午餐。嘉納、天野四人，范肯堂、陳伯嚴、陶榘林同席。

由此而來，陳寅恪兩次來日皆是以「家族滯在」的身分和簽證，而非正式留學生。我們再看看風傳一時的岳南《陳寅恪與傅斯年》一書是如何虛構這一史事的：

光緒二十八年（一九〇二）春，留日風潮興起，十三歲的陳寅恪隨長兄衡恪離金陵赴上海，以自費留學生的身分踏上了駛往日本的輪船。[1]

又：

光緒三十年（一九〇四）夏，陳寅恪假期回國返南京。據當代史家王子舟說，陳氏歸國之原因可能出於在日費用見絀，因為當時留日者多富家子弟，有些日人借機刮其錢財。……當然，陳寅恪歸國可能還有另外一個目的，就是爭取官費的資助。因為歸國未久，就與其五哥陳隆恪同時考取了官費留日生，並於這年晚秋再度赴日，同行者有李四光、林伯渠等人。[2]

1 岳南《陳寅恪與傅斯年》，陝西師範大學出版社，二〇一一年，二三頁。
2 岳南《陳寅恪與傅斯年》，陝西師範大學出版社，二〇一一年，二四頁。

再：

光緒三十一年（一九〇五）寒假，陳寅恪因患腳氣病回國調養。至此，為期近四年的日本留學生活徹底畫上了句號。病好後的陳寅恪沒有再赴日繼續深造，其緣由固然複雜，但在後世研究者看來不外乎有如下幾個方面。[1]

以上諸說及其所謂分析，皆癡人說夢，離題萬里。由於該書屬於所謂紀實文學，不是學術著作，所以該書史實失實之處很多。再比如他所謂的：

而以內滕虎次郎為開山鼻祖的京都大學東洋史研究學派，所承繼的是日本漢學研究傳統，中文根底較深，即陳寅恪所說的「看中國史料能力較佳」者。儘管陳氏說這話時是在離開日本三十年後的一九三五年，但總體評價尚屬公允，這除了陳氏本人後來與日本學者有所交流外，與他當年遊學日本有密切關係。如同後來中國的考古學派一樣，凡是傾向歐美學派與學術源流者，在新的文化進程中均得到發展壯大；凡承繼所謂傳統的學派如金石學者，逐漸沒落。日本的東京帝大派最終戰勝了西京學派而出盡風頭，其原因也固如此。

這讓我目瞪口呆，我在日留學十幾年，怎麼不知道有這麼一說？試問：「日本的東京帝大派最終戰勝了西京學派而出盡風頭」我真想問問作家岳南：「這是誰這麼告訴你的？二者何時有過這樣的交戰？又何談最終戰勝？」而且，從他的全部行文我敢斷定，岳南既不了解東京大學，也不了解京都大學，更不了解日本漢學。

1 岳南《陳寅恪與傅斯年》，陝西師範大學出版社，二〇一一年，二五頁。

目前為止國內研究和介紹陳寅恪在日、美、法、德等國留學和臨時回國的原因，幾乎只是圍繞著經濟、疾病幾個方面去「瞎猜」，卻澈底忽視了當時這些國家嚴格的留學和簽證制度，才是真正迫使陳氏不停的更換國家和大學的決定因素。

當然，最近我尊敬的陳學專家劉夢溪先生在《陳寅恪的學說》一書中又提出新說：

一九〇二年春天，先生隨長兄師曾赴日本。兩年後回國，與二兄隆恪一起考取官費留日，開始入慶應大學，後就學於東京帝國大學財商系。[1]

可惜，劉老先生有所不知：至今保存在慶應義塾大學（即劉夢溪先生所說的「慶應大學」）和東京帝國大學的歷年學生入學名單和學習檔案中並沒有陳寅恪。劉夢溪先生此說的邏輯是：既然「與二兄隆恪一起考取官費留日」而隆恪考入了慶應大學，那麼寅恪也應該一樣。可是：他忽略了日方檔案的真實存在，也完全沒有意識到這裡面存在著居留期限和居留資格的問題。

1 劉夢溪《陳寅恪的學說》，三聯書店，二〇一四年，一〇頁。

第五章

辛亥革命前後的陳寅恪

陳三立在辛亥革命前後時期的詩中，作為舊士大夫階層中的一位名宿和大儒，一直以「亂」字來看待辛亥革命。雖然他並不認同晚清的施政綱領，也不想殉清。如，他在《情恨》一詩中自注說：「辛亥秋，避亂滬上。」就把「辛亥革命」和「亂」字聯繫在一起。又見《散原精舍文集・〈清道人遺集〉序》中又說：「辛亥革命之難興，亂軍四逼」。他進一步以「難」來看待辛亥革命。通過此詩，我們可以知道陳三立詩中的「亂」字是指當時的所謂「亂軍」，而非「亂黨」、「戰亂」之「亂」。這反映了他對這場革命認識的陌生。

兩年後，陳三立在《留別散原別墅雜詩》一詩中公開地說「亂定我復歸。」何謂「亂定」？當時已是民國三年，中國社會雖已不是武昌起義前後時期的動盪與不安，在他看來這就是「亂定」。不過，進入民國時代以後，他的諸多舊友（如譚組庵）、兒子（如陳隆恪、陳衡恪）皆在民國政府中任職，甚至有的學者說陳寅恪本人也曾出任過蔡松坡的秘書。可見，陳三立本人對辛亥革命並沒有持反對態度，也沒有持支持態度。同時也可以看出辛亥革命在傳統士大夫階層中推廣及宣傳工作的缺失。總的來看，陳三立對新政權並沒有遺民心態。這大概是幾十年後陳寅恪一九四九年去留不定的一個祖上遺脈對他的影響吧。

本來陳氏家族是改革派的先驅代表，可眼下陳三立對辛亥革命的態度卻折射出傳統價值的牢固與永恆，和他在戊戌變法失敗後以「乾坤袖手人」自居的出世態度是一致的。但是，出於一個傳統知識人的文化素養和價值判斷，他以「難」和「亂」來看待當時發生的辛亥革命。因此，避亂就成了他的當然選擇。

那麼，少年時代的陳寅恪是怎麼學習的呢？

首先是傳統國學教育

一八九八年戊戌政變之後，陳寶箴父子被免。陳寅恪和全家人返回江西義寧老家，開始接受私塾教育。錢堃新在《冬飲先生行述》一文中記載：

陳伯嚴建精舍為文酒之會，雅知先生有師道，固請就館，使子女執經問業。伯嚴子女八人，衡恪最長，名冠諸才士，亦欽重先生。先生於是遊伯嚴父子間，俯仰提挈，所獲弘多，寅恪以次，亦漸發名成業，多本先生教也。[1]

冬飲先生即王瀣，字伯沆，一字伯謙，號冬飲。詩取法江西詩派，見知於文廷式、陳三立等詩人，清末曾任南京陸師學堂教習、兩江師範學堂教習。

然後是日文教育

見陳寅恪在一九六七年十二月寫的「第七次交代稿」：「小時在家塾讀書，又從學於友人留日者學日文。」陳寅恪第一次出國留日是在一九〇二年。當時他十三歲。又見陳氏三姐妹《也同歡樂也同愁》一書：「自費生二十七歲大伯父衡恪帶著十三歲的寅恪（此前已在國內從留日友人學過日語）」。

1 錢堃新《冬飲先生行述》，見《南京文獻》第二十一號。

最後是陳氏本人的廣泛閱讀

我們可以看他在《柳如是別傳》一書中的介紹：

> 寅恪少時家居江寧頭條巷。是時海內尚稱乂安，而識者知其將變，寅恪雖年在童幼，然亦有所感觸，因欲縱觀所未見之書，以釋幽尤之思。伯舅山陰俞觚齋先生明震同寓頭條巷，兩家衡宇相望，往來便近。俞先生藏書不富，而頗有精本，如四十年前有正書局石印戚蓼生鈔八十回石頭記，其原本即先生官翰林日以三十金得之於京師海王村書肆者也。一日寅恪偶在外家檢讀藏書，獲睹錢遵王曾所注牧齋詩集，大好之，遂匆匆讀誦一過，然實未能詳繹也。是後錢氏遺著盡出，雖幾悉讀之，然遊學四方，其研治範圍與中國文學無甚關係，故雖曾讀之，亦未深有所賞會也。[1]

當然，還有中醫學的薰陶

見陳寅恪《寒柳堂記夢未定稿》一文中說：

> 猶憶光緒二十一年乙未，先祖擢任直隸布政使，先君侍先祖母留寓武昌，一日忽見傭工攜魚翅一榼，酒一甕並一紙封，啟先祖母曰，此禮物皆譚撫臺所贈者。紙封內有銀票五百兩，請

1 《陳寅恪集・柳如是別傳》，三聯書店，二〇〇一年，三頁。

查收。先祖母曰，銀票萬不能受，魚翅與酒可以敬領也。傭工從命而去。譚撫臺者，譚復生嗣同丈之父繼洵，時任湖北巡撫。曾患疾甚劇，服用先祖所處方藥，病遂痊癒……寅恪時侍先祖母在側，時方五、六歲。頗訝為人治病，尚得如此酬報。在童稚心中，固為前所未知，遂至今不忘也。[1]

但是，他在《寒柳堂記夢未定稿》一文中又表達了對中醫的不信任：

寅恪少時亦嘗流覽吾國醫學古籍，知中醫之理論方藥，頗有由外域傳入者。然不信中醫，以為中醫有見效之藥，無可通之理。若格於時代及地區，不得已而用之，則可。若矜誇以為國粹，駕於外國醫學之上，則昧於吾國醫學之歷史，殆可謂數典忘祖歟？[2]

那麼此時年青的陳寅恪言行如何呢？一九〇九年畢業於復旦公學的陳寅恪，按照他自己的說法，「由親友資助，考入柏林大學」。這一年，陳三立親自來上海送行，並寫下了《抵上海別兒遊學柏林》一詩。到了一九一一年十二月，辛亥革命過了僅僅兩個多月，身在瑞士的陳寅恪已經準備要返回國內了。見《陳寅恪詩集》所收他作於「一九一一年冬」的《宣統辛亥冬大雪中乘車登瑞士嘉丁山頂作》一詩中自注為「時將歸國」。此詩如下：

造物作畫真奇恢，下筆不假丹與煤。粉白一色具深意，似為俗眼揩塵埃。車行蜿蜒上絕壁，蒼龍翹首登銀臺。杉松夾道戴冰雪，風過撞擊鳴瓊瑰。碧泉噴沫流澗底，恍若新瀉葡萄醅。直

---

1 陳寅恪《寒柳堂記夢未定稿》，《寒柳堂集》，上海古籍出版社，一九七九年，一六九頁。

2 《陳寅恪集・寒柳堂集》，三聯書店，二〇〇一年，一八八頁。

須酌取供渴飲，惜我未辦玻璃杯。我生東南山水窟，亦涉弱水遊蓬萊。每逢雪景輒探賞，何曾見此千堆雪。車窗凝望驚歎久，鄉愁萬里飛空來。

此詩基本上是寫景詩。當時詩人年僅二十一歲。詩雖合韻，但略有些滯。

關於陳寅恪此時歸國的具體原因，現有二說：

一說為學費不足說。見蔣天樞《陳寅恪先生編年事輯》一書：

先生在國外短期回國，多因資用不給，為籌措用費暫歸。[1]

但是，此說十分有趣。即：他並沒有肯定地說明此時回國乃是因為費用不足，而是使用了泛指性的「在國外短期回國，多因資用不給」。既不給與時間限定，又使用了個「多」字。本來，蔣天樞的書中用語是極為謹慎的。可是到了劉以煥《國學大師陳寅恪》[2]一書中就立刻變成了肯定性的說明：「先生因為在域外資用接替不上，於是從瑞士歸國……暫時返回的目的是籌措費用。」可以明顯看出：劉以煥此說來自蔣天樞，但又大膽地修改了蔣天樞原始用語的謹慎性。

一說為回國探親說。見汪榮祖《史家陳寅恪傳》一書：

回國的原因很可能是因辛亥革命。革命爆發後，陳家逃難至滬，寅恪掛念家人而回國探親。歸後見親人無恙，尋又乘輪赴巴黎。至於說資用不給，回國籌款，似非實在。因來往旅費不貲，反而費錢。[3]

1　蔣天樞《陳寅恪先生編年事輯》（增訂本），上海古籍出版社，一九九七年，三一頁。
2　劉以煥《國學大師陳寅恪》，重慶出版社，一九九六年，九一頁。
3　汪榮祖《史家陳寅恪傳》，臺北聯經出版事業公司，一九八四年，三二頁。

案：汪榮祖之說極是。蔣天樞之說多出於推測，而劉以煥則誤解史料。再證以當時陳寅恪的詩便更可了解此時他的用心所在。此詩詩題為《宣統辛亥冬大雪後乘車登瑞士嘉丁山頂作》，西曆注為一九一一年冬。當時身在瑞士的他使用西曆紀年，標出為一九一一年的冬季，可知當在一九一一年的十一月和十二月中。而詩題所謂「宣統辛亥冬」，即說明當時已是辛亥革命之後的第一個冬季，亦即當年冬季。以舊曆來計算的話，相當於西曆的一九一一年十一月至一九一二年二月十六日之間。一九一二年舊曆新年為二月十七日。如果考慮到陳寅恪詩中常常把立春簡稱為春日、春，把夏至簡稱為夏日、夏，把立秋簡稱為秋日、秋，把冬至簡稱為冬日、冬的話，我推定此詩作於一九一一年十二月二十三日。即當年的冬至。當時已是辛亥革命之後的第七十四天，可在陳寅恪的詩題中仍然使用的是「宣統」年號！

意味深長的是：陳寅恪沒有使用「宣統三年」或「民國元年」，而是不倫不類地使用了「宣統辛亥冬」這樣一個術語。因為在一九一一年春季作的詩中他尚且說明「宣統三年春」。而現在，他就只用「宣統辛亥冬」了。他想表明的是：此詩作於農曆辛亥年，而且是宣統年號下的辛亥年。既是苦心孤詣，又是無所適從。在這裡，陳氏第一次面臨失去祖國的問題。他的選擇卻是一個傳統知識人的當然選擇，即：維護固有的清朝年號，也就等於維繫了該朝代在他心目中的地位。因此在此詩中他表達的只是「車窗凝望驚歎久，鄉愁萬里飛空來」的鄉愁情緒。他深知當時的陳三立一家正處於恐慌和不安之中。因此，回國乃是求與家人同生死的一種表現。

和陳三立同樣是官宦之家的羅振玉和王國維一家，作為清代遺老的兩大代表，此時選擇的卻是出逃日本。可謂「避秦有地」。見趙萬里的記載：

武昌民軍告警，羅先生與先生約留京師。九月，日本京都大學諸教授函請羅先生至京都避地，初尚猶豫，繼以國事日非，乃於十月中攜眷東渡。先生亦攜眷與之偕。[1]

可見當時羅、王、陳三家都選擇了「逃難」行為。或遠逃日本，或近逃上海，至此，陳三立那以「乾坤袖手人」自居的出世態度，已經發生了若干變異。他首先脫離了對晚清的心理依賴，以局外人的態度冷靜地觀察著朝代的更替。看來傳統勢力一旦遇見觸及社會根本的革命，避亂（即出走）成為唯一選擇。

但是，當陳寅恪回國後開始和國內友人交往時，他的詩中表現出了一點興亡遺恨的色彩。又見該書所收他作於一九一二年春的《自瑞士歸國後旅居上海得胡梓方朝樑自北京寄書並詩賦此答之》一詩：

千里書來慰眼愁，如君真解殉幽憂。優遊京洛為何世，轉徒江湖接勝流。
螢憊乾坤矜小照，蛩心文字感長秋。西山亦有興亡恨，寫入新篇更見投。[2]

此詩最後兩句「西山亦有興亡恨，寫入新篇更見投」想表達出什麼樣的感情呢？如果我們看一下陳寅恪一生所作的大量的興亡遺恨的詩篇的話，就會發現他的這一憂患意識始自一九一二年的春季。我們已無法知道胡梓方的書信中是些什麼內容居然觸動了他的歷史意識。面對著晚清時期的戊戌變法及後來的辛亥革命，他不是感歎一朝一世的興亡，而是誕生了一種發興亡遺恨之情的憂患意

1 趙萬里《民國王靜安先生國維年譜》，臺灣商務印書館，一九七八年，一五頁。
2 陳寅恪《自瑞士歸國後旅居上海得胡梓方朝樑自北京寄書並詩賦此答之》，陳美延、陳流求編《陳寅恪詩集》，清華大學出版社，一九九三年，五頁。

識和歷史主義情緒。這是他此時的詩篇勝於乃父的原因所在。

不過早在一九一〇年，當陳寅恪聽說日本吞併朝鮮時，就留下了「興亡今古鬱孤懷，一放悲歌仰天吼」[1]這樣感歎興亡的悲憤之作。現在，他也是以這一發興亡遺恨之情的憂患意識和歷史主義情緒來看待晚清滅亡和辛亥革命的。正因為他的這一思想傾向的作用，因此當他知道袁世凱把總統改為終身制時，就寫下了《法京舊有選花魁之俗余來巴黎適逢其事偶覽國內報紙忽睹大總統為終身職之議戲作一絕》一詩：

歲歲名都韻事同，又驚啼鴂喚東風。花王那用家天下，占盡殘春也自雄。[2]

他此時可能把民國也等同於一朝一世的變化了吧？所以才發出了「歲歲名都韻事同」的譏笑。他把袁世凱復辟帝制比作舊京師的風流韻事，明顯地表示出他對恢復帝制的反對立場，並認為袁世凱這種「家天下」的作法只是「殘春」而已。但是他在此詩中顯然以「東風」來比帝制的。他對帝制問題的思想傾向在後來也得到發揚。

一九二七年六月二日，王國維投湖自絕。陳寅恪寫下了著名的《王觀堂先生輓詞》一詩。詩中，他曾如此說道：

清華學院多英傑，其間新會稱耆哲。舊是龍髯六品臣，後入馬廠元勳列。[3]

---

1 陳寅恪《庚戌柏林重九作》，陳美延、陳流求編《陳寅恪詩集》，清華大學出版社，一九九三年，三頁。

2 陳寅恪《法京舊有選花魁之俗余來巴黎適逢其事偶覽國內報紙忽睹大總統為終身職之議戲作一絕》，陳美延、陳流求編《陳寅恪詩集》，清華大學出版社，一九九三年，六頁。

3 陳寅恪《王觀堂先生輓詞》，陳美延、陳流求編《陳寅恪詩集》，清華大學出版社，一九九三年，一五頁。

此詩句是在批評梁啟超反對張勳復辟之事。因為堂堂的龍髯六品臣梁啟超，居然反對張勳復辟。顯然他認為梁啟超有貳臣行為。他自己為此作的詩注中也明確地說「此詩成後即呈梁先生，梁亦不以為忤也」。在梁看來，他從「舊是龍髯六品臣」到「後入馬廠元勳列」的過程，只是他個人面對晚清滅亡後的一個探索行為而已。並沒有人格上的優劣，更不存在是否為貳臣的問題。因此，梁氏「不以為忤也」。可惜，陳氏卻一直不明白為何「不以為忤也」，反而加以嘲諷。他大概以為那是出自梁氏的寬厚和舊情意識吧。其實，梁氏的「不以為忤也」是建立在對自由的思想和獨立的精神的尊重之上所表現出的一種超然和大度。而陳氏所批評的是當時「梁先生通電中比張勳為朱溫」，而當時梁啟超又「與段祺瑞乘騾馬至馬廠段部將軍李部長營中，遂舉兵」。但是，陳寅恪雖然反對袁世凱恢復帝制，卻並不反對滿清王朝的存在。因為它是他的文化關懷所在。

因此可知，當時陳寅恪實際上對晚清帝制還有若干感情寄託其中。所以匆忙自國外返回、又發出興亡遺恨、又批評梁啟超有貳臣行為……

總而言之，辛亥革命前後的陳寅恪更多的懷有封建社會傳統知識人的那種繫念舊朝的興亡遺恨之情，以及與此有關的憂患意識和歷史主義情緒。正因為如此，他在一九三二年為馮友蘭所作《中國哲學史》一書寫的審查報告中所說的「思想囿於咸豐、同治之世，議論近乎湘鄉、南皮之間」[1]——已經十分明白地表達出他那種對「文化清代」的寄託之情。

咸豐、同治和湘鄉、南皮，作為構成清末歷史和文化的象徵，在他眼中具有「文化清代」的意

1 陳寅恪《馮友蘭中国哲學史下冊審查報告》，《金明館叢稿二編》，上海古籍出版社，一九八〇年，二五二頁。

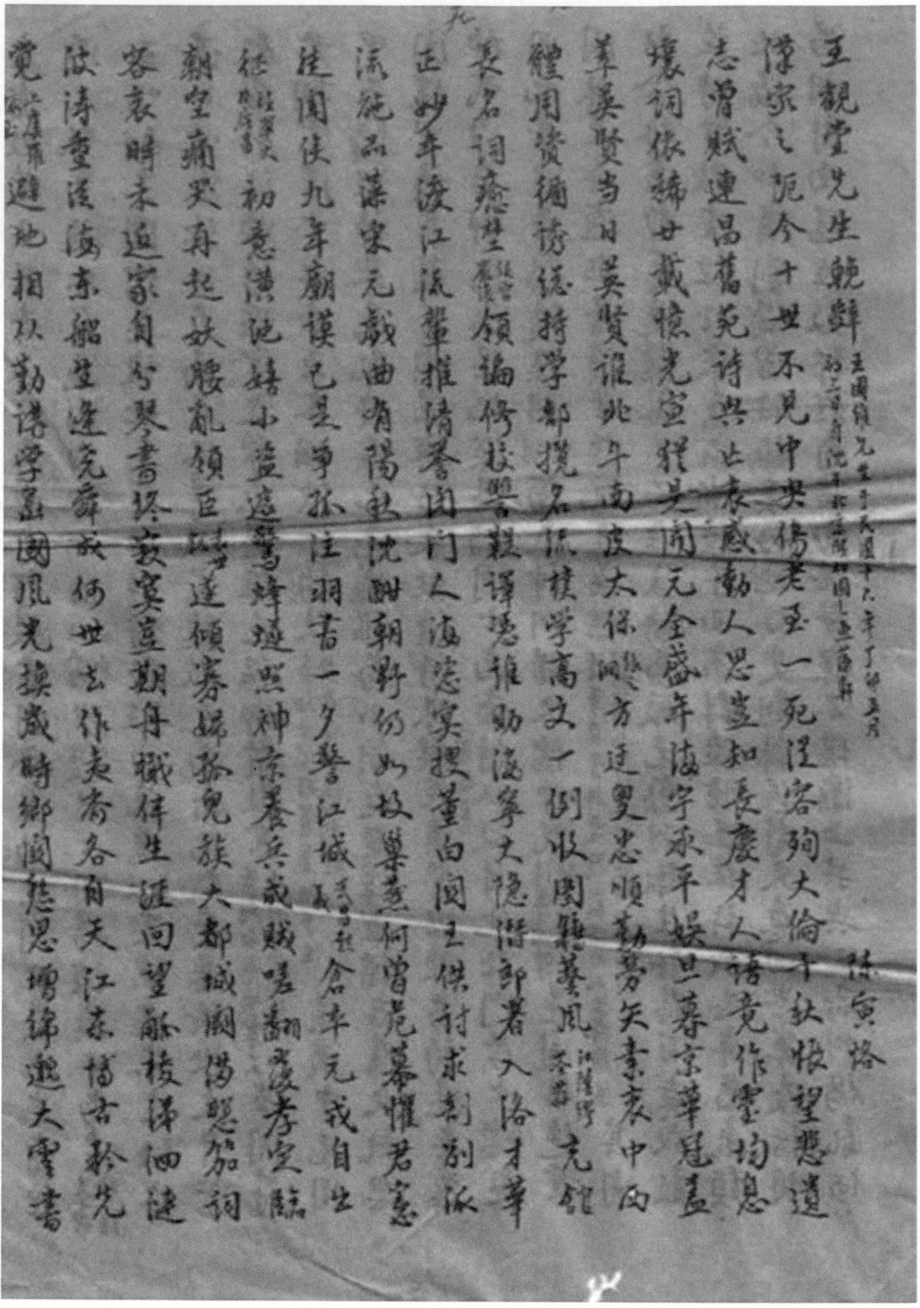

王觀堂先生輓詞（王國維先生于民國十六年丁卯五月初三日自沉于頤和園之昆明湖）　陳寅恪

漢家之厄今十世，不見中興傷老至。一死從容殉大倫，千秋悵望悲遺志。曾賦連昌舊苑詩，興亡哀感動人思。豈知長慶才人語，竟作靈均息壤詞。依稀廿載憶光宣，猶是開元全盛年。海宇承平娛旦暮，京華冠蓋萃英賢。當日英賢誰北斗，南皮太保（張之洞）方迂叟。忠順勤勞矢素衷，中西體用資循誘。總持學部攬名流，樸學高文一例收。圖籍藝風（江陰繆荃孫）充館長，名詞愈埜（嚴復）領編修。校讎鞮譯憑誰助，海寧大隱潛郎署。入洛才華正妙年，渡江流輩推清譽。閉門人海恣冥搜，董白關王供討求。剖別派流施品藻，宋元戲曲有陽秋。沈酣朝野仍如故，巢燕何曾危幕懼。君憲徒聞俟九年，廟謨已是爭孤注。羽書一夕警江城（[illegible]），倉卒元戎自出征（[illegible]）。初意潢池嬉小盜，遽驚烽燧照神京。養兵成賊嗟翻覆（[illegible]），孝定臨朝空痛哭。再起妖腰亂領臣，遂傾寡婦孤兒族。大都城闕滿悲笳，詞客哀時未返家。自分琴書終寂寞，豈期舟楫伴生涯。回望觚稜涕泗漣，波濤重泛海東船。生逢堯舜成何世，去作夷齊各自天。江東博古矜先覺（[illegible]），避地相從勤講學。島國風光換歲時，鄉關愁思增綿邈。大雲書

陳寅恪先生《王觀堂先生輓詞》手跡照片

義在內。所謂「文化清代」是筆者套用杜維明的「文化中國」概念而來，目的是要說明當時的陳寅恪比陳三立更有自覺的遺老意識。這大概是當時胡適在日記中批判陳寅恪有遺老遺少作風的思想由來吧。但陳寅恪畢竟不是真正意義上的遺老，他的思想是一個不斷變化的動態過程，在某種意義上說，他的後腳留在了清代，但他的前腳和身體卻已經踏進了現代世界。

第六章

海外留學時代的陳寅恪

陳寅恪長期留學海外，自一九〇二年他第一次出國，到一九四九年之間，他多次出國，或求學，或治病，或任教，或逃難。但是他在海外多年，卻絕少公開發表過學術論文，除了他的論文曾被別人翻譯成英文發表外。進入民國時代以後，他先以清華研究院導師的名義歸國，然後到一九四九年民國時代結束為止，他的論文，研究難度之大和研究範圍之廣、得出結論之精湛可比肩於王國維。

陳寅恪的留學生涯始自一九〇二年，他隨長兄陳衡恪東渡日本，入弘文學院學習日語。兩年後，他第一次畢業回國。一九〇四年他與兄隆恪來日。一九〇六年因病回國後，在上海吳淞復旦公學就讀。

一九〇九年，陳寅恪考取了官費留學資格，先後到德國柏林大學、瑞士蘇黎世大學、法國巴黎高等政治學校學習。一九一二年春節前，他回國暫住上海。其詩作有《自瑞士歸國後旅居上海得胡梓方朝樑自北京寄書並詩賦此答之》為證。

一年後，陳寅恪再次返回法國。後接到符九銘來電，回國參加「閱留德學生考卷」。[1]連續閱考卷三年。此時，他的政治觀點可在《讀吳其昌撰〈梁啟超傳〉書後》一文中一覽如下：

憶洪憲稱帝之日，余適旅居舊都，其時頌美袁氏功德者，極醜怪之奇觀。深感廉恥道盡，至為痛心。至如國體之為君主抑或民主，則尚為其次者。[2]

由此可見，他此時反對的只是袁氏稱帝之心。但是並沒有褒貶君主或民主政體。

1 蔣天樞《陳寅恪先生編年事輯》（增訂本），上海古籍出版社，三四頁。
2 《寒柳堂集》，上海古籍出版社，一九八〇年，一四九頁。

一九一八年年底，陳寅恪如願以償獲得江西官費的資助，再度出國深造，先在美國哈佛大學師從教授Lanman學梵文和巴利文。而這位哈佛大學教授，在一九二一年二月十七日曾給哈佛大學校長羅威爾寫信，表揚了陳寅恪：

目前我正指導著兩名出眾的優秀研究生：一名是上海來的陳Tschen。[1]這裡的「上海來的陳Tschen」，即陳寅恪。因為他是一九一八年十二月底自上海赴美，故被稱為「上海來的」。

根據陳懷宇的調查，陳寅恪初到哈佛，住在「劍橋麻省大道一一三四號」。[2]而當時的Lanman教授，「當時蘭曼已經六十九歲了，住在哈佛校園東側的法雷爾街九號。他是威爾斯梵文講座教授，哈佛東方學叢書主編、印度古代寫本保管人」。[3]

在哈佛大學與吳宓相識。吳宓在日記中談到了初識陳寅恪時留下的印象，稱讚他「不但學識淵博，且深悉中西政治、社會之內幕」。

一九一九年十二月十四日，吳宓在日記中曾經記錄了他和陳寅恪先生談中西文化的內容：

午，陳寅恪來，所談甚多，不能悉記，惟拉雜撮記精要之數條如下：

一、中國之哲學美術遠不如希臘，不特科學為遠遜泰西也。但中國古人素擅長政治及實踐倫理學，與羅馬人最相似。其言道德，惟重實用，不究虛理。其長處短處均在此。長處即修齊

1 見《也同歡樂也同愁》，三聯書店，二〇一〇年。
2 《清華大學學報》，二〇一二年，第五期，四三頁。
3 《清華大學學報》，二〇一二年，第五期，四三頁。

治平之旨；短處即對實事之利害得失觀察過明，而乏精深遠大之思。故昔則士子群習八股以得功名富貴，而學德之上，終屬極少數。今則凡留學生管學工程實業，其希慕富貴，不肯用力學問之急則一。而不知實業以科學為根本。不揣其本、而治其末，充其極只或下等之工匠，境遇學理略有變遷，則其技不復能用，所謂最實用者乃適成為最不實用。至若天理人事之學，精深博奧者，亙萬古、橫九垓而不變，凡時凡地均可用之，而救國經世尤必以精神之學問（謂形而上之學）為根基。乃吾國留學生不知研究，且鄙棄之。不自傷其愚陋，皆由偏重實用積習未改之故。此後若中國之實業發達，生計優裕，財源浚辟、則中國人經商營業之長技可得其用，而中國人當可為世界之富商，然若冀中國人以學問、美術等之造詣勝人，則絕難必也。夫國家如個人然，苟其性專重實事，則處世一切必周備，而研究人群中關係之學必發達。故中國孔孟之教悉人事之學，而佛教則未能大行於中國。尤有說者，專趨實用者則乏遠慮，利己營私，而難以團結，謀長久之公益，即人事一方亦有不足。今人誤謂中國過重虛理，專謀以功利機械之事輸入，而不圖精神之救藥，勢必至人欲橫流，道義淪喪，即求其輸誠愛國且不能得。

二、中國家族倫理之道德制度，發達最早。周公之典章制度實中國上古文明之精華。至若周秦諸子，實無足稱。老、莊思想尚高，然比之西國之哲學士，則淺陋之至。餘如管、商等政學，尚足研究。外則不見有充實精粹之學說。漢晉以降，佛教輸入，而以唐惟盛。唐文治武功，交通西域，佛教流布，實為世界文明史上，大可研究者。佛教與性理之學（Metaphysic），獨有深造，足救中國之缺失，而為常人所歡迎。惟其中規律，多不合於中國之風俗習慣。故昌黎等攻辟之。然辟之而另無以濟其乏，則終難遏之。於是佛教大盛。宋儒若程若朱，皆深通佛教者，既喜其義理之高明詳盡，足以救中國之缺失，而又憂其用夷變夏也。乃求得兩全之法，避其名而居其實，取其珠而還其櫝。採佛理之精粹以之注解四書五經，名為闡明古學，實則吸收異教。聲言尊孔避佛，實則佛之義理，已浸漬濡染。與佛教之宗傳，合而為一。此先儒愛國濟世之苦心，至可尊敬而曲諒之者也。故佛教實有功於中國甚大。自得佛教之裨助，而中國之學問，立時增長元氣，別開生面。故宋、元之學問文藝均大盛，而以朱子集其大成。朱子之在中國，猶西洋中世之 Thomas Aquinas，其功至不可沒。而今人以宋元惟為衰世，學術文章，卑劣不足道者，則實大誤也。歐洲之中世，名為黑暗時代，實未盡然。吾國之中世，亦不同。甚可研究而發明之也。

三、自宋以後，佛教已入中國人之骨髓，不能脫離。惟以中國人性趨實用之故，佛理在中國，不得發達，而大乘盛行，小乘不傳。而大乘實粗淺，小乘乃佛教古來之正宗也。然惟中國人之重實用也，故不拘泥於宗教之末節，而遵守「攻乎異端，斯害也已」之訓，任儒、佛（佛且別為諸多宗派，不可殫數）、回、蒙、藏諸教之並行，而大度寬容（tolerance），不加束縛，不事排擠，故從無有如歐洲以宗教牽入政治，千餘年來，虐殺教徒，殘毒傾擠，甚至血戰百年不息，塗炭生靈。至於今日，各教各派，仍互相仇視，幾欲盡剷除異己者而後快。此與中國人之素習適反。今夫耶教不祀祖，又諸多行事均與中國之禮俗文化相悖。耶教若專行於中國，則中國之精神亡。且他教盡可容耶教，而耶教（尤以基督新教為甚）絕不能容他教（謂佛、回、道及儒〔儒雖非教，然此處之意，謂凡不入耶教之人，耶教皆不容之，不問其信教與否耳〕）。必至牽入政治，則中國之統一愈難，而召亡益速。此至可慮之事。今之留學生，動以「耶教救國」

為言，實屬謬誤，又皆反客為主，背理逆情之見也。[1]

從上述觀點不難發現，當時的陳寅恪對傳統國學的看法已經基本上定型了。他所謂的「宋儒若程若朱，皆深通佛教者，既喜其義理之高明詳盡，足以救中國之缺失，而又憂其用夷變夏也。乃求得兩全之法，避其名而居其實，取其珠而還其櫝。採佛理之精粹以之注解四書五經，名為闡明古學，實則吸收異教。聲言尊孔避佛，實則佛之義理，已浸漬濡染。與佛教之宗傳，合而為一。此先儒愛國濟世之苦心，至可尊敬而曲諒之者也」，這是他對宋學的最早體認。他此後主張宋學，認為「天水一朝之文化，竟為我民族遺留之瑰寶」[2]，這種觀點，至死未變。然而他在以上這段與吳宓先生的暢談中對中國固有文化的批評，以及他對西學的重視，卻往往被後人所忽略。

其實，早在哈佛大學時期，陳寅恪就已經很出名了。馮友蘭《懷念陳寅恪先生》一文：

哈佛大學的中國留學生中有一奇人陳寅恪，他性情孤僻，很少社交，所選功課大都是冷門。[3]

而吳宓對此的記載則是：

哈佛中國學生，讀書最多，當推陳寅恪及其表弟俞君大維，兩君讀書多，而購書亦多。到此不及半載，而新購之書籍，已充櫥盈笥，得數百卷。[4]

1 吳學昭《吳宓與陳寅恪》，清華大學出版社，一九九二年，一二頁。
2 陳寅恪《贈蔣秉南序》，《寒柳堂集》，上海古籍出版社，一九八〇年，一六二頁
3 馮友蘭《懷念陳寅恪先生》，《紀念陳寅恪先生百年誕辰學術論文集》，北京大學出版社，一九八九年，一八頁。
4 《吳宓日記》一九一九年八月十九日。

又根據陳懷宇的觀點：

> 寅恪剛入哈佛時登記的專業領域為歷史，後來改為古代諸語言，主要集中學習印度語文學，旁及古典學和閃米特研究。[1]

陳寅恪離美赴德的真正原因，一直未有人解釋。其實，只有一個理由：他失去了繼續在美國留學的簽證。因為他訪問學生的身分，美國只能給他兩年的簽證。繼續獲得簽證的話，他必須先取得碩士研究生考試合格的錄取通知書。但是，陳氏卻放棄了參加這一考試，而是選擇了再次留學德國。由此而來也就開始了他的留學多年卻沒有取得任何學位的歷史。

一九二一年八月十二日，他轉由美國前往德國柏林大學，師從 Heinrich Lüders，繼續攻讀東方古文字學，同時學習中亞古文字。根據陳懷宇《在西方發現陳寅恪》一書的考證：

他至少從一九二一年九月起即是德國東方學會會員，這一聯繫一直維持到他赴清華國學研

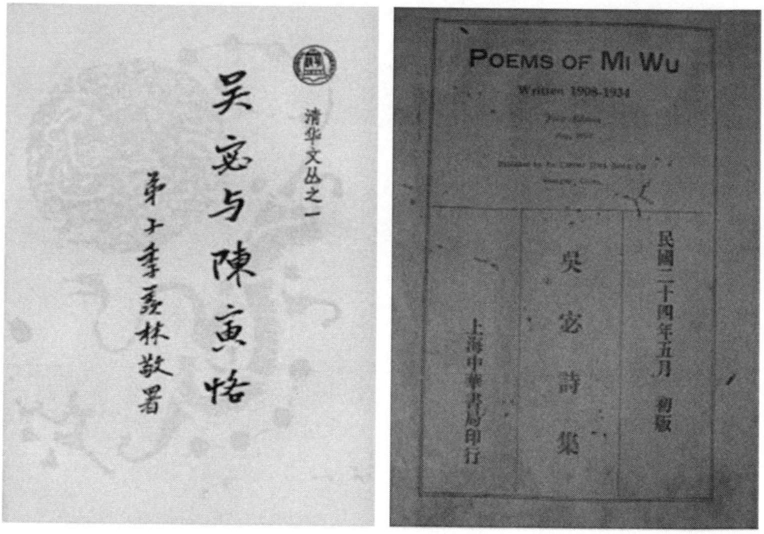

研究專著《吳宓與陳寅恪》和《吳宓詩集》封面照片

1 《清華大學學報》，二〇一二年，第五期，五六頁。

究院上任。一九二二年出版的《德國東方學會會刊》在其名單中列上了寅恪的大名，會員號是一八八八，當時他還是研究生。[1]

我們從他八月十二日由美國前往德國柏林大學來分析，他不太可能是「至少從一九二一年九月起即是德國東方學會會員」，合理的時間範圍應該是十一月中旬。因為根據林偉《陳寅恪的哈佛經歷與研讀印度語文學的緣起》一文的介紹[2]，他正式註冊成為那裡的研究生是十一月二日。因此，陳懷宇的九月說顯然是根本不存在的。我想他肯定忽略了陳寅恪十一月二日才在柏林大學註冊這麼一個事實。

在《童受〈喻鬘論〉梵文殘本跋》一文中，陳寅恪曾回憶說：

> 昔年德意志人於龜茲之西，得貝葉梵文佛教經典甚多，柏林大學路得施教授（Prof. Heinrich Lüders）檢之，見其中有《大莊嚴論》殘本。寅恪嘗遊普魯士，從教授治東方古文字學，故亦夙聞其事。至今歲始得盡讀其印行之本（Bruchstucken der Kalpanamanditika, herausgegeben VonHeinrich Luders, Leipzig, 1926）。教授學術有盛名於世，而此校本尤其最精之作，凡能讀其書者皆自知之，不待為其讚揚。[3]

這裡的「Heinrich Lüders」名字，被《也同歡樂也同愁》一書的作者錯寫成了「Heinrich

1 陳懷宇《在西方發現陳寅恪》，北京師範大學出版社，二〇一三年，六二頁。
2 見《世界哲學》，二〇一二年第一期，一四九頁。
3 《清華學報》，一九二七年，四卷二號。

Lueders」[1]，一個人名的寫法該書卻寫錯了兩個字母。Heinrich Lüders，生於一八六九年，卒於一九四三年。

根據清華大學歷史系張國剛對陳寅恪留學柏林大學的檔案材料的調查，陳寅恪留學德國時遺留下的六十四本筆記，這是他在柏林大學留學的記錄，可以看出當年該大學課程的設置情況。誠如毛子水在《記陳寅恪先生》一文中所說：

> 我於民國十二年二月到德國柏林。那年夏天傅孟真也從英國來柏林，我見到他時他便告訴我：在柏林有兩位中國留學生是我國最有希望的讀書種子：一是陳寅恪，一是俞大維。[2]

通過留學日本、法國、美國和德國等地的學習，陳寅恪大致上具備了閱讀蒙、藏、滿、日、梵、英、法、德和巴利、波斯、突厥、西夏、拉丁、希臘等十餘種文字的能力，特別擅長梵文和巴利文。關於陳氏在德國的學習情況，還可以參見《夏鼐日記》一九三七年四月一日的記載：

> 傍晚至李先生處，約他明天到大學學院參觀博物館。曾、俞二女士皆在座，作到深夜十二時許始散。他們所談的，幾可作《儒林外史》讀。俞女士很健談，說有一次在德國，數個人一同遊湖，有人套《儒林外史》的句法，說「趙元任雍容大雅」、「徐志摩文采風流」、「陳寅恪呆頭呆腦」、「羅志希怪模怪樣」。俞大維有一次請客，陳寅恪央求排座位的人，不要將他排在女人旁邊。[3]

---

1 見《也同歡樂也同愁》，三聯書店，二〇一〇年，三六頁。
2 《談陳寅恪》，臺北傳記文學出版社，一九七〇年。
3 《夏鼐日記》，華東師範大學出版社，二〇一一年，一〇一頁。

這裡出現了「陳寅恪呆頭呆腦」和「陳寅恪央求排座位的人，不要將他排在女人旁邊」的細節說明。這大概是他被稱為「最有希望的讀書種子」的由來吧。因為當時在德國的中國留學生中，真正認真讀書的不到全部留學生的十分之一。這個統計也出自《夏鼐日記》，一九三七年五月二十一日的記載。二〇年代早期的事情一直被傳到三〇年代晚期，足見當時在德中國留學生的真實情況是如此有名。

一九二三年，正在柏林大學留學的陳寅恪，在報紙上看到消息：商務印書館要重印和刻本《大藏經》。他立刻給其妹寫信，希望能購買一部。在此信中，他首次表明了他的研究方向：

西藏文藏經，多龍樹、馬鳴著作而中國未譯者。即已譯者，亦可對勘異同。我今學藏文甚有興趣，因藏文與中文，係同一系文字，如梵文之與希臘、拉丁及英、俄、德、法等之同屬一系。以此之故，音韻訓詁上，大有發明。因藏文數千年已用梵音字母拼寫，其變遷源流較中文為明顯。如以西洋語言科學之法，為中藏文比較之學，則成效當較乾嘉諸老更上一層。然此非我所注意也。

我所注意者有二：一歷史（唐史、西夏），西藏即吐蕃，藏文之關係不待言；一佛教，大乘經典，印度極少，新疆出土者亦零碎。及小乘律之類，與佛教史有關者甚多；中國所譯，又頗難解。我偶取《金剛經》對勘一過，其注解自晉唐起至俞曲園止，其間數十百家，誤解不知其數。我以為除印度、西域外國人外，中國人則晉朝唐朝和尚能通梵文，當能得正確之解，其餘多是望文生義，不足道也。隋智者大師天臺宗之祖師，其解「悉檀」二字，錯得可笑（見《法華玄義》），好在臺宗乃儒家五經正義二疏之體，說佛經與禪宗之自成一派，與印度無關者相同，亦不要緊也。禪宗自謂由迦葉傳心，係據《護法因緣傳》。現此書已證明為偽造。達摩之說，我甚疑之。舊藏文既一時不能得，中國《大藏》，吾頗不欲失此機會，惟無可如何耳。又蒙古、滿洲、回文書，我皆欲得。可寄此函至北京，如北京有滿、蒙、回、藏文書，價廉者，請大哥、五哥代我收購，久後恐益難得矣。[1]

而且，我們通過他撰寫的《有相夫人生天因緣曲跋》一文也可以發現當時他的研究興趣還是在佛學：

寅恪按，魏吉迦夜曇曜共譯之雜寶藏經卷十，優陀羨緣有相夫人生天事，適與此合。石室比丘尼之名亦相同。惟國王名稱異，或別有所本，未可知也。又義淨譯根本說一切有部毗奈耶卷四五入宮門學處第八二之二仙道王及月光夫人事，亦與此相同。梵文 Divyavadana 第三七 Rudrayana 品（見一九〇七年通報 Prof. Sylvain Levi 論文），西藏文甘珠爾律部卷九，均載此事。寅恪曾見柏林人類學博物館土魯番部壁畫中有歡喜王觀有相夫人跳舞圖。可知有相夫人生天因緣，為西北當日民間盛行之故事，歌曲畫圖，莫不於斯取材。[2]

因此，在受聘清華國學研究院歸國後，陳寅恪在清華大學的教學內容和科研課題基本上還是以佛學、梵學、蒙古學、滿學等範圍為核心的，這與當時德國漢學家們的研究範圍大致是相同的。

而他在歸國後發表的另一篇論文《童受喻鬘論梵文殘本跋》進一步證明了他和德國學術界的關

1 《學衡》，一九二三年，二十期。
2 《國學論叢》，一九二三年，一卷二號。

係：

昔年德意志人於龜茲之西，得貝葉梵文佛教經典甚多，柏林大學路得施教授（Prof. Heinrich Lüders）檢之，見其中有《大莊嚴論》殘本。寅恪嘗遊普魯士，從教授治東方古文字學，故亦夙聞其事。至今歲始得盡讀其印行之本（Bruchstucken der Kalpanamanditika, herausgegeben VonHeinrich Luders, Leipzig, 1926）。教授學術有盛名於世，而此校本尤其最精之作，凡能讀其書者皆自知之，不待為其讚揚。[1]

一九二五年二月，清華研究院籌備委員會成立，制定了相關章程，決定先開國學門一科。清華學校國學研究院，又稱清華研究院國學門，是清華大學為大學畢業和有一定國學根柢者專設的學術研究機構。清華國學研究院自籌建之日起，便委託有關人士自國內外網羅尋求國學界德高望重的學術泰斗來擔任研究院導師。「導師」是當時中國二、三〇年代清華教職中一個特殊的稱謂，這使它有別於其他一般教授。

研究院 THE RESEARCH INSTITUTE

章昭煌　陸維釗　梁廷燦
李濟　王國維　梁啟超　趙元任

1《清華學報》，一九二七年，四卷二號。

同年三月，經清華學校國學研究院主任吳宓特別推薦，清華學校校長曹雲祥正式聘請陳寅恪回國，與王國維、梁啟超、趙元任三先生一起出任國學研究院教授。[1]

1 具體經過可以參見《吳宓與陳寅恪》、《陳寅恪的最後二十年》等書。

第七章

陳寅恪所學的外語種類

目前為止，根據筆者的調查，最早介紹陳寅恪擅長多種外語的記載應當是一九二五年二月二十七日《清華週刊》。該刊所載文章《清華研究院籌備處消息》中報導：

> 陳先生初治史學，繼研究古今語言，如希臘文、拉丁文，及英、德、法文等。近七八年來，則攻讀梵文、巴利文……

這裡介紹了陳氏擅長七種外語說。

據胡守為回憶說他在中山大學任教期間，「在他填寫的履歷表上，『懂何種外語』一欄，只寫著『德語』二字。」這是擅長一種外語說。

王永興說他「具備了閱讀藏、蒙、滿、日、梵、巴利、波斯、阿拉伯、英、法、德、拉丁、希臘等十三種文字的閱讀能力。」這是擅長十三種外語說。

陳封雄曾對問過他的研究者說：「寅恪叔到底學了多少種文字，我也不清楚。一般說來，他能讀懂十四種文字，能說四、五國語言，能聽懂七、八種語言，是大致不差的。這些成績基本上是他在三十六歲以前取得的。」這是擅長十四種外語說。

姚從吾主張：

> 陳君寅恪，江西人，習語言學，能暢讀日、美、法、德文，並通希伯來、拉丁、土耳其、西夏、蒙古、西藏、滿洲等十餘種文字。[1]

這裡，他也是十餘種文字說的支持者。

1 引見《陳寅恪先生年譜長編》，中華書局，二〇一〇年，八五頁。

季羨林則只是主張學過二十二種語言：「陳寅恪先生二〇年代留學德國時寫了許多學習筆記，現存六十四本之多，門類繁多，計有藏文、蒙古文、突厥回鶻文、吐火羅文、西夏文、滿文、朝鮮文、梵文、巴利文、印地文、俄文等二十二類。從中可以看出先生治學鑽研之深，其中最引人注目的是各門學科的文獻目錄，衡之以二〇年代全世界研究水準，這些目錄是十分齊備的。」上述二十二種語言中，「藏文、蒙古文、突厥回鶻文、吐火羅文、西夏文、滿文」顯然不應屬於外語。又見《從學習筆記本看陳寅恪先生的治學範圍和途徑》[1]一文：

筆記本共分為以下幾類：

一、藏文　十三本
二、蒙文　六本
三、突厥回鶻文　一類　十四本
四、吐貨羅文（土火羅文）　一本
五、西夏文　兩本
六、滿文　一本
七、朝鮮文　一本
八、中亞，新疆　兩本
九、佉盧文　兩本

1 引見《追憶陳寅恪》，社會科學文獻出版社，一三四頁。

十、梵文、巴利文、耆那教　十本
十一、摩尼教　一本
十二、印地文　兩本
十三、俄文、伊朗　一本
十四、希伯來文　一本
十五、算學　一本
十六、柏拉圖（實為東土耳其文）　一本
十七、亞力斯多德（實為數學）　一本
十八、金瓶梅　一本
十九、法華經　一本
二十、天臺梵本　一本
二十一、佛所行贊　一本

當然，學過多少種語言和是否有能力直接使用這些語言是兩個概念。有人記載：

有一次，陳寅恪隨便翻了一下侄子封雄中學所用的世界史教科書，此書是根據當時美國出版的教科書編譯的，圖文並茂，而圖片尤為精緻。其中一張圖片的注釋是「刻有巴比倫文的出土碑碣」。陳寅恪見到後立即來了精神，待仔細一看搖頭道：「這不是巴比倫文，是突厥文，寫書的人用錯了圖片。」對於此次指出的錯誤，陳封雄多少年後還能清晰地憶起這位六叔當時那哭笑不得的表情。

我們可以發現，這並不能證明什麼。因為文字是記錄語言的，只要選修過德國、美國、日本大學中的「文字學史」這一課程的留學生，都知道世界各國文字的基本辨別圖譜。比如說沒有學過日語的人，他也一定知道這幾個字哪個是漢語？哪個是日語？

——能夠識別文字和能夠使用該種語言是風馬牛不相及的兩件事。

巴比倫文和突厥文的文字識別十分容易，因為前者是象形的契形文字，而後者是拼音的字母文字。能夠識別究竟是巴比倫文的出土碑碣還是突厥文的出土碑碣，並不能證明陳寅恪掌握了巴比倫文和突厥文。如下：

二〇一三年九月八日《深圳晚報》發表《「錢鍾書、陳寅恪外文水準都很低」惹爭議》一文介紹李繼宏的觀點：

說到陳寅恪，也是個比較熱門的人，被神化得很厲害，據傳他精通十幾門外語。他到底精通幾門外語我不知道，但我知道他的英文水準很低，因為他總共發表過兩篇英語論文。如果去看陳寅恪的《元白詩箋證稿》，你在第一章就能看到他得意洋洋地說：「寅恪曾草一文略言之，題曰韓愈與唐代小說，載哈佛大學亞細亞學報第一卷第一期。」不知道的人可能會被唬住，覺

巴比倫文（左）和突厥文（右）

得陳寅恪好厲害哦。但我正好看過這兩篇文章，《韓愈和唐代小說》只有四頁，《順宗實錄》和《續玄怪錄》有七頁，是兩篇介紹性的短文，筆法非常幼稚，跟現在的大學生作文差不多。

二〇一〇年七月二日《深圳特區報》發表劉波《被誤讀和誤傳的大師軼事》一文：

在中大拜訪蔡鴻生教授和姜伯勤教授時，兩位老人都特意囑我在文中要更正一些近年來在陳寅恪熱中出現的一些誤傳。比如很多書中都說陳寅恪先生上課堅持「四不講」（即前人講過的，我不講；近人講過的，我不講；外國人講過的，我不講；我自己過去講過的，也不講。現在只講未曾有人講過的。）蔡老師說他從沒聽陳先生這麼說過，即使陳先生說過這樣的話，現在很多人對此話的理解也有誤差。所謂的不講絕對不是隻字不提，相反，陳寅恪先生對各種研究進展和史料史籍都很重視，尤其重視海外的學術進展情況。他曾鄭重告誡學人：「今世治學以世界為範圍，重在知彼，絕非閉門戶造車之比。」由此可見一斑。又如很多書中將陳寅恪先生說成是精通數十種外語和多種古代語言的語言大師。蔡老師說這樣的說法也是不嚴謹和不準確的。因為陳寅恪先生在海外遊學時做的課題多是比較研究的，外語對他而言，更多的時候是絕對的研究工具，尤其古代語言，有的時候一個詞根就會考證出一段文明交流史。這種作為研究使用的古代語言和我們通常意義上說的那種精通和「四會」是基本不搭界的。蔡老師告訴我說，陳寅恪先生在中大所帶過的最後一位研究生胡守為教授在解放初曾看到過一份陳先生自己填寫的履歷表，在外語一欄裡陳先生只填寫了德語。這當然與陳先生在德國遊學最久長達四年有關。無需質疑的是，陳先生可以熟練使用多門外語，但把這種本領神話了卻有悖陳先生一生堅持的實事求是的治學態度。相信陳寅恪先生在天之靈也是不高興的。

那麼，事實真相究竟如何？讓我們按照陳氏所學外語種類的先後順利，詳細考證一下：

一、日語

陳寅恪先生早在一八九七年就開始向留日回國者學習日語。陳寅恪在一九六七年十二月寫的「第七次交代稿」：「小時在家塾讀書，又從學於友人留日者學日文。」陳寅恪第一次出國留日是在一九〇二年。當時他十三歲。又見陳氏三姐妹《也同歡樂也同愁》一書：「自費生二十七歲大伯父衡恪帶著十三歲的寅恪（此前已在國內從留日友人學過日語）」。[1] 一九〇二年的那次來日，更使他的日語水準提高到與同年歲的日本人不相上下的水準。

了解日語的人都知道，當時的日語，使用漢字的數量遠遠高出現代日語。因此，對於當時的中國留學生而言，在日語學校專業學習幾個月日語後，閱讀日語文章並不是件困難的事情。中國人學習日語真正感到困難的是口語。而陳氏兩次留日，專業學習日語，日語應當是他最擅長的外語。但是後來他之所以在個人檔案中填寫「德語」，目的只有一個，就是有意地迴避。我們從他三、四〇年代的書信中出現的不斷地要求傅斯年或者圖書館給他購買日文學術期刊和漢學著作、而非要求購買德語或英語的，就可以立刻明白這一點。

在陳氏的論文中，引用這一外語文獻的情況，比如，周一良曾經回憶：

1 《也同歡樂也同愁》，三聯書店，二〇一〇年，二五頁。

一九四六年返北平後，一良時從城內北京大學借來日本刊物，為先生譯讀，情景猶在眼前。當時為先生讀書，每遇「既」、「即」二字發音相近混時，先生必以日語讀音是「すでに」或是「すなわち」相詢。

這裡出現的「すでに」或是「すなわち」是日文「既」、「即」二字發音。可見陳氏日語基本功掌握之深。（可惜，在《陳寅恪先生年譜長編》一書中卻完全寫錯了這兩個字的日語假名拼寫。）他一直可以使用漢字的日語發音來區別漢字的同音字。

以後，他長期閱讀日文書刊，訂購了大量日語的學術刊物，他的日語水準應該是他所會外語中水準最高的。

二、英語

陳氏學習英語的開始時間當在一九〇七年。這一年，他考入上海吳淞復旦公學。在弘文學院，他並沒有接觸到英文。因為當時的課堂外語是德語。這和日本當時崇尚德國教育有關。在復旦公學的同學中，嚴復用英文記日記，可以證明當時該公學的英語教育程度。陳氏一九〇九年的英文考試成績是九十四點二分。這是他得以留學德國的關鍵。加上他的日、德文基礎。因此，在這時，陳氏已經接觸並學習了三門外語。這是毫無疑問的。

按照陳懷宇《在西方發現陳寅恪》一書的考證：陳寅恪在哈佛留學一共待了三十一個月左右。也就是兩年半的時間。在哈佛留學的第一學期，一九一九年的春季，他卻只選修了兩門課：「德國現代史」、「歌德之《義大利之旅》」。而恰恰這兩門課全是使用德語教材。因為他已經在德國留學過，而且還回國當過德語閱卷的教師。可見，他選擇這兩門課完全是出於在語言上看得懂、聽得懂的考慮才選的。換句話說，當時他的英文閱讀能力和聽課能力是需要打問號的。我們從當時趙元任、俞大維、吳宓、韋卓民等人皆先後獲得了獎學金而陳氏則無，正可以說明當時他的英語口語和閱讀能力還沒有得到合格的水準。因為當時獲得獎學金的重要依據是英語的水準。到了秋季學期，一九一九年九月二十四日，他已經選修了「初級希臘語」、「印度語文學」這點兩門課程。前者自然是他開始學習希臘語的證明。而後者，主要講梵文文法和梵文讀本。並且，「一九一〇一九二〇學年上學期寅恪的梵文成績是B，此後梵文和巴利文成績都是A，成績非常優秀。」[1]他能選修德語之外的課程，說明他的英語聽課能力和閱讀能力已經有了很大進步。但是，我們從發表在哈佛亞細亞學報上的英文文章出自他人的翻譯而非陳氏自己撰寫，自然就可以知道當時他的英語寫作能力還沒有過關。

而且，一九一九年的秋季學期，按照陳懷宇《在西方發現陳寅恪》一書的介紹：他還「選修了《初級希臘語》、《印度語文學：梵文及其與英文、拉丁文、希臘文之關聯》（a、b）」這一課程。這裡面出現了英語。

他去英國治療眼病期間，可以直接和醫生英語會話，並且堅持聽讀熊式一的英文小說《天橋》，足以證明他的聽課和會話能力是合格的。而他一生再也沒有使用英語發表過論文，也是他英文寫作

1 陳懷宇《在西方發現陳寅恪》，北京師範大學出版社，二〇一三年，三五頁。

能力欠缺的證明。李繼宏所謂的「說到陳寅恪，也是個比較熱門的人，被神化得很厲害，據傳他精通十幾門外語。他到底精通幾門外語我不知道，但我知道他的英文水準很低」之說，有其合理性。在一九三一年二月十三日，陳寅恪在給傅斯年的信中明確地承認自己「英文不能動筆」這一事實。

在陳氏的論文中，引用這一外語文獻的情況，比如說在《吳宓日記》中，我們發現陳氏也和其他留學生一樣，談話中經常出現英文單詞；

豈若今之揭標賣首，盛服目炫 Advertisement，事攘權位，本自無才，徒以僨事。[1]

又：

要當於學問道德以外，另求謀生之地，經商最妙。Honest means of Living.[2]

再如：

若英文詩中之虛字比喻 Allegorical, Symbolical, Abstract nouns, Personifications, etc 及仙人仙女之故典，及雲煙天色之描寫，皆為中國詩中所不多見者。[3]

而根據毛子水的回憶，民國十二年他曾親眼看到陳氏在讀 Kaluza 的《古英語文法》。這是陳氏可以自由閱讀英文原著的一個證據。再如陳氏在其著名論文《幾何原本滿文譯本跋》中就曾引德文本注釋說：「見英譯《幾何原本》第二版第一冊第一〇七頁即其一例也。」由此可見，陳氏閱讀英文原著的能力。又可見他致陳垣的信中：

1 見《吳宓日記》一九一九年九月八日。
2 同上。
3 見《吳宓日記》一九一九年十二月十四日。

近見西文本二種，似皆有可參考之價值者，謹於別紙錄上，乞察覺。匆此敬叩援庵大師著安。十月十九。

一、W. Barhold《土耳其斯坦史（蒙古侵略時代）》Turkestan down to the Mongol Invasion（Turkestan at the Time of Mongl Invasion）（Gibbmenorial Series London）本俄羅文，新譯成英文。

如此等等，可見陳氏一直在關注並閱讀英語國家的史料，他的英文閱讀能力當無任何問題。問題是他的英文寫作能力肯定沒過關。

三、法語

按照《陳寅恪先生年譜》的記載：陳氏是從一九一三年「春，先生留學巴黎大學」的。但是又有資料記載他是在巴黎高等政治學校學習。那麼，在可以使用英語和德語的法國，陳氏的法語水準如何是難以求證的。他自己只是在詩中曾作跋云：「憶予年二十三，旅居巴黎」，再少有文字談到留學法國之事。

關於陳寅恪的法語水準，一向少有人證明。因為當時短期留法的學生中，基本上使用英語、德語甚至俄語來進行日常生活和學習。陳寅恪雖然見到了如伯希和等漢學大家，但是由於對方可以使用流利的漢語，因此，陳氏的法語水準恐怕很成問題。從現有的材料和記載來看，他的法語聽課和閱讀能力應該沒有過關，法語寫作就更不用說了。

在陳氏的論文中，引用這一外語文獻的情況，比如說：他在其著名論文《幾何原本滿文譯本跋》

中就曾引法文著作：

考《法蘭西支那學書目》（H. Cordier：Bibliotheca Sinica, Vol. II, P1092），《天學初函》於乾隆二十三年譯為滿文。

當時，考狄的《漢學書目》正是漢學界的熱門讀物，他在論文中引用這本書，並不奇怪。除此之外，陳氏論著中幾乎沒有使用法語文獻的證據。可見，他的法語能力聽、說、讀、寫全是難以達標的。

四、德語

陳氏接觸德語時間非常早。可以上推到他第一次來日本學習時。

一九六七年十二月寫的「第七次交代稿」中記述的發生在一九一四年的事情：

江西省教育司副司長符九銘電召回江西南昌，閱留德學生考卷。

一九〇九年，陳寅恪考取了官費留學資格，先後到德國柏林大學、瑞士蘇黎世大學、法國巴黎高等政治學校學習。這是他開始學習德語和法語的準確年代。根據清華大學歷史系張國剛對陳寅恪留學柏林大學的檔案材料的調查，陳寅恪留學德國時遺留下的六十四本筆記，這是他在柏林大學留學的記錄，可以看出當年該大學課程的設置情況。誠如毛子水在《記陳寅恪先生》一文中所說：

我於民國十二年二月到德國柏林。那年夏天傅孟真也從英國來柏林，我見到他時他便告訴我：在柏林有兩位中國留學生是我國最有希望的讀書種子：一是陳寅恪，一是俞大維。[1]

按照陳懷宇《在西方發現陳寅恪》一書的介紹，在哈佛留學的第一學期，一九一九年的春季：他這個學期選了兩門課：即歌德之《義大利之旅》與《德國現代史》。[2]

而恰恰這兩門課全是使用德語教材。因為他已經在德國留學過，而且還回國當過德語閱卷的教師。一九二一年九月，他轉往德國柏林大學，師從Heinrich Lüders，繼續攻讀東方古文字學，同時學習中亞古文字。在《童受〈喻鬘論〉梵文殘本跋》一文中，陳寅恪曾回憶說：

昔年德意志人於龜茲之西，得貝葉梵文佛教經典甚多，柏林大學路得施教授（Prof. Heinrich Lüders）檢之，見其中有《大莊嚴論》殘本。寅恪嘗遊普魯士，從教授治東方古文字學，故亦夙聞其事。至今歲始得盡讀其印行之本（Bruchstucken der Kalpanamanditika, herausgegeben VonHeinrich Luders, Leipzig, 1926）。教授學術有盛名於世，而此校本尤其最精之作，凡能讀其書者皆自知之，不待為其讚揚。[3]

又，一九一一年春，陳氏因患腳氣而異地到瑞士修養，並註冊瑞士蘇黎士大學短期學習。當那裡使用的是德語。可見他當時德語已經非常流利。他曾自述：

辛亥革命那年，我正在瑞士，從外國報紙上看到這一消息後，我立刻就去圖書館借閱《資本

1 《談陳寅恪》，臺北傳記文學出版社，一九七〇年。
2 陳懷宇《在西方發現陳寅恪》，北京師範大學出版社，二〇一三年，二五頁。
3 《清華學報》，一九二七年，四卷二號。

論》。[1]

能夠閱讀德文本《資本論》，可見陳氏的德語水準已經到了相當的高度，這也難怪他本人以後承認他只擅長德文了。

因此，陳寅恪的德語閱讀和會話能力勿庸置疑。但是，他依然沒有使用德語發表過任何學術論著。而他上述所謂的「寅恪嘗遊普魯士，從教授治東方古文字學」之說，顯然應該就是梵文和巴利文的指代。

五、巴利語

關於這一問題的討論，遵照學術界梵．巴合在一起的習慣，我們放到下面的梵語中一起討論。

六、梵語

誠如上論，在《童受〈喻鬘論〉梵文殘本跋》一文中，陳寅恪曾回憶說：「得貝葉梵文佛教經典甚多」和「寅恪嘗遊普魯士，從教授治東方古文字學」，顯然應該就是梵文和巴利文的指代，特別是上文先說明了「得貝葉梵文佛教經典甚多」。

1 見石泉、李涵《追憶先師寅恪先生》，《追憶陳寅恪》，社會科學文獻出版社，二六三頁。

按照陳懷宇《在西方發現陳寅恪》一書的考證：

寅恪這一年秋季選修了《初級希臘語》、《印度語文學：梵文及其與英文、拉丁文、希臘文之關聯》（a、b），一九一九年九月二十四日出現在蘭曼的課上。印度語文學上學期主要講梵文文法，下學期則講蘭曼自己編的《梵文讀本》。這門課只有幾個學生，在蘭曼家進行。一九一〇一九二〇學年上學期寅恪的梵文成績是B，此後梵文和巴利文成績都是A，成績非常優秀。[1]

在一九二〇年的秋季學期，他還選修了「印度語文學：巴利文」、「印度語文學：巴利文（續）」這兩門課。雖然成績如此優秀，但是回國後，眾所周知，陳氏繼續向鋼和泰學習梵文和巴利文。

在陳氏的論文中，引用這一外語文獻的情況，比如：《陳寅恪讀書札記三集》中的《高僧傳初集之部》一文中就如下顯示出他的梵・巴語基礎：

巴利語九部：

（一）sutta 修多羅　（二）geyya 衹夜
（三）veyyākarana 和伽羅那　（四）gātha 伽陀
（五）udāna 優陀那　（六）itivutaka 伊帝目多伽
（七）jātaka 闍陀伽　（八）abbhuta dhamma 阿浮陀達磨
（九）vedalla 毗佛略

1 陳懷宇《在西方發現陳寅恪》，北京師範大學出版社，二〇一三年，三五頁。

大乘法苑珠林章卷二，十二分卷：

（一）契經 sutra　（二）應頌 geya
（三）記別 vyākarana　（四）諷頌 gātha
（五）自說 udāna　（六）緣起 nidāna
（七）比喻 avadāna　（八）本事 itivrttaka ityuktaka
（九）本生 jātaka　（十）方廣 vaipulya
（十一）希法 adbhuta dhanrma　（十二）論議 upadesa[1]

根據《從學習筆記本看陳寅恪先生的治學範圍和途徑》一文的介紹：陳氏的筆記中：

梵文、巴利文、耆那教　十本

第一本　封面上題說一切有部律。裡面抄錄原文，有法文譯文，在第一頁下右角上寫著日期：一九二三年七月二十二日。

第二本　封面上用鉛筆題一切有部律，已模糊不清。裡面抄錄著梵文拉丁字母轉寫的經文，還有一些單詞兒。

第三本　封面上題梵文大訓。裡面抄錄的是英文譯文。我猜想，所謂「大訓」，就是印度古代大語法加 Patanjali 所著的 Mahābhāsya，一般譯為「大疏」。

第四本　封面上原題 Therīgāthā，後來又改題涕利伽陀，旁邊寫了幾句話：「一千九百廿九年

1 《陳寅恪讀書札記三集》，三聯書店，二〇〇一年，三五三六頁。

補題。回思往事，真如一夢。」可見先生回國後仍然常翻閱自己的筆記本。裡面抄的是巴利文辭彙，共有兩百九十之多。

第五本　封面上題耆那碑。裡面抄錄碑文。

第六本　封面上題耆那碑續。內容同。

第七本　封面上題佛所行贊及Maski阿育王刻石。裡面先抄錄書目十三種。後面抄錄碑文。

第八本　封面上題那先比丘問經。裡面抄錄巴利文辭彙。

第九本　封面上題法句譬喻經。裡面是巴利文辭彙。

第十本　封面上題法句經。裡面是巴利文辭彙。[1]

可見這些筆記基本上是他第二次留德時的記錄。而對於他第一留德的筆記和所學課程，則一直缺乏記錄。根據陳氏在《第七次交代底稿》一文中的陳述：

一九一九年到美，入哈佛大學，學梵文、希臘文等大約三年。

這才是他接觸梵、巴文字的開始。也是他接觸希臘文的開始。《吳宓自編年譜》一九一九年記載：

哈佛大學本有梵文、印度哲學及佛學一系，且有卓出之教授先生等，然眾多不知。中國留學生自俞大維君始探尋、發見而往受學焉。其後，陳寅恪與湯用彤繼之。[2]

1　引見《紀念陳寅恪教授國際學術討論會文集》，中山大學出版社，一九八九年。

2　《吳宓自編年譜》，三聯書店，一九九五年。

這是陳氏接觸梵、巴文字的開始。

又見林偉《陳寅恪的哈佛經歷與研習印度語文學的緣起》一文的介紹：

在哈佛期間，陳寅恪曾師從 C. 蘭曼（Charles RockwellLanman，一八五〇—一九四一）教授學習梵文和巴利文，並在此基礎上研讀佛經。俞大維在談到陳寅恪的學術思想時曾說：「寅恪先生在美國哈佛大學，隨 Lanman 學習梵文與巴利文二年，在德國柏林大學隨 Lueders 學習梵文及巴利文近五年。回國後，在北平，他又與鋼和泰（Baron A. von Stal - Holstein）繼續研究梵文四五年。前後共十餘年，故他的梵文和巴利文都特精。」[1]

一九二六年，泰國政府重刻巴利文小乘佛教經典，贈送一部給了陳寅恪。而此事牽線搭橋人就是梁啟超。梁氏在《與仲揆、守和兩兄書》講：「今日晤陳寅恪，言及有以暹羅貴族來遊歷，可與酬應，便索彼國所印之巴利文《四阿含佛藏》，且言此事與守和談及云云。」[2]因此，陳氏的梵、巴水準很高，可以直接閱讀原典。

七、拉丁語

一九一九年的秋季學期，按照陳懷宇《在西方發現陳寅恪》一書的介紹：他還「選修了初級希

1《世界哲學》，二〇一二年第一期，一三七頁。

2 引見《陳寅恪先生年譜長編》，中華書局，二〇一〇年，八五頁。

臘語、印度語文學：梵文及其與英文、拉丁文、希臘文之關聯（a、b）」這一課程。這裡面出現了拉丁語。或許，這是他接觸拉丁語的證據。並沒有證據支撐他繼續選修過拉丁語，或者他曾閱讀過拉丁語的文獻。

對此，陳懷宇在該書中主張：

有學者稱寅恪能寫典雅的拉丁文，這實在難以想像。很多歐美學者從初中即開始學拉丁文，大學入讀哈佛大學古典系，也不一定能寫典雅的拉丁文，更不要說寅恪出國留學之後才開始學拉丁文。[1]

我曾在一九九六年發表在《文史哲》第三期上的論文《陳寅恪年譜研究序說》一文中，曾經這麼敘述過「寅恪能寫典雅的拉丁文」這句話，當時失於詳查，現在終於寫成此文，以正視聽。

在陳氏的論文中，引用這一外語文獻的情況，比如：陳寅恪《講義及雜稿》中所收《五胡問題及其他》一文：

羯人與歐羅巴人為同種，其語言亦屬印歐語族，尤以數詞與拉丁文近，僅「萬」字係從漢語借入，讀若Tman，此由漢語「萬」古本為複輔音，如「蠆」、「邁」二字聲母之別為T、M，即係由此分化而成。今藏文「億」為Hman，H即T聲變；俄語「萬」為Toman，則又自蒙古語間接輸入者也。[2]

1 陳懷宇《在西方發現陳寅恪》，北京師範大學出版社，二〇一三年，一一四頁。

2 《講義及雜稿》，三聯書店，二〇〇一年，四五四頁。

但是，這裡引用的「尤以數詞與拉丁文近」一說，卻是最基礎的拉丁語數字的單詞讀音而已。

八、希臘語

按照陳懷宇《在西方發現陳寅恪》一書的介紹：

一九一九年秋季學期……寅恪這一年秋季選修了《初級希拉文》、《印度語文學：梵文及其與英文、拉丁文、希臘文之關聯》（a、b）……[1]

這是他學習希臘語的開始和記錄。

一九二〇年的秋季學期，他還選修了「希臘文：柏拉圖與亞里士多德」、「希臘文：荷馬史詩與希羅多德」這兩門課。

在陳氏的論文中，尚未發現有引用這一外語文獻的記錄。

九、阿拉伯語

按照陳懷宇《在西方發現陳寅恪》一書的介紹，一九二〇年的秋季學期，他還選修了「閃米特文：阿拉伯文」這一課程。或許，這是他接觸阿拉伯語的證據。並沒有證據支撐他繼續選修過阿拉

1 陳懷宇《在西方發現陳寅恪》，北京師範大學出版社，二〇一三年，三五頁。

伯語，或者他曾閱讀過阿拉伯語的文獻。

在陳氏的論文中，尚未發現有引用這一外語文獻的記錄。

十、波斯語

根據《從學習筆記本看陳寅恪先生的治學範圍和途徑》一文的介紹：陳氏的筆記中：

十三　俄文，伊朗　一本

第一本　封面上題俄文，又題 Awesta 裡面前四頁寫的是有關古代伊朗語言的筆記和字母：Awesta，古代波斯文、中世波斯文、巴利維文。後面寫的是俄文，語法和單詞都有。把筆記本倒轉過來，從後面寫起，先是波斯字母，後面又是俄文。[1]

這是他學習波斯語的記錄。

又見姚從吾致陳寅恪函，該信全文如下：

寅恪先生：

久未函候，時以為念。先生前致函大維兄，欲在柏林託人用打字機打貝勒津俄譯波斯文拉施特哀丁之《史記彙編》。大維兄囑鼉代辦此事。惟因鼉去年五月即遷居普魯士萊因省邦恩大

1 引見《紀念陳寅恪教授國際學術討論會文集》，中山大學出版社，一九八九年。

學城（Bonn a / Rhein），不能親到柏林國家圖書館查借，只有請託德友之精通俄文者，代為調查。據云：俄教授貝勒津《史記彙編》俄譯本，柏林國家圖書館並無全書，只有兩冊。一本幾紙為波斯文，僅篇首載有俄文短序。一本上半部為波斯文，下半部為俄文翻譯。名《成吉思汗的歷史》（至即汗位時止）。以較所聞拉施特哀丁史記彙編全書，所差尚多。又因兩書半為波斯文，半為俄文，兼雜蒙古字，不便用打字機打寫，以故遲延，久未答覆。上週鼇來柏林，知柏林國家圖書館閱書室去年新添照相部（Photo copie），一切舊籍珍畫，均可隨時攝照。當與大維兄商定，先將已查得之兩冊，各攝照一部，掛號寄上，供先生查核。其餘尚未找到之俄譯本，俟查明後再為繼續攝照。已攝兩書，共四百六十四雙頁，用費一百七十五馬克，已先由商務部照數代墊矣。謹附上收條一紙，收到後，望便中即將墊款歸還商務部為盼。至原書查訪經過，當另函再詳。因德友致鼇之函，不在手下，故只能先述梗概也。寄歸之件，是否重要，亦望賜覆示及。敬頌

著安！

並問府上均好！

弟鼇謹告　三月廿六日，時暫寓柏林。

Grunewald Cuno Strasse 44A

又：鼇不日即復返 Bonn，直接通訊處如下：

Via Siberia ! Kerrn Shih - oo Yao

b / prevof Bonn a / Rhein

這裡的「拉施特哀丁」，此發音來自波斯文，原文即「Rashid-al-Din Hamadani」。人名。生於一二四七年，卒於一三一八年。曾任蒙古四大汗國之一的丞相，著名學者。這裡的「史集」，此書原名為「Jami al-Tawarikh」，漢語可譯為：《史集》。《史集》一書內容包括《蒙古史》、《世界史》、《世界地理志》、《阿拉伯、猶太、蒙古、拂郎、中華五民族世系譜》等分卷。洪鈞根據貝勒津俄文本，將成吉思汗先世及成吉思汗紀節譯為漢文，收入《元史譯文證補》。但是此書價格頗貴，所以陳氏來信才建議「在柏林託人用打字機打」此書。因為該書是研究十四世紀初以前的蒙古史的最重要的史料。

在陳氏的《元代漢人譯名考》論文中，也出現了對波斯文獻的使用：

拉施特論中國之一節，見 Blochet 校本拉施特《蒙古史》波斯原文第二冊第三二八頁及 Quatremere 拉施特《蒙古史》波斯—法文對譯本第八五頁至九六頁云：Khatai 國者，蒙古人稱為 Djavkout，支那人所謂 Khanzi，以 Kara-moran（黃河）與 Matchin 國即支那人所謂 manzi（蠻子）者為界。又與 Tchourtcheh 及游牧人所居 kara-khatai 荒漠之地接界。蒙古語 Tchourtcheh 之名，蓋因支那人稱此國人為 Nangias。與 Khatai 以黃河為界。此水源出吐蕃及迦濕彌羅，常不可渡。其國都名 Klingsai，即臨安，殆行在之音譯。距 Khan-balik（大都）四十日程。又波斯文舊題 Abd-allah-Bedawi 所著 Nizam-altawarikh 第八篇論中國一節，與拉施特書同。[1]

1 《金明館叢稿二編》，三聯書店，二〇〇一年，一〇一頁。

從上述十種外語來看，我們可以得出他真正做到聽說讀寫完全沒有問題的外語語種只是德語和日語兩種而已。他的英語、巴利語、梵語、波斯語的水準應該處於中等水準。而他的希臘語、拉丁語、法語、阿拉伯語應該處於初級入門而已。無論是王永興的十三種外語說還是陳封雄的十四種外語說，均缺乏實證。季羨林主張的陳氏學過二十二種語言說，不等於實際掌握了二十二種語言。而藏文、蒙古文、突厥回鶻文、西夏文、滿文等語言文字又不在外語範圍內。

在此考證的基礎上，我們提出了「陳氏的德語和日語兩種外語聽說讀寫完全沒有問題、英語、巴利語、梵語、波斯語四種外語可以直接閱讀原始文獻，希臘語、拉丁語、法語、阿拉伯語四種外語只是初級入門水準」的結論。由以上考證，可知傅斯年所說的「我的朋友陳寅恪先生，在漢學上的素養不下錢曉徵，更能通習西方古今語言若干種，尤精梵、藏經典」[1]之說，當不為虛言也。

---

1 《傅斯年全集》，第二冊，湖南教育出版社，二〇〇三年，二三頁。

第八章

民國時代的陳寅恪

一九二五年九月一日，清華研究院國學門正式成立。九月十四日正式開學。一九二五年十二月十八日，他從法國馬塞港啟航，返回國內就已經是一九二六年一月底前後了。蔣天樞《陳寅恪先生編年事輯》記載：「歸後以父病請假一年。」實際上，他並未如此長時間在家照顧病人，因為他原定從馬塞啟航為一九二五年十二月十八日，《陳寅恪先生年譜長編》雖然也使用了這一啟航時間，但是沒有意識到旅途需要的大致時間，因此也說陳氏歸國「時間不詳」。實際上，陳氏是一九二六年一月上旬從英國啟航。則他達到國內時間大約在一九二六年二月底前後。他在家照顧病父時間大約三、四個月而已。

一九二六年七月，陳寅恪正式到北京清華學堂國學研究院上課，根據《清華週刊》第三百五十一期的記載，陳寅恪講授的範圍是：

年曆學。古代碑誌與外族有關係者之研究。摩尼教經典回紇譯文之研究。佛教經典各種文字譯本之比較研究。蒙古、滿洲書籍及碑誌與歷史有關係者之研究。

不難看出，陳寅恪一生的研究重點這裡已經基本概括了。從此開始了他的學術生涯中最為平靜和安逸的時期。

一九二八年春，陳寅恪開始在北京大學兼課，講授佛經翻譯文學。秋，他講授蒙古源流研究。此時，他沒有忘記對日本漢學的關注。一九二八年八月十二日，他在致傅斯年的信中要求購買日本著作如下：

藤田元春《尺度綜考》、濱田青陵《支那古明器之民象圖說》、松岡靜樹《支那古俗志》、《日本言語學》、伊波普東《流秋古今記》。[1]

一九二九年，清華大學樹立王國維紀念碑。陳寅恪應學生之邀書寫《王觀堂先生紀念碑銘》一文。

該碑銘全部內容如下：

海寧王靜安先生紀念碑

海寧王先生自沉後二年清華研究院同人咸懷思不能自已其弟子受先生之陶冶煦育者有年尤思有以永其念僉曰宜銘之貞珉以昭示於無竟因以刻石之辭令寅恪數辭不獲已謹舉先生之志事以普告天下後世其詞曰

士之讀書治學蓋將以脫心志於俗諦之桎梏真理因得以發揚思想而不自由毋寧死耳斯古今仁聖所同殉之精義夫豈庸鄙之敢望先生以一死見其獨立自由之意志非所論於一人之恩怨一姓之興亡嗚呼樹茲石於講舍系哀思而不忘表哲人之奇節訴真宰之茫茫來世不可知也先生之著述或有時而不章先生之學說或有時而可商惟此獨立之精神自由之思想曆千萬祀與天壤而同久共三光而永光

義寧陳寅恪撰文　閩縣林志鈞書丹　鄞縣馬　衡篆額

新會梁思成擬式　武進劉南策監工　北平李桂藻刻石

中華民國十八年六月三日二週年忌日

國立清華大學研究院師生

1 《陳寅恪集·書信集》，三聯書店，二〇〇一年，一六頁。

這篇著名的碑銘，後來被陳先生本人也看作是他思想的代表。見他的《對科學院的答覆》一文：「我的思想，我的主張完全見於我所寫的《王觀堂先生紀念碑銘》中。」那麼這裡面最主要的思想就是研究學術，最重要的是要具有自由的意志和獨立的精神。捨此之外無他。陳寅恪努力通過王國維的死來建立一種傳統知識人的全新的生存範式。他認為王國維的死是「以一死見其獨立自由之意志。非所論於一人之恩怨一姓之興亡」，現在，他自己則成了這一新的生存範式的監護人和審查官。他的名言就是「從我之說即是我的學生，否則就不是」！他完全無視學術發展和變化的自主規律，也不考慮學生們本來具有的與時俱進的政治追求和基

海寧王靜安先生紀念碑

本生存法則，而是強行將自己的價值標準推廣開來，從自己門下開始，以監護人和審查官的身段，審查他們的言行。在這裡，宗教或準宗教的非理性態度取代了他多年積累下來的學術理性。從王國維死亡以此開始，陳氏變得越來越脫離時代、越來越以自我價值理念為中心。

一九三〇年清華學校改制為清華大學，他應聘為中文、歷史二系教授。在中文系講授課程為佛經翻譯文學、唐詩研究、《世說新語》研究。在歷史系講授課程魏晉南北朝史專題研究、隋唐五代史專題研究。

也就是在這一年的秋天，胡喬木由清華大學物理系轉學到剛成立的歷史系，成為該大學歷史系的第一屆學生和陳寅恪正式的本科學生，直到胡喬木在一九三二年離開清華大學為止。[1]

一九三〇年開始，陳寅恪還兼任中央研究院理事、歷史語言研究所研究員及第一組（歷史）主任、故宮博物院理事、清代檔案編委會委員等職。一九三一年五月，在《吾國學術之現狀及清華之職責》一文中，陳寅恪先生深切闡發了其重視歷史的原因，即：

至於本國史學文學思想藝術史等，疑若可以幾於獨立者，察其實際，亦復不然。近年中國古代及近代史料發見雖多，而具有統系與不涉傅會之整理，猶待今後之努力。今日全國大學未必有人焉，能授本國通史，或一代專史，而勝任愉快者。東洲鄰國以三十年來學術銳進之故，其關於吾國歷史之著作，非復國人所能追步。昔元裕之、危太僕、錢受之、萬季野諸人，其品格之隆汙，學術之歧異，不可以一概論；然其心意中有一共同觀念，即國可亡，而史不可滅。今日國雖倖存，而國史已失其

1 見《我所知道的胡喬木》，當代中國出版社，二〇一二年，四四七—四四九頁。

正統，若起先民於地下，其感慨如何？

早在一九二三年，陳寅恪在《與妹書》中說：

我所注意者有二：一歷史，（唐史西夏），西藏即吐蕃，藏文之關係不待言。一佛教，大乘經典，印度極少，新疆出土者亦零碎。及小乘律之類，與佛教史有關者多。

這一研究核心後來集中表現在他的四篇「蒙古源流研究」論文中，即：《靈州寧夏榆林三城譯名考——蒙古源流研究之一》，原載一九三〇年五月《歷史語言研究所集刊》第二本第一分冊；《吐蕃彝泰贊普名號年代考——蒙古源流研究之二》，原載一九二九年八月國立中山大學語言歷史學研究所週刊第八集九二、九三期合刊，一九三〇年六月《歷史語言研究所集刊》第一本第二分冊；《彰所知論與蒙古源流——蒙古源流研究之三》、《蒙古源流作者世系考——蒙古源流研究之四》，兩篇同載於一九三一年四月《歷史語言研究所集刊》第二本第三分冊。

這些論文是陳寅恪對中國蒙古學研究的最主要貢獻，標誌著我國蒙古學研究進入了一個新階段。[1]誠如蔡美彪在《陳寅恪對蒙古學的貢獻及其治學方法》一文中所總結的那樣：「其中尤以《彰所知論與蒙古源流》一文對本書的源洗做出了確切的論證。第一，依據對漢、藏、蒙文獻的比較研究，第一次指出，《蒙古源流》的基本觀念和編撰體裁，都是取之於元代吐蕃喇嘛八思巴所著的《彰所知論》，是蒙古史料的另一系統。第二，勘對東西方多種文獻，把文獻記載中關於蒙古族起源之觀念，分為四類。指出本書是在《蒙古秘史》所追加的史層上，又增建天竺、吐蕃二重建築，是揉

1 蔡美彪《陳寅恪對蒙古學的貢獻及其治學方法》，《歷史研究》，一九八八年第六期，五八頁。

和數民族之神話，以為一民族之歷史」。第三，考訂本書的漢文譯本，是乾隆時據滿文本譯出。而滿文本及是譯自成衮札布進呈的蒙文本，從而使蒙、滿漢諸本之異同，得以疏解，也使輾轉翻譯中的疏誤得以訂正。「經過陳寅恪先生的精闢的研究，原來使人困惑不解的一些難題，得以了然通解，探明了《蒙古源流》一書的本來面貌，對此後的蒙古史研究產生了重大的影響。」[1]

為了能和世界的蒙古史研究保持同步，一九三〇年三月初，陳寅恪致俞大維信，要求「欲在柏林託人用打字機打貝勒津俄譯波斯文拉施特哀丁之《史集》。」[2]這裡的「貝勒津」此發音來自俄文，原文即Березин ИльяНиколаевич。人名。俄羅斯著名蒙古學家。生於一八一八年，卒於一八九六年。曾任喀山大學、彼得堡大學教授。洪鈞曾根據貝勒津俄文本，將成吉思汗先世及成吉思汗紀節譯為漢文，收入《元史譯文證補》。但是此書價格頗貴，所以陳氏來信才建議「在柏林託人用打字機打」此書。因為該書是研究十四世紀初以前的蒙古史的最重要的史料。

此時，在陳寅恪撰寫的《大乘義章書後》一文中，他提出了「思想自由」的時代：

而中國六朝之世則不然。其時神州政治，雖為紛爭之局，而思想自由，才智之士亦眾。佛教輸入，各方面皆備，不同後來之拘守一宗一家之說者。[3]

當然，他這一年還在《三國志曹沖華佗傳與佛教故事》一文中發表了他對外來文化和中土文化融合關係的考察：

1 蔡美彪《陳寅恪對蒙古學的貢獻及其治學方法》，《歷史研究》，一九八八年第六期，五八頁。
2 引見本書最後一章。
3 《中央研究院歷史語言研究所集刊》，第一本第二分冊，一九三〇年，一二一頁。

寅恪嘗謂外來之故事名詞，比附於本國人物事實，有似通天老狐，醉則見尾。如袁宏竹林名士傳，戴逵竹林七賢論，孫盛魏氏春秋，臧榮緒晉書及唐修晉書等所載嵇康等七人，固皆支那歷史上之人物也。獨七賢所遊之「竹林」，則為假託佛教名詞即 Velu 或 Veluvana 之譯語，乃釋迦牟尼說法處，歷代所譯經典皆有記載，而法顯（見佛國記）玄奘（見西域記九）所親歷之地。此因名詞之沿襲，而推知事實之依託，亦審查史料真偽之一例也。（聞日本學者有論此事之著作，寅恪未見。）總而言之，三國志曹沖華佗二傳，皆有佛教故事，輾轉因襲雜糅附會於其間，然巨象非中原當日之獸，華佗為五天外國之音，其變遷之跡象猶未盡亡，故得賴之以推尋史料之源本。夫三國志之成書，上距佛教入中土之時，猶不甚久，而印度神話傳播已若是之廣，社會所受之影響已若是之深，遂至以承祚之精識，猶不能別擇真偽，而並筆之於書。則又治史者所當注意之事，固不獨與此二傳之考證有關而已也。[1]

與此同時，他對於學術的新舊，在《敦煌劫餘錄序》一文中提出了如下著名的「預流」和「未入流」的看法：

一時代之學術，必有其新材料與新問題。取用此材料，以研求問題，則為此時代學術之新潮流。治學之士，得預於此潮流者，謂之預流（借用佛教初果之名）。其未得預者，謂之未入流。此古今學術史之通義，非彼閉門造車之徒，所能同喻者也。[2]

---

1 《寒柳堂集》，上海古籍出版社，一九八〇年，一八〇頁。

2 《中央研究院歷史語言研究所集刊》，第一本第二分冊，一九三〇年，二三一頁。

正當一九三二年中國社會面臨存亡的關鍵時刻，陳寅恪鮮明地表明了他的態度：

近年集會結社之風盛行，尤以留美學生為甚。互相攀援，為害於國家與民族者殊烈。間有少數初發者均甚好，及其發展，分子複雜，君子漸為小人所取代，最後將此社會變亂。結社之首要，在於有共同的高尚理想，有此精神，始能團結鞏固。[1]

陳寅恪此論簡直就是給熱衷於結社活動的海歸們當頭一棒。這也難怪馮友蘭說他「性情孤僻，很少社交」了。[2]

正是從這一時期開始，陳寅恪不再穿西裝了。見錢穆《師友雜憶》一書中的記載：

寅恪在清華，其寓所門上下午常是「休息，敬謝來客」一牌。……寅恪亦常穿長袍。冬季加披一棉袍或皮袍，或一馬褂，或一長背心，不穿西式外套。[3]

與此同時，他對這些海歸們主張的以西學解釋國學的現象提出質疑，他說：

從事比較語言之學，必具一歷史觀念，而具有歷史觀念者，必不能認賊作父，自亂其宗族也。……夫印歐系語文之規律，未嘗不聞有可供中國之文法作參考及採用者。如梵語文典中，語根之說是也。今於印歐語系之語言中，將其規則之屬於世界語言之公律者，除去不論，其他屬於某種語言之特性者，若亦同視為天經地義，金科玉律，按條逐句，一一施諸不同系之漢文，

1 引見《陳寅恪先生編年事輯》，上海古籍出版社，一九九七年，七九頁。
2 馮友蘭《懷念陳寅恪先生》，《紀念陳寅恪先生百年誕辰學術論文集》，北京大學出版社，一九八九年，一八頁。
3 《師友雜憶》，三聯書店，一九九八年，一九一頁。

有不合者，即指為不通。嗚呼！《文通》，《文通》，何其不通如是耶？[1]

如此觀點表達了他對西學中國化的反對態度。他認為本末不可倒置。因此，在給馮友蘭撰寫審查報告時，反覆強調說「其真能於思想上自成系統，有所創獲者，必須一方面吸收輸入外來之學說，一方面不忘本來民族之地位。此二種相反而適相成之態度，乃道教之真精神，新儒家之舊途徑，而二千年吾民族與他民族思想接觸史之所詔『昭』示者也」。[2]

他甚至對自己的國家和時代發出了如下的評價：「吾徒今日處身於不夷不德之間，托命於非驢非馬之國。」[3]民國對他來說，也不過如此而已。而對當時正在興起的他所謂的「俄式共產主義」，他則冷嘲熱諷地說：

吾國政治革命，其興起之時往往雜有宗教神秘性質，雖至今日，尚未能脫此歷史之慣例。好學深思之士當能心知其義也。[4]

他好像生怕別人不理解他這話的所指，居然還強調了一下「好學深思之士當能心知其義也」。考慮到此文撰寫於一九三三年，則陳氏的學術論文對現實社會和政治的關注，由來已久，這也難怪他晚年要撰寫《論再生緣》和《柳如是別傳》了。

1 《陳寅恪集．金明館叢稿二編》，三聯書店，二〇〇一年，二四九頁。
2 陳寅恪《馮友蘭中國哲學史下冊審查報告》，《金明館叢稿二編》，上海古籍出版社，一九八〇年，二五二頁．
3 《清華週刊》第三十七卷第二期盼二十九號。
4 見《天師道與濱海地域之關係》，《陳寅恪集．金明館叢稿初編》，三聯書店，二〇〇一年，四五頁。

一九三四年，清華大學文學院代理院長蔣廷黻在《歷史系近三年概況》[1]一文中介紹說：

> 國史高級課程中，以陳寅恪教授所擔任者最重要。三年以前，陳教授在本系所授課程多向極專門者，如蒙古史料、唐代西北石刻等，因學生程度不足，頗難引進，近年繼續更改，現分二級。第一級有晉南北朝及隋唐史，第二級有晉南北朝史專題研究及隋唐史專門研究。第一級之二門係普通斷代史性質，以整個一個時代為對象；第二級之二門係 Seminar 性質，以圖引導學生用新史料或新方法來修改或補充舊史。

從陳寅恪的授課內容來看，十分高深。可見他並無學以致用的準備。他神往的只是象牙之塔。上述的課程中的「第一級有晉南北朝及隋唐史」一門課，他的選課學生夏鼐、後來的名傳國際的考古學大師，一九三四年二月六日日記中如下記錄：

> 晉南北朝史是S+，……得S+僅我一人，更沒有一個得S以上，頗感欣然。這科試卷已發還，有陳寅恪先生的評語：「所論極是，俱見讀書細心，敬佩！敬佩！」像小孩兒驟得大人的讚許，不覺有點飄飄然。[2]

從上述評語我們看出老師對學生的愛護和提拔之心，這也難怪他的門下大師輩出了。這一年出版的《清華週刊·歡迎新同學專號教師印象記》中，對陳寅恪介紹如下：

在清華大學的校史中，流傳著許多關於陳寅恪先生的趣談。例如，哲學大家馮友蘭先生的

1 劉桂生、歐陽軍喜《陳寅恪先生編年事輯補》，《紀念陳寅恪先生百年誕辰學術論文集》，北京大學出版社，一九八九年，四三六頁。

2 《夏鼐日記》，華東師範大學出版社，二〇一一年，二一八頁。

學問可謂不小了，從一九二八年入校起，當過秘書長、文學院長，以至數度代理校務，在清華可稱為上層人物了。但每回上中國哲學史課的時候，總會看見馮先生十分恭敬地跟著陳先生從教員休息室裡出來，邊走邊聽陳先生講話，直至教室門口，才對陳先生深鞠一躬，然後分開。這個現象固然使我們感到馮先生的謙虛有禮，但同時也令我們感到陳先生的實在偉大。

這一時期，著名歷史學家蒙文通曾拜訪他探討學術。見《蒙文通學記》的記載：「晤談中，陳詳論歐陽永叔、司馬君實，亦略及鄭漁仲。而余意則不與同。」[1]接下來，蒙氏表明自己的觀點是「宋人史學則以南宋為尤精」，而陳氏只是「亦略及鄭漁仲」。這大概是兩人對於宋代史學的評價之分歧所在。但是，後來他們二人關係日漸疏遠。究其原因，乃是受傅斯年的牽連。因為傅氏解聘了蒙氏的教授職位，而蒙氏則遷怒於陳、傅的同學加姻親關係，這使得擅長宋代史學的蒙文通和寄託希望於宋代學術復興的陳寅恪，在學術研究上沒能走到一起。

對此，李錦繡《陳寅恪學案》分析指出：

此時，寅恪先生已完成了由西北史地至中國中古文史哲之學的轉變，蔣廷黻特意標出上報學校，表明先生治學範圍轉變不僅是清華大學，也是當時中國學術界大事，為眾所矚目。實際上結合寅恪先生授課看，這一轉變應始於一九二九年，此前先生授課及指導學生以西北史地、域外文字及佛經翻譯文學為主，一九二八年又增開「梵文文法」，「唯識二十論校讀」。一九二九年國學研究院解散，寅恪先生在清華大學文史哲三系分別開設「佛經翻譯文學」（中

---

1 《蒙文通學記》，三聯書店，一九九三年，四四頁。

文系）、「佛典校讀」、「中國中世紀哲學史」（以上哲學系）、「高僧傳之研究」、「唐代西北石刻譯證」（以上歷史系）等課，在西北史地及佛經翻譯領域外，加入「中國中世紀哲學史」，殊值注意。一九三三年先生開此課課程說明為：「研究天臺宗禪宗等儒〔道〕佛混合源流」，此前內容應與之相似，表明先生治學從西域佛經考釋進入了中國中古思想的系統研究。一九三〇一九三一年先生授課內容，尚待考證。一九三二年於中文系增開「唐詩校釋」，「唐代詩人與政治關係之研究」，「中國文學中佛教故事之研究」，在歷史系設「中國中古史」，則表明治學範圍轉移的完成。而一九三二、一九三三年先生發表的論文《庾信哀江南賦與杜甫詠懷古跡詩》、《李唐氏族之推測》、《禪宗六祖傳法偈之分析》、《南嶽大師立誓願文跋》，呈現出與以往論著不同的新特色，標誌著先生治史進入了新的階段。[1]

還有個經濟問題需要說明：這一時期的陳寅恪月薪高達四百六十元，是歷史系和全校教授工資中最高的。穩定的收入和生活，使他在這一階段表現出科研著述的高產。他此時依然沒有忘記關注日本漢學。一九三四年四月六日，在致陳垣的信中說：「近來日本人佛教研究有極佳之著作」。[2]一九三五年一月，陳氏在《陳垣〈元西域人華化考〉序》云：

有清一代經學號稱極盛，而史學則遠不逮宋人，論者輒謂愛新覺羅氏以外族入主中國，屢起文字之獄，株連慘酷，學者有所畏避，因而不敢致力於史，是固然矣。然清室所最忌諱者，

1 《歐亞學研究》，見 http://www.eurasianhistory.com/data/articles/d02/41.html

2 《陳垣往來書信集》（增訂本），三聯書店，二〇一〇年，三九八頁。

不過東北一隅之地、晚明初清數十年間之載記耳。其他歷代數千歲之史事，即有所忌諱，亦非甚違礙者。何以三百年間史學之不振如是？是必別有其故，未可以為悉由當世人主摧毀壓抑之所致也。夫義理詞章之學及八股之文，與史學本不同物，而治其業者，又別為一路之人，可不取與共論。獨清代之經學與史學，俱為考據之學，故治其學者，亦並號為樸學之徒。所差異者，史學之材料大都完整而較備具，其解釋亦有所限制，非可人執一說，無從判決其當否也。經學則不然，其材料往往殘闕而又寡少，其解釋尤不確定。以謹愿之人，而治經學，則但能依據文句各別解釋，而不能綜合貫通，成一有系統之論述。以誇誕之人，而治經學，則不甘以片段之論述為滿足。因其材料殘闕寡少及解釋無定之故，轉可利用一二細微疑似之單證，以附會其廣泛難證之結論。其論既出之後，固不能犁然有當於人心，而人亦不易標舉反證以相詰難。譬諸圖畫鬼物，苟形態略具，則能事已畢，其真狀之果肖似與否，畫者與觀者兩皆不知也。往昔經學盛時，為其學者，可不讀唐以後書，以求速效。聲譽既易致，而利祿亦隨之。於是一世才智之士，能為考據之學者，群舍史學而趨於經學之一途。其謹愿者，既止於解釋文句，而不能討論問題。其誇誕者，又流於奇詭悠謬，而不可究詰。雖有研治史學之人，大抵於宦成以後休退之時，始以余力肆及，殆視為文儒老病銷愁送日之具。當時史學地位之卑下若此，由今思之，誠可哀矣。此清代經學發展過甚，所以轉致史學之不振也。

這篇文字幾乎就是他的史學研究與文化、社會和政治之關係的宣言。處處體現著經世致用的思想。

一九三六年一月，陳寅恪無意中獲知太平天國忠王李秀成的《自述》供詞，保留在曾國藩後人家中，他立刻聯繫清華大學出款拍照，準備影印出版。當時，他並沒有專業研究晚清史。但是出身晚清官宦之家的他，敏銳地意識到它的史料價值。知道這一事情經過的夏鼐，在日記中如實地記錄下來：

昨天與曾君談起忠王供狀，據云尚藏在其家中，近已改存上海銀行保險庫中。陳寅恪先生曾託人接洽清華出款千元影印，已有成議，後來不知如何作罷。[1]

一九三七年抗戰爆發後，十一月三日，陳寅恪帶領全家人經天津到達青島，同行的還有好友毛子水和袁復禮。約在十一月二十七日，攜家人到長沙。並在一九三八年元月輾轉達到桂林，最後到香港。而他則隻身一人任前往雲南蒙自，執教那裡的清華、北大和南開臨時組成的西南聯合大學。此後一年中，他多次往來於香港和雲南。

又見《也同歡樂也同愁》：

年後父親必須離家，趕赴雲南蒙自西南聯合大學文學院授課。[2]

一九三九年，英國牛津大學聘請陳寅恪為中國史教授，任期從當年的十月一日開始。也許，這一聘請早在八年前就已經開始了：吳宓在一九三一年訪問英國時，曾面見莊士敦，向他舉薦陳寅恪來英講學。而當時，莊士敦的答覆是：

庚款中之文化教育一項，如能施行，莊必視己力之所至聘陳君來此講學。[3]

1 《夏鼐日記》，華東師範大學出版社，二〇一一年，八頁。
2 《也同歡樂也同愁》，三聯書店，二〇一〇年，一四一頁。
3 《吳宓與陳寅恪》，清華大學出版社，一九九二年，七八頁。

但是，這裡面還有疑問：

按照目前的說法，一九三九年，英國牛津大學聘請陳寅恪為中國史教授、任期又是從當年的十月一日開始的。而陳寅恪決定不去英國就任的時間是一九三九年六月一日。這一天他給清華大學校長寫信如下：

弟於牛津教書實不相宜，故已辭謝兩次。後因內子有心臟病，不能來昆共聚一地，種種不便。而郭復初又以中英合作，即大使館與牛津之關係而言，故不得不試為一行。其實弟無宣傳之能力，郭所言可以以「愛莫能助」答之。其實為家人可共聚一地也。今內子病後能赴英與否大成問題。即能赴英，而第三小女僅二歲，必難攜往。蓋牛津俸薄（年俸八百五十磅，須扣所得稅），初到應須製備傢俱等，故多雇傭僕，勢難做到，尤覺窘困。現在英文化協會雖借款三百磅做路費，但須償還，且不能過久。先內子在港醫藥即挪用此款，故弟更不能不去應矣。此次內子若不能攜往，則弟所以欲赴英之目的即家人共聚一地之目的全不能達到，殊非弟之本意也。因此頗不願久留英。且牛津近日注意中國之宗教及哲學，而弟近年興趣卻移向歷史與文學方面。離家萬里而做不甚感興趣之工作，其思歸之切不言可知。擬向清華請假一年，敬希核准，不勝感荷之至。

這裡先是說明了他不想去，但是最後卻表明了他「更不能不去」的結果。可見他已經準備好了去英國，並且還向「英文化協會雖借款三百磅做路費」。但是，到了九月二十八日事情就起了變化。這一天，《夏鼐日記》記載：

旋赴王維誠君寓所，知陳寅恪先生以戰事關係，已中止來英。[1]

可見，一九三九年九月二十八日，夏鼐已經得知陳氏中止來英之事。於是，陳氏返回昆明，繼續在西南聯大授課。到了一九四〇年的七月，陳氏再次啟動赴英之事，並且先到了香港。

一九四〇年，陳寅恪的第一部中古史專著《隋唐制度淵源略論稿》問世。該書包含了禮儀、職官、刑律、音樂、兵制、財政等與隋唐制度及其建置相關的內容，涵蓋了魏晉南北朝史、隋唐史、民族學、社會學、考古學、文化史、語言文字學等與中古史相關的諸多領域，顯示了陳寅恪先生對中國傳統文化內涵、中西文化的關係、種族與文化的界定、胡化漢化的實質等問題。內容如下：本書共八章：一、《敘論》，二、《禮儀》，三、《職官》，四、《刑律》，五、《音樂》，六、《兵制》，七、《財政》，八、《附論》。該書集中研究隋唐典章制度的具體「淵源流變」和來源，即：「一曰（北）魏、（北）齊，二曰梁、陳，三曰（西）魏、周。」

關於他為何從東方語文學和邊疆歷史轉向了中古史研究，陳懷宇《在西方發現陳寅恪》一書中提出了陳氏受法國漢學家白樂日唐史研究影響的假說：

> 寅恪二十世紀三〇年代不僅是因為不甘逐隊隨人繼續做東方學，其轉向中古史研究或許也來自白樂日一九三一一九三二年所出版博士論文《唐代經濟史研究》的刺激。[2]

此說雖有學理上的合理性，但是在現實中，陳氏未必是因為看了白樂日的博士論文才要轉向中

1 《夏鼐日記》，華東師範大學出版社，二〇一一年，二六〇頁。

2 陳懷宇《在西方發現陳寅恪》，北京師範大學出版社，二〇一三年，七二頁。

古史研究。以一九三一一九四〇年陳寅恪所處的學術環境與閱讀範圍來看，目前尚缺乏力證支持這一假說的成立。實際，陳懷宇在該書的八四八六頁又否定了他自己的上述假說。

同年七月，為了應英國牛津大學之聘，他離開昆明赴香港，準備轉機到英國。根據一九四〇年八月二十八日陳寅恪致傅斯年的信中可知：「然弟返港後月用三百元，因有小孩學費及藥在內，每飯幾無肉食，只雞蛋而已」。[1]又見七月二十六日信：「香港物價大昂，較去夏弟返港時幾高呀倍」[2]，則當年七月他正在香港。再根據他當年十二月十三日信中所言「弟居港下半年，即六月以後便無辦法」[3]，則可以得知至少他當年六月已經開始在港居住，而非定期往來於香港和雲南二地。這次還是因戰事未能成行，後因為許地山的推薦，他留在香港大學任客座教授。根據馮平山圖書館館長陳君葆日記中的記載：

晨晤許先生，他說庚委會撥款若干與港大，史樂詩擬聘陳寅恪在港大任哲學教授，一年為期，待遇月薪五百元。

陳寅恪留下，成為香港大學教授。一九四〇年十一月二十二日，香港大學中文系在薄扶林運動場特地舉行了陳寅恪的歡迎會。

一九四一年，許地山因病逝世，陳寅恪被大家推舉成了系主任。相關記載可以從《陳君葆日記全集》中得到反映：

1 《陳寅恪集．書信集》，三聯書店，二〇〇九年，七〇頁。
2 《陳寅恪集．書信集》，三聯書店，二〇〇九年，六八頁。
3 《陳寅恪集．書信集》，三聯書店，二〇〇九年，八三頁。

八月十四日

到圖書館，傅士德教授邀往談話，他問我關於中文教授的繼任人的意見。我說，就中國歷史說自然以陳寅恪為最理想而且合適……

八月十九日

晨到文學院長辦公室，去會齊季明先生和傅士德教授，一同往見史樂詩，商量聘請陳寅恪的事情，同時並談到他的功課一問題。結果一切進行均甚順利。[1]

一九四一年底香港淪陷，陳寅恪在饑餓困頓的情況下閉門治學。他一生中最重要的著作之一《唐代政治史述論稿》一書，就在這裡寫完的，序末署的是「辛巳元旦陳寅恪書於九龍英皇太子道三百六十九號寓廬」。此書對有唐一代政治史作了精闢的論述，綜觀全史，上溯西晉、南北朝與隋世，下訖唐以後之變化。

1 《陳君葆日記全集》，香港商務印書館，二〇〇四年。

陳寅恪先生在香港大學期間和師生合影照片

該書分自序、上篇「統治階級之氏族及其升降」、中篇「政治革命及黨派分野」、下篇「外族盛衰之連環性及外患與內政之關係」構成。在開篇，他引朱子語：「唐源流出於夷狄，故閨門失禮之事不以為異」後，並為此加按語說：「然即此簡略之語句亦含有種族及文化二問題，而此二問題實李唐一代史事關鍵之所在。」在該書開篇，陳氏自述：

寅恪嘗草《隋唐制度淵源略論稿》，於李唐一代法制諸端，妄有所論述。至於政治史事，以限於體例，未能涉及。茲稿所言則以唐代之政治史為範圍，蓋所以補前稿之未備也。夫吾國舊史多屬於政治史類，而《資治通鑑》一書，尤為空前傑作。今草茲稿，可謂不自量之至！然區區之意，僅欲令初學之讀《通鑑》者得此參考，或可有所啟發，原不敢謂有唐一代政治史之綱要，悉在此三篇中也。儻承通識君子不誤會創草茲稿之本旨，而糾正其訛謬，何幸如之！

此書對於牛李黨爭和政治史的關係，有很精湛的論述。陳氏主張：

所可論者約有三端：一曰：牛李兩黨之對立，其根本在兩晉、北朝以來山東士族與唐高宗、武則天之後由進士詞科進用之新興階級兩者互不相容，至於李唐皇室在開國初期以屬於關隴集團之故，雖與山東舊族頗無好感，及中葉以後山東舊族與新興階級生死競爭之際，遠支之宗室其政治社會之地位實已無大別於一般士族。……二曰：凡山東舊族挺身而出，與新興階級作殊死鬬者，必其人之家族尚能保持舊有之特長，如前所言門風家學之類，若鄭覃者，即其一例也。亦有雖號為山東舊門，而門風廢替，家學衰落，則此破落戶之與新興階級不獨無所分別，且更宜與之同化也。茲更舉數例以為證明，而解疑惑焉。……三曰：凡牛黨或新興階級所自稱之門閥多不可信也。

進而，他總結了當時科舉制度和傳統的門閥制度在南北方的表現。他總結說：

夫士族之特點既在其門風之優美，不同於凡庶，而優美之門風實基於學業之因襲。故士族家世相傳之學業乃與當時之政治社會有極重要之影響，此事寅恪嘗於拙著《隋唐制度淵源略論稿》禮儀章論之，茲不復贅。但東漢學術之重心在京師之太學，學術與政治之關鎖則為經學，蓋以通經義、勵名行為仕宦之途徑，而致身通顯也。自東漢末年中原喪亂以後，學術重心自京師之太學移轉於地方之豪族，學術本身雖亦有變遷，然其與政治之關鎖仍循其東漢以來通經義、勵名行以致從政之一貫軌轍。此點在河北即所謂山東地域尤為顯著，實與唐高宗、武則天後之專尚進士科，以文詞為清流仕進之唯一途徑者大有不同也。

由此而來，他提出了一個著名的假說，用以解釋唐代政治的發展：

由此可設一假定之說：即唐代士大夫中其主張經學為正宗、薄進士為浮治者，大抵出於北朝以來山東士族之舊家也。其由進士出身而以浮華放浪著稱者，多為高宗、武後以來君主所提拔之新興統治階級也。其間山東舊族亦有由進士出身，而放浪才華之人或為公卿高門之子弟者，則因舊日之士族既已淪替，乃與新興階級漸染混同，而新興階級雖已取得統治地位，仍未具舊日山東舊族之禮法門風，其子弟逞才放浪之習氣猶不能改易也。總之，兩種新舊不同之士大夫階級空間時間既非絕對隔離，自不能無傳染熏習之事。但兩者分野之界畫要必於其社會歷史背景求之，然後唐代士大夫最大黨派如牛李諸黨之如何構成，以及其與內廷閹寺之黨派互相鉤結利用之隱微本末，始可以豁然通解。

在此期間，他的一點心境記錄在《陳述〈遼史補注〉序》中：

寅恪僑寓香港，值太平洋之戰，扶疾入國，歸正首丘……回憶前在絕島，倉皇逃死之際，取一巾箱坊本《建炎以來繫年要錄》，抱持誦讀。其汴京圍困屈降諸卷，所述人事利害之回環，國論是非之紛錯，殆極世態詭變之至奇。然其中頗復有不甚可解者，乃取當日身歷目睹之事，以相印證，則忽豁然心通意會。平生讀史凡四十年，從無似此親切有味之快感，而死亡饑餓之苦，遂亦置諸度量之外矣。由今思之，儻非其書喜眾異同，取材詳備，曷足以臻是耶？[1]

在此期間，曾聞日偽政權多次派人找他出山。見《陳寅恪集·書信集》一書一九四二年六月十九日致傅斯年等人信：

……弟當時實已食粥不飽，臥床難起，此僅病貧而已；更有可危者，即廣州偽組織之誘迫。陳璧君之凶妄，尚不足甚為害，不意北平之偽北京大學亦來誘招，香港倭督及漢奸復欲以軍票二十萬（港幣四十萬）交弟辦東亞文化協會及審定中小學教科書之事，弟雖拒絕但無旅費離港，其苦悶之情不言可知……[2]

又見一九四二年三月三十一日高廷梓致朱家驊電：

陳寅恪截至本月中旬尚未赴廣州，偽方四次派要員勸駕，尚不肯走……[3]

一九四二年，駐港難民太多，致使在港生活已經成為大問題，日軍迫不得已開始了所謂的內地難民返鄉運動，並開放了已經關閉了一年左右的通商口岸。於是，五月五日，陳寅恪一家人利用這

1 《金明館叢稿二編》，上海古籍出版社，一九八〇年，二三四頁。
2 《陳寅恪集·書信集》，三聯書店，二〇〇一年，八四頁。
3 引見夏蓉論文。《中山大學學報》，二〇〇六年，第一期，五〇頁。

一機會出走香港，取道廣州灣。見《陳君葆日記全集》中的記載：

陳寅恪先生今日趁輪往廣州灣。[1]

事實上，這次歸國行動得到了朱家驊、俞大維等人的經費支持。見朱家驊、俞大維等人一九四二年五月一日致陳寅恪電：

前囑高廷梓兄匯款一萬元存麻章商務印書館李浩年兄處，並囑杭立武兄已於日前電匯赤坎汽車路十八號信義行陳樂素君五千元，茲再電匯五千元至麻章李浩年處。[2]

同年七月到桂林，並開始任教於廣西大學。

在桂林短暫的安定期間，他的第二部中古史專著《唐代政治史述論稿》一書得以完成。

同年秋，陳寅恪當選為教育部部聘教授。

這一時期，陳寅恪學術研究方向發生變化，他自述說：

寅恪平生治學，不甘逐隊隨人，而為牛後，年來自審所知，實限於禹域以內，故謹守老氏損之又損之義，捐棄故技。凡塞表殊族之史事，不復敢上下議論於其間。[3]

一九四三年十二月，陳寅恪帶領全家到達大後方的成都，臨時執教於當時南遷的燕京大學。

本年七月十二日，他當選為英國科學院通訊院士。這是由英國的 Eric Robertson Dodds、Arnold

1 《陳君葆日記全集》，香港商務印書館，二〇〇四年。

2 引見夏蓉論文。《中山大學學報》，二〇〇六年，第一期，五〇頁。

3 《金明館叢稿二編》，上海古籍出版社，一九八〇年，二六五頁。

Joseph Toynkee、S. A. Cook三位院士聯合推薦的。[1]雖然《也同歡樂也同愁》一書提供了這一事實，但是對於這三個人的具體情況缺乏介紹。其中，真正起了決定性作用的是Arnold Joseph Toynkee，他的中文名字和著作是學術界盡人皆知的，即：湯因比及其《歷史研究》！

有關這三位推薦人的情況，可以參見陳懷宇《在西方發現陳寅恪》一書第三章的內容。而且，據該書記載：

> 此後，寅恪的大名出現在每一年的《英國學士院院刊》通訊院士名單之中，一直到一九七五年出版的六十卷（一九七四年）第一二頁，一九七五年開始的六十一卷不再登出全部在世與去世院士、通訊院士名單。顯然一直到一九七五年英國學術院仍將寅恪當成在世院士，不知他已於一九六九年十月過世。[2]

也正是在這一年，陳寅恪在《鄧廣銘宋史職官志考證序》一文中正式的提出：

> 吾國近年之學術，如考古歷史文藝及思想史等，以世局激蕩及外緣熏習之故，咸有顯著之變遷。將來所止之境，今固未敢斷論。惟可一言蔽之曰，宋代學術之復興，或新宋學之建立是已。華夏民族之文化，歷數千載之演進，造極於趙宋之世。[3]

這一主張至今一直是學術界解讀陳寅恪思想的一把鑰匙。蔡仲德在《陳寅恪論》一文中就總結說：

---

1 說參《也同歡樂也同愁》，三聯書店，二〇一〇年，一八〇頁。
2 陳懷宇《在西方發現陳寅恪》，北京師範大學出版社，二〇一三年，一四九頁。
3 《金明館叢稿二編》，上海古籍出版社，一九八〇年，二四五頁。

陳寅恪還進而推崇整個宋代文化。他認為「貶斥勢利，尊崇氣節」既是宋代史學的基本精神，也是整個宋代文化的基本精神，故《贈蔣秉南序》於推崇歐陽修「貶斥勢利，尊崇氣節」之後，緊接著就設「故天水一朝文化，竟為我民族遺留之瑰寶」，這是由推崇宋代史學進而推崇宋代文化。又，其《鄧廣銘〈宋史職官志考證〉序》說，「華夏民族之文化歷數千載之演進，造極於趙宋之世」，其《馮友蘭〈中國哲學史〉下冊審查報告》（以下簡稱「《審查報告》」）說，「中國自秦以後迄於今日，其思想之演變歷程至繁至久，要之，只為一大事因緣，即新儒學之產生及莫傳衍而已」，這是從學術思想史的角度推崇宋代文化。而新儒學視綱常名教為中國文化的特性，要人們「革盡人欲，復盡天理」（《朱子語類》）。從對宋代整個學術文化的推崇也可以看出陳寅恪的思想傾向，這傾向與其推崇宋代史學所表現出的傾向是一致的。[1]

一九四四年三月，陳寅恪被聘為中山大學研究院文科研究所歷史學部名譽導師。

同年七月一日，陳寅恪前往中山大學講學。見中山大學《本校文科研究所特約教授陳寅恪先生在校講學》一文：

> 陳寅恪教授獲美國哈佛大學文學士，曾任國立清華大學研究教授、國立中央研究院研究所研究員兼歷史組主任，國立西南聯合大學教授。一九三九年，英國牛津大學特聘為中國學研究所主任，因歐戰所阻未能赴聘，改任香港大學英庚款交換教授。現任教育部部聘史學教授執教於廣西大學。本年度金校長特聘為本校研究院特約教授。陳氏以專門研究南北朝史、隋唐史與

1 《東方文化》，二〇〇三年，第一期。

以梵文比對漢譯佛經及精通十餘種語言文字蜚聲中外。其專門著作因欲矯今日輕易刊書之弊，甚少刊行，僅出版《唐史概要》一書。其重要論文散見於《清華學報》及《中央研究院歷史語言研究所集刊》。

一九四四年十二月十二日，陳寅恪的唐代三稿中的最後一篇《元白詩箋證稿》完成了。就在這天早晨起床後，陳寅恪痛苦地發現：本來已經是右眼失明了，現在他的左眼也看不清了。根據他的女兒陳流求所寫的記錄（時間或許有差異）：

> 一九四五年春天一個早上，父親突然發現兩眼一片漆黑，失明了。先叫我通知他當天不能上課，隨後住進存仁醫院。[1]

到了十二月十四日，因左眼視網膜脫離，陳寅恪先生再次住入成都的存仁醫院治療。他在該院做了眼科手術，但是手術沒有成功。從此以後，目盲成了制約陳寅恪繼續獨立進行自由的學術研究的致命傷。

此前早在一九四四年十一月二十三日，他就在致李濟、傅斯年二先生的信中說：

> 弟前十日目甚昏花，深恐視網膜脫離，則成瞽廢。後經檢驗，乃是目珠水內有沉澱質，非手術及藥力所能奏效。其原因想是滋養缺少，血輸不足（或其他原因，不能明瞭），衰老特先。終日苦昏眩而服藥亦難見效，若忽然全瞽，豈不太苦，則生不如死矣。[2]

1 引見《陳寅恪先生編年事輯》，上海古籍出版社，一九九七年，一三五頁。
2 見《陳寅恪集·書信集》，三聯書店，二〇〇一年。

一九四五年八月，陳寅恪啟程赴英國治療眼病。十月抵達倫敦，由著名眼科專家Steward Duke Elder男爵負責診治，數月奔波，兩次手術，只是對光的感受功能有些好轉，但是他的雙目還是沒能復明。

又見《也同歡樂也同愁》一書記載：

做了兩次手術，視力略有改善，但未能復明。就醫期間，父親常與Duke-Elder大夫交談，相互十分投緣，後來主刀大夫主動提出不收手術費，令父親非常感動。[1]

對於陳寅恪的失明，胡適感到惋惜。見《胡適日記》一九四六年四月十六日的記載：

寅恪遺傳甚厚，讀書甚細心，工力甚精，為我國史學界一大重鎮，今兩目都廢，真是學術界一大損失。

也許失明嚴重影響了陳寅恪的心理健康，以至於他日後越發決絕。甚至在對待學術的看法上，他也提出不同以往的觀點：

自戊戌政變後十餘年，而中國始開國會，其紛亂妄謬，為天下指笑，新會所嘗目睹，亦助當政者發令而解散之矣。自新會歿，又十餘年，中日戰起，九縣三精，飆回霧塞，而所謂民主政治之論，復甚囂塵上。余少喜臨川新法之新，而老同涑水迂叟之迂。蓋驗以人心之厚薄，民生之榮悴，則知五十年來，如車輪之逆轉，似有合於所謂退化論之說者。是以論學論治，迥異

1 《也同歡樂也同愁》，三聯書店，二〇一〇年，二〇三頁。

時流，而迫於時勢，噤不得發。[1]

一九四六年三月下旬，陳寅恪自英國經美返國。四月十九日途經紐約時，他在船上和趙元任夫婦、楊聯陞、周一良等相見。當時的他「在艙內初聞韻卿師母、元任先生呼喚之聲，頓時悲哽。但旋即恢復鎮定」。[2]

回國後暫住上海，然後短暫住在南京後。一九四六年五月十九日，陳寅恪在南京親戚家中接待了剛剛返回祖國的季羨林，並正式推薦他出任北京大學東語系主任。隨後，季羨林「受恩師陳寅恪指派，對雞鳴寺下邊的中央研究院拜見北京大學代校長傅斯年」。[3]從這一記載，我們可以推知當時陳氏和傅氏之間已經出現了很深的感情裂痕。而季氏拜訪傅氏，除了為自己的工作職位而來，還有代替師來緩解陳、傅二人緊張關係的目的。

當年秋，他返回北京，再任清華大學教授。他以後詩歌中所謂的短暫的「北歸」生活開始了。由於他自己已經雙目失明，清華大學給他安排了三個助手：王永興、汪籛、陳慶華。上課地點也在他家中——清華園新南院五十二號。

相關記載可參見《也同歡樂也同愁》一書記載：

父親雙目失明近兩年，在同事、朋友協助下，依靠耳聽、口述的方式，繼續安排全日從事

---

1 《讀吳其昌撰梁啟超傳書後》，《寒柳堂集》，上海古籍出版社，一九八〇年，一四九頁。
2 見楊聯陞《陳寅恪先生隋唐史第一講筆記》，《傳記文學》，第十六卷第三期，一九七〇年。
3 見《季羨林年譜長編》，長春出版社，二〇一〇年，五〇頁。

教學和科研工作。[1]

而在一九四七年的春天，周一良、季羨林等人曾「請陳先生到中山公園賞花散心」。當時他的眼睛是「已幾近失明，雖然只能影影綽綽地看到藤籮花的紫色，但興致極高，同弟子們談笑風生」。[2]本年的四月十五日，他當選為美國東方學會榮譽會員。

這一年的中央研究院第一屆院士評選活動正緊鑼密鼓的進行著，對候選院士陳寅恪的研究評價是：

> 天才最高，功力亦最勤謹，往往能用人習知之材料，解答前人未能想到之問題，研究六朝隋唐史最精。

這一評語是恰如其分的。

一九四八年一月底，平津形勢趨緊。在蔣介石授意下，朱家驊、傅斯年、蔣經國等開始了所謂的「搶救平津學術教育界知名人士」的具體行動。首先搶救的便是胡適、梅貽琦、陳寅恪、陳垣、毛子水、錢思亮等先生。參見浦江清《清華園日記》：

> 陳雪屏來北平，似為搶救若干教授學者，給予便利以南行，惟人數必有限制，極少數。陳先生如有行意，可通知梅公。陳謂他早已知道此消息。並已洽梅公云云。[3]

可見他當時已經下了決心離京南下。一九四八年十二月十二日的浦江清日記記載了此時陳寅恪

1 《也同歡樂也同愁》，三聯書店，二〇一〇年，二一六頁。
2 見《季羨林年譜長編》，長春出版社，二〇一〇年，五二頁。
3 浦江清《清華園日記》，三聯書店，一九九九年，二四七頁。

的態度：

他雖然雙目失明，如果有機會，他願意即刻離開。……他不反對共產主義，但他不贊成俄式共產主義。[1]

可見，陳寅恪離開北京的態度是如此的堅決。而他對共產主義的看法也是如此的決絕。

這裡的陳雪屏，生於一九〇一年，江蘇宜興人。一九二〇年考入北京大學預科班，一九二二年正式考入北京大學哲學系，師承陳大齊先生，專攻心理學。一九二六年，他大學畢業後到美國哥倫比亞大學心理研究所進修。一九三〇年回國後在東北大學出任心理學系主任。一九三二年，他轉任北京大學心理學系教授。一九四八年曾短暫出任國民政府教育部長。來臺後，他先後出任臺灣省教育廳長、考選部長、行政院秘書長、行政院研考會主委、國建會副主委、主委、國策顧問，總統府資政。

一九四八年十二月十五日，陳寅恪、毛子水、錢思亮、英千里等人分乘兩架飛機抵南京，再轉到上海暫住。然後，他攜全家來到廣州。

一九四九年一月十九日，陳寅恪一家搬進了老朋友嶺南大學校長陳序經先生的家中。應嶺南大學校長陳序經之邀，陳寅恪任嶺南大學歷史系教授。一月二十日，《嶺南大學校報》上特別刊登了《名教授陳寅恪等將應聘到校授課》的消息。

當時，國民政府中央研究院已先行搬到了臺灣省，中央研究院歷史語言研究所所長傅斯年

1 浦江清《清華園日記》，三聯書店，一九九九年，二四六頁。

和教育部長杭立武二人多次電催陳寅恪坐飛機去臺灣。均遭到了他的拒絕。根據陳寅恪一九六七年十二月的《第七次交代底稿》中所言：

> 當時廣州尚未解放時，偽中央研究院歷史語言研究所所長傅斯年多次來電催我往臺灣。我堅決不去。至於香港，是英帝國主義殖民地，殖民地的生活是我平生所鄙視的。所以我也不去香港。願留在國內。[1]

但是，根據現在發現的證據來分析，陳寅恪這段話明顯是為了自我解脫而拔高。所謂的「偽中央研究院歷史語言研究所所長傅斯年多次來電催我往臺灣」之說，可見「國立中央研究院歷史語言研究所」在「中華民國三十八年五月廿一日」寫給「臺灣省警務處」的一封公函，該公函中云：「查本所專

1 引見蔣天樞《陳寅恪先生編年事輯》（增訂本），上海古籍出版社，一九九九年，一四七頁。

嶺南大學校長陳序經先生和陳寅恪、姜立夫先生合影照片

任研究員兼第一組主任陳寅恪先生自廣州攜眷來臺工作。」落款是「國立臺灣大學校長室轉」。當時的校長即傅斯年。[1]

而至於所謂的「至於香港，是英帝國主義殖民地，殖民地的生活是我平生所鄙視的。所以我也不去香港」之說，則顯然並不符合事實。因為根據《陳君葆日記全集》的記載：

一九四九年八月二十三日

陳寅恪先生有幾十件行李要搬到圖書館來，問我能否接納。[2]

又見陳寅恪一九四九年五月十日致陳君葆的信中說：「於萬不得已時，或有赴港一避之舉」。而他之所以「絕不輕動也」的原因只能是他的目盲阻礙了他的選擇。可見當時陳氏夫婦尚存有疑慮。乃至於出現一九五〇年夏季唐篔赴港不歸、陳序經攜陳流求等二姐妹到港勸回的記錄。這些行李直到一九五〇年九月十四日才被陳小彭取回。

在國共政權更替之際，我們可以通過陳寅恪在一九五〇年出版的《元白詩箋證稿》一書的有關論述，可以發現他的此時心境：

值此道德標準社會風習紛亂變易之時，此轉移升降之士大夫階級之人，有賢不肖拙巧之分別，而其賢者拙者，常感受痛苦，終於消滅而已。其不肖者巧者，則多享受歡樂，往往富貴榮顯，身泰名遂，其故何也！由於善利用或不善利用此兩種以上不同之標準及習俗，以應付此環境而

1 引見《陳寅恪叢考》，浙江大學出版社，二〇一二年，一一頁。

2 《陳君葆日記全集》，香港商務印書館，二〇〇四年。

已。

這些話充分顯示出他對當時知識分子的處世態度的描寫。他認為當時存在著四種處世之人，即賢者、不肖者、拙者、巧者。而他則屬於「而其賢者拙者，常感受痛苦，終於消滅而已」一類的，他已經意識到了他自己的結局。在陳氏一生中，這是他最真實、最清醒的一次對自己的審查。可是日後的他，幾乎一直處於「一生負氣成今日」的既定範式中生活，繼續依然故我的神往著那個「獨立之精神，自由之思想」的理念模型，而全然不管社會和時代的發展。他的那個價值理念已經被他化石化了，完全制約了他對社會轉型的適應和認可。

綜觀陳寅恪在這段時間內的科研活動，幾乎全是在動盪和戰亂中取得的。

陳寅恪在海外留學期間就喜歡比較語言學，為此他學習了多種文字，這為他利用這些文字史料研究中國史，同時在方法論上在繼承了乾嘉學者考據傳統之後，又吸收了西方的歷史語言考證學派的治史方法，中西結合，從許多相關和不相關的史料中考證出歷史事實的真相。對魏晉南北朝史、隋唐史（特別是李唐氏族淵源和府兵制度研究）、宗教史（特別是佛教史和佛經翻譯、校勘、解釋）、西域各民族史、蒙古史、音韻學和古代語言學、敦煌學、中國古典文學以及史學方法等方面的研究，均有重要發現，都作出了許多開創性的貢獻。

一九八八年，馮友蘭在《懷念陳寅恪先生》[1]一文中評價說：

靜安先生與寅恪先生為研究、了解中國傳統文化之兩大學者，一則自沉，一則突走，其意

1 馮友蘭《懷念陳寅恪先生》，《紀念陳寅恪先生百年誕辰學術論文集》，北京大學出版社，一九八九年，一八頁。

一也。靜安先生聞國民革命軍將至北京，以為花落而春亦亡矣；不忍見春之亡，故自沉於水，一瞑不視也。寅恪先生見解放軍已至北京，亦以為花落而春亦亡矣，故突然出走，常往不返也。其義亦一也。

接著，馮友蘭認為：「靜安先生、寅恪先生即當代文化上之夷齊也。」[1]

馮友蘭這一評價是十分恰當的。陳寅恪自己當時已經準備好了要繼續從事不古不今之學的研究，並公開地宣稱其思想不在民國與新中國，仍然是停留在咸豐、同治之世。因此，馮友蘭的以夷齊說來解釋陳寅恪的文化心境尤有深意。

接下來，我將自己親身拜訪馮友蘭的一段往事附錄在此，供讀者參考：

附錄：馮友蘭先生瑣事親歷紀實

我不是馮先生的弟子或再傳弟子，更算不上是他老人家的三親六故，本來是沒資格撰寫「瑣事親歷紀實」這類回憶文章的。只是作為一名曾經親自拜訪過他又得到了他當場指教的學術晚輩，多年以來，此情難忘。在我今天事業有成、學有專攻之時，寫下此文以表達我對他的懷念和感恩之情，這篇並非「踐越」的文字，相信該不會辱沒了他老人家的名聲，更不會引起馮先生直系或再傳直系弟子們的不快吧。

---

1 馮友蘭《懷念陳寅恪先生》，《紀念陳寅恪先生百年誕辰學術論文集》，北京大學出版社，一九八九年，一八頁。

一九八七年三月二十九日上午十點四十分，我來到了三松堂，拜訪著名的哲學家馮友蘭老先生。那時，我家住北京市昌平縣南口鎮，到位於北京大學燕南園的馮家至少需要一個半小時。那時的交通還很不方便，我是早晨八點四十分左右乘火車，從南口先到清華園站，然後坐汽車到北京大學下車，再進入北京大學，找到燕南園的馮家，已經是十點四十分了。開門的是長相酷似馮先生的中年男人，也留著一把山羊鬍子，和馮先生解放前的蓄鬚照片非常的接近。他把我領進三松堂，然後他走進臥室，和馮先生大聲地說：「趙自強先生指派他的弟子來看望您了，正在書房等您。」他說的趙自強先生，是我的一個老師，美籍國際著名的中國思想史家，當時趙自強先生和我從未謀面，只是和我保持長期的書信來往。只是本著對我的信任和關愛，一個多月前，他給我來信，指派我代表他親自去拜訪北京城內居住的十幾位一流學術大師，這些人從錢鍾書、梁漱溟、馮友蘭到湯一介、李澤厚等等。趙自強先生說：「我要向他們正式介紹你，讓你和他們認識，目的是為你製造走進學術界的機會。請複印我給你的此信，去拜訪他們。」他的信後附錄了這些人的家庭住址和電話。他知道我研究《周易》，於是他又介紹我和他的一個研究《周易》的好朋友——也是美籍華人學者的陳榮捷教授相識。陳榮捷先生知道趙自強先生指派我去看望馮先生，立刻讓趙給我打來了國際長途電話，順便交代了陳先生自己最感興趣的幾個問題，讓我當面向馮先生請教。於是，我先給馮先生寫信，說明來意，請他安排恰當的時間，我來拜訪。一週後，馮先生親自回信答覆。特別告訴我：他最近有些雙目失明，不便見客，勸我不要來了。沒辦法，我只好立刻打國際長途電話向趙自強先生彙報，他卻一直勸我立刻來，時間不等人。於是，這才有了我的三月二十九日之行。

我決定拜訪馮先生之前，沒敢事先通報給陳來和張躍二人。張是馮指導的博士。陳那時是馮的助手和哲學系的副教授。我知道如果事先通報給他們中任何一人，肯定是去不成了。尤其是陳來。我不想給馮先生和他本人製造一個憑藉陳來的個人關係來拜訪馮先生的印象。（不過，陳來對我有大恩，這是我個人永遠也無法忘記的！我對他的唯一報答方式就是：當年馬策和王朔赴美留學時，我個人拿出了我當時僅有的兩千五百美元的存款，借給他們，從此他們再也沒有歸還我。我知道，那時陳來對我和王朔寄託了很高的期望。可惜，最後，事與願違，他的期望相繼破滅了。是的，馮、張、任的親戚連姻不是誰都可以模仿的。）

我坐在三松堂的沙發上等待著，在一面是古籍的書架對面，牆上掛著的居然是陳煥章的書法拓片。我不知道陳煥章和馮先生之間有何關係？但我知道他是一九一一年在美國哥倫比亞大學獲得哲學博士學位，算起來他是馮先生的學長了。不過，因為當時我只想著他和馮先生的關係，卻忘記了那幅法帖的具體內容了。正在這時，突然從臥室裡逐漸傳來一陣沉重而緩慢的腳步聲。那聲音幾乎不是在走，而是在緩慢地挪。聲音沉重而且清晰，使靜靜的三松堂立刻顯得異常緊張而神聖起來。我看了一下錶：十點四十二分。我不知道從馮先生的臥室到三松堂的具體距離，但是我卻深切地感覺到了一個偉大的哲學老人正在吃力地挪著沉重的腳步，接受他的一個老朋友、美籍華人中國思想史家趙自強先生指派的中國學生的專程看望。本來，馮先生完全可以讓家人將我帶到臥室內，看一見躺在床上的他，然後就可以送客了。但是，馮先生卻完全沒有這樣做，他幾乎是按照接待他的那位老朋友趙自強先生的身態，來認真而真誠的接待了我，一個當時才二十四歲、幾乎比他小了整整七十年——我那時的真實身分只是一個剛剛被轉正定級為「北京鐵路電氣化學校文史教研組助教」而已的北京青年。一剎那間，我突然感受了他老人家特殊的人格力量和尊嚴，正是在那一時刻，我當即決定：我將不再轉達陳先生託我向馮先生請教的那幾個問題。幾十年後，我一直為我自己的瞬間的這一決定感到自豪，因為我沒有讓他老人家因為我的到來而再次受到侮辱或者引起不快。這沉重的腳步聲一步接著一步在緩慢而緊密地挪動著，當馮先生出現在我面前時，我看了一下手錶；十點五十一分！

——在電影、電視和書中照片上看到多次的那個熟悉的身影出現在我的面前：過胸的雪白鬍鬚和臉上十幾個微黑的老人斑，身著深藍色中式對襟上衣的馮先生，依然戴著厚厚的眼鏡，終於站在了我的面前。那位中年男士扶著他坐在沙發上，我立刻對著他深鞠一躬才敢坐下。然後，我開始仔細地端詳著他，仿佛在審視著一個世紀哲學的滄桑巨變。我那時由於緊張和崇敬，一時間竟無法說出話來。馮先生對著我微笑起來，伸出手拉了我的手一下，說：「不要緊張，小夥子。趙自強先生和陳榮捷先生好嗎？」我這才如夢初醒，於是開始了我的轉達問候和學術請教。

「馮先生，我是研究《周易》的。您能給我推薦幾本英文《周易》嗎？」我問。

「哦，英文的。基本上沒有可以推薦的。我很多年不看英文的《周易》注本了。你注意到他們是怎麼翻譯的《繫辭》講筮法的那幾章嗎？基本上是不可信的。」馮先生答。

「趙自強先生曾經告訴過我，『讀已經出版的《周易》英文本等於浪費時間。』您是覺得他們翻譯的筮法那幾章有問題？」我問。

「嗯，不光是這些。我過去也試著算過。所以更知道他們沒翻對。」馮答。

「真的？馮先生，是什麼時候？」我問。

「是西南聯大的時候。不過，我不是給我個人算卦，我那時是在試著推算國運。哈哈哈。你在趙自強先生那裡是哪一年畢業的？」馮答。

「馮先生，我還沒有見過他。我一直和他有書信來往。要是有機會，我真想成為他的研究生。我會努力的。您只是在西南聯大時才驗算過《周易》？」我問。

「對呀，那時候心情不好，國家、民族和個人前程都不好說。」馮答。

「您最近身體還好嗎？」我問。

「眼睛不好，年紀大了，病主動找來了。不過基本還好。你和陳榮捷先生也沒見過？」馮問。

「是的，他是趙自強先生介紹我認識的。也是個對我很好老先生。他還想讓我問您幾個問題。我說最好讓他給您來信問，以免我轉達不好。」我問。

「他常有信來。也沒什麼大問題可談。趙自強先生今年高壽了？」馮答。

「快七十了。身體很好。您最近還在帶博士生？」我問。

「已經不招新的了。現在還有沒畢業的呢。」馮答。

附帶說幾句；

陳榮捷先生讓我當面向馮先生請教的問題是：

一、「馮先生和梁漱溟先生最近幾年來往多嗎？」二、「馮先生怎麼得罪的錢鍾書先生？」三、「哪裡可以得到馮先生的文革時代寫的四十二首古體詩影本？」

而趙自強先生卻只是讓我「代表他親自去看望一下最近馮先生的身體和工作，向他致意」。

「我認識你的學生劉笑敢老師。」我說。

「哦，是嗎？他很不錯的。」馮答。

一九八六年的夏天，我曾幾次在安定門外的外館斜街附近，看到劉笑敢推著自行車，車後座上坐著他的年幼的兒子，他那時的老婆並排挨著他行走的場面。只一次和他打了招呼，那次是劉笑敢審查第一屆中國中青年哲學工作者最新成果交流會的論文，我的論文入選優秀論文。那次，劉笑敢主動叫住了我，說：「你的論文寫得不錯，張（岱年）先生很肯定。」這溫馨的夫妻攜子場面，曾經讓我為劉笑敢教授祝福。但是，後來聽說劉教授放棄了北京大學哲學系的工作赴美後，這和諧的場面事與願違而相繼破滅了……我後來再也沒有見到過他。雖然最近幾年劉笑敢教授到了香港中文大學工作後，他和國內學術界來往很密切，但是我卻已經脫離了中國哲學界。我最後一次出席中國哲學的學術會議是二〇〇〇年在北京舉行的國際中國哲學大會。那次大會上，我還見到了多年不見的我的一個老師、忘年交的朋友，馮友蘭先生的學生金春峰教授。當然，還有伍雄武教授等人。我們也是多年不見了。

——從此以後，我不再是中國哲學、思想史學界的一員了。我發誓！

這時，那個中年男人端著茶走進三松堂，送給馮先生，也給我放了一杯。我理解這是要送客了。才開始一會兒，我很珍惜這段短暫的時間。就主動說：「馮先生，我可以再打攪您幾分鐘嗎？」馮先生說：「沒關係，你平時也沒機會來。你家住哪裡？你在哪裡上班？」馮問。

「我現在在鐵路電氣化學校文史教研組上班，我家住昌平縣南口鎮。今早坐火車過來的。」我答。

「辛苦了。我信中告訴你不必要來了。趙自強先生準備哪天來北京？」馮問。

「他老人家等我把今天的情況向他彙報後，看您的身體和時間安排，他再決定。」我答。

「你現在怎麼研究《周易》呢？」馮問。

「馮先生，我只是想從文化人類學和發生認識論角度，結合考古和古文字學的材料，重新審查卦爻辭。計畫撰寫一本書。」我答。

「你找過張岱年老師嗎？」馮問。

「我給他老人家寫了信。還沒去呢。我想下週去。」我答。

「過去，郭老這麼研究過。結論不一定合適，但還是值得關注。你知道沈有鼎嗎？」馮答。

「聽說過沈先生。不認識。」我答。

「他兄弟三個，名字分別叫乾、坤、鼎。他懂《周易》，邏輯學家。」馮答。

「我會拜訪他老人家的。馮先生，謝謝您接見我。」我看到馮先生臉上微泛出倦意，意識到我該走了。

「我會把今天您的全部指導轉告兩位先生，請您多保重。」我說。

這時候，宗璞老師走了進來，我立刻起身告辭。宗璞老師對我微笑著送別。我最後看了一眼馮先生，他頭微微後靠在黑色沙發背上，和胸前的銀鬚形成鮮明對比。

走出馮家，我到北大未明湖，找湖邊一個安靜的地點坐下，望著湖水，仔細回憶著剛才的每一個對話和場景。匆匆在日記上寫下了幾句要點。中午，在清華園火車站附近的小飯館吃完午飯，坐公共汽車返回位於南口鎮的北京鐵路電氣化學校文史教研組的辦公室中。我立刻給趙自強先生寫信，詳細彙報了我的拜訪馮先生之行。同時，也給張岱年先生、任繼愈先生和錢鍾書先生寫信，要求來拜訪他們。

第九章

白鳥庫吉請教
陳寅恪中亞史傳說考

陳哲三《陳寅恪先生軼事及其著作》一文中，自稱是引述其師，原清華大學國學研究院學生藍文徵的原話：

民國二十二年我在日本，有天在東洋文庫吃飯，飯後大家閒談，白鳥庫吉稱我「藍君」，我心裡很不舒服，我在東北大學已當了好多年教授，不稱我「藍教授」也當稱我「藍先生」，但我不好表現出來。當時，和田清跑東北，回來拿了一張中國的地契，說是三百年前明末的東西，讚歎不絕，大家傳觀，傳到清水博士，他遞與我先看，我看過了又交與他，他看了問我意見，我答以「此非明末文件，而是光緒時文件，和田以為是弘光，我看是光緒，寫地契的人寫錯了，把緒字的糸旁寫成弓，把者寫成了ㄙ，如此而已。」白鳥坐在對面不遠，聽到了，很驚訝，他要我再看看，我業已看過，我不再看。但說：「這紙是清末流行東北的雙找紙，又厚又粗，不是明紙；錢的單位用吊，這是清制，明制為貫或緡，它的格式為清末至今通行的格式。」白鳥點頭，和田清過來和我握手致謝。白鳥又說：「藍君，你認不認得陳教授？」我答：「是不是陳援庵先生？」他說：「不是，是陳寅恪先生。」我說：「那是恩師。」白鳥一聽馬上隔桌趨前伸過手來。白鳥在日本史學界，被捧得如太陽，如何對陳先生如此佩服、尊敬呢？他說了，他研究中亞史問題，遇到困難，寫信請教奧國學者，覆信說向柏林大學某教授請教，而柏林大學的覆信說應請教陳教授，當時錢稻孫度春假來日，正住隔房，他說可以代為求教陳教授，錢的春假未完，陳教授的覆信已到，而問題也解決了。他說如無陳教授的幫助，可能至死不解。[1]

此說在學術界流傳之廣，不是藍文徵、陳哲三師徒所能預想的。在學術界和朋友們談起陳寅恪時，大家總要談起上述故事。蔣天樞在《陳寅恪先生傳》一文中也說：

> 民國二十二年（一九三三），先生四十四歲。本年，有《覆錢稻孫書》，內容為答覆日本學者白鳥庫吉詢問有關中亞史問題。[2]

然後，蔣天樞又將上述內容引用一遍。並說：

> 不識當日錢將此信原封給白鳥庫吉，還是使白鳥錄副而自將原信留起？如能獲原手跡，將可存寅恪先生一段重要文獻。[3]

一番誠心，感人之至！此故事還被汪榮祖引用在他的《史家陳寅恪傳》[4]等書中，而後又被他解釋成為 W. Perceval Yetts 解答中國碑文之事。

陳寅恪再傳弟子、臺灣東海大學教授陳哲三

---

1 最早刊於藍文徵《清華大學國學研究院始末》一文附錄。《傳記文學》，第十六卷第三期，一九七〇年。

2 蔣天樞《陳寅恪先生傳》，收入北京大學中國中古史研究中心編《紀念陳寅恪先生誕辰百年學術論文集》，北京大學出版社，一九八九年，四五頁。

3 蔣天樞《陳寅恪先生傳》，收入北京大學中國中古史研究中心編《紀念陳寅恪先生誕辰百年學術論文集》，北京大學出版社，一九八九年，四五頁。

4 汪榮祖《史家陳寅恪傳》，臺北聯經出版事業公司，一九八四年，七一頁。

這樣的故事顯然是中國的讀者所熱衷的。於是，就有了岳南的《陳寅恪與傅斯年》一書中的如下驚人言論：

後來名噪一時，且與陳寅恪在學術上交過手的東洋史代表人物白鳥庫吉，就是利斯指導的史學科第一屆畢業生。[1]

真是「女媧煉石已荒唐，更向荒唐演大荒！」作家的想像力實在太豐富而出色了。真不知道陳氏何時曾與白鳥庫吉「交過手」？！

接下來，我們將對文中涉及到的藍文徵、陳哲三、白鳥庫吉等人逐一介紹和考證。

首先是藍文徵。

藍文徵一九二七年八月八日，考入清華學校研究院。當年錄取新生十一名，如下：葛天民、羅根澤、藍文徵、蔣天樞、門啟明、馬慶霱、葉去非、王省、吳寶淩、儲皖峰、張昌圻。

藍文徵一九二九年畢業。隨後遊學北平一年，其後任教於東北大學。一九三一年九一八事變爆發後，藍文徵隻身逃入山海關內，任教於青島女中。一九三三年，他赴日留學，入早稻田大學研究院學習政史。一九三七年回國後，歷任東北大學歷史系主任、教授、代理文學院院長，西北大學歷史系主任兼訓導主任，重慶北碚國立編譯館編纂。一九四六年三月出任國民政府立法院第四屆立法委員。同年，他在重慶商務印書館出版了學術著作《隋唐五代史》。一九七〇年，該書在臺灣重印。一九四八年三月，出任行憲第一屆立法委員，兼上海復旦大學、南京中央政治大學教授。一九四九

1 岳南《陳寅恪與傅斯年》，陝西師範大學出版社，二〇一一年，二六頁。

年十二月赴臺灣，歷任臺灣師範大學、政治大學、臺中私立東海大學兼職教授。一九七六年一月二十五日，藍文徵在臺中病逝。

可見，留日前的藍文徵，在東北大學工作不過一年而已，職稱並不是「教授」。這裡所謂的「民國二十二年我在日本」，也即一九三三年，當時他在日的身分是留學生。這裡的所謂「我在東北大學已當了好多年教授」顯然並不準確。

其次再說陳哲三。

陳哲三一九七三年畢業於臺灣東海大學歷史系，師從藍文徵，取得碩士學位。先後任逢甲大學歷史系副教授、教授。現任東海大學歷史系教授。著有《臺灣鹿谷發達史》、《臺灣史論初集》、《鄒魯研究初集》、《問學與師友》、《讀史論集》等。他是一位研究臺灣史和民國史的專家。

最後就需要介紹日本學者白鳥庫吉。

白鳥庫吉，一八六五年三月生，卒於一九四二年四月。千葉縣茂原市人。日本近代東洋史學奠基人之一和學術領袖。一八八七年，白鳥庫吉考入東京帝國大學新設的史學科，師從德國史學家Ludwig Riess教授，開始接受蘭克學派實證主義史學的教育。一八九〇年，從東京大學文學部史學科畢業後被聘為學習院大學教授。一九〇〇年，他取得東京帝國大學文學博士學位。一九〇一年開始，他赴歐留學。遍訪英、法、德、俄、匈、奧、意、荷、美等國。一九〇四年，他就任東京帝國大學文科大學教授。一九一九年，當選為帝國學士院院士、東宮侍講。一九二四年，任東洋文庫研究部長。白鳥庫吉的研究領域涉及亞洲的歷史、民俗、神話、傳說、語言、宗教、考古等方面。精通多種古代民族語言和歐洲語言，為日本西域史研究第一人。日本明治、大正和昭和時代的許多歷史名家，均出自其門下。如：津田左右吉、原田淑人、池內宏、加藤繁、後藤朝太郎、和田清、榎一雄等等。岩波書店出版了十卷本《白鳥庫吉全集》。其中一、二卷為日本上古史研究，三卷為朝鮮史研究，四、五卷為塞外民族史研究，六、七卷為西域史研究，八、九卷為亞洲史論，十卷為雜纂其他。

然而，令人遺憾的是，白鳥庫吉向陳寅恪請教中亞史的故事抑或出自藍文徵或陳哲三師生的「作古」，實際上並無此事存在。考證說明如下：

其一、十大卷《白鳥庫吉全集》中關於所謂中亞史問題的論文只有一篇《中亞史上的人種問題》。而該篇論文只是一次學術演講，文字很短。以當時東洋史研究所達到的水準來看，實在談不上有何新意或獨見，引用的資料也很一般。類似水準的文章，當時一個東洋史專攻的研究生就可以寫出來。根本找不到那個使東洋史學祖師爺「可能至死不解」的問題存在。

其二、既然白鳥庫吉有勇氣向被他稱為「藍君」的人說明此事，而他又有記日記的習慣，那麼在他的日記中、文章中、書信中記錄此事，是順理成章的。然而在白鳥庫吉的日記、文章、書信中並無有關此事的一點記錄。不只如此，連所謂奧國、柏林大學的學者回信也沒有。藍文徵所說在場人有和田清、而此說的起因又是由和田清而來。筆者向和田清的後人二公

東洋史學東京學派創始人白鳥庫吉

子和田博德和女婿神田信夫進行了調查。他們在筆者寫出《調查委託書》之後，特地向保存和田清日記和來往書信的——神奈川縣茅ヶ崎市檔案館寫了《調查同意書》，但遺憾的是：在和田清保存至今的全部日記和來往書信沒有對此事的一點說明。

其三、把「弘光」誤寫成「光緒」的可能性是不會存在的。因為「弘光」和「光緒」的「光」字前後位置不同，他還不如說是清代「道光」年的東西，至少「光」字的位置是一樣的。而「緒」字中的「者」字即使在草書中也不會被寫成「ム」。

其四、以上內容是出自陳哲三先生之口，而藍文徵先生發表的文章中並無對此事的記載。錢稻孫本人也從無此類說明文章發表，錢稻孫的女婿，陳寅恪的學生和同事、又曾任過中山大學歷史系主任的劉節也無此類說明文章發表。

其五、在茶飯之餘的學術發言上，日本學者以至中國學者並無握手和伸手道謝的習慣。因為口頭上的發表觀點是一種交流，而不是為人授業、解惑，即使發言人講得再正確。陳哲三先生文中所引述的藍文徵一發言就引來了日本東洋史學祖師爺白鳥庫吉和東京大學東洋史主任教授和田清的握手和伸手致謝，完全是小說家之流的描寫。既使對陳寅恪很尊敬的白鳥庫吉、和田清二人，在與陳寅恪的來往中也從無向陳先生握手和伸手致謝的現象，因為日本學者在表達尊敬時從來都是鞠躬！而那次的「有天在東洋文庫吃飯，飯後大家閒談」應該是指在東洋文庫進行的每月一次的東洋史研究談話會，類似的談話會至今仍有，但地點是不固定的。

其六、不難看出，上文的中心內容要表達的並不是日本學者如何尊敬陳寅恪，而藍文徵如何教訓了一次稱他為「藍君」而不是「藍教授」或「藍先生」的白鳥庫吉，以此化解了一下他的「心裡很不舒服」的感覺。其實，藍文徵誤解了白鳥庫吉的用意了。按照日本的習慣：白鳥庫吉對作為自己的學生和晚輩的和田清、以及和田清的學生和下屬、被和田清約請來的訪問學者只能稱「某某君」，並無一點不敬之意。只有被白鳥庫吉自己約請來的訪問學者，他才有可能稱其為「某某先生」。藍文徵更誤解了日本的稱謂習慣：在日本對一切從事教學工作的人一律稱「先生」——不管「先生」的職稱是教授還是講師。因此，「不稱我『藍教授』也當稱我『藍先生』」之說是以中國的「先生」和「教授」的區別來理解日本的「先生」一詞的內涵才出現的誤解。

其七、藍文徵一九二七年在清華大學國學研究院學習一年，一九三三年來日，此間並無任職東北大學教授的記錄，何談「在東北大學已當了好多年教授」？

其八、當時任職東洋文庫的歷史學者石田幹之助也不知道有此事。東洋文庫研究部長榎一雄證明當時並無白鳥庫吉和錢稻孫住為鄰居的現象。（此條證據是東京大學東洋文化研究所池田溫向筆者提示的，池田先生並以《陳寅恪先生與日本》一文見贈，在此向池田先生致以謝意。）

再看所謂的「柏林大學教授覆信說」云云。從日本到奧國，再到德國，得到的答案卻是去請教中國的陳寅恪。而當時的歐洲漢學的大師們是否就已經知道陳寅恪的名聲呢？非也。一九三一年的吳宓日記就記載了「Maspero 竟不知陳寅恪」一語。[1]甚至當伯希和三〇年代來華訪問時，他認為當時中國史學最好的學者是陳垣，而非陳寅恪。因此，一九三三年前後的陳寅恪，在歐洲還沒有達到他在一九四五年前後的知名度。

1 《吳宓與陳寅恪》，清華大學出版社，一九九二年，七八頁。

再看日本學術界是怎麼看待這一傳說的。

池田溫主張：

對於此一傳聞，榎一雄氏曾在一文中表示懷疑。因為在《白鳥庫吉全集》十卷中未有一處提及陳寅恪之名，亦未聞錢氏有與白鳥鄰居之事。從白鳥博士生平可以判斷並無請人向外國學者詢事之可能性。[1]

就此文章，我曾請教了余英時先生。他答覆說：

關於陳哲三傳述藍文徵的話，你費了太多的筆墨。在一件並無史料價值的文件上，頗嫌小題大做。陳寅恪有沒有為白鳥庫吉解答中亞史上的問題，其本身便無足輕重。藍的口述屬於既無可證實，也不可能絕對否認的一類。這是所謂「傳語不實，流為丹青」的「物語」。大概你早年所得的印象太深，以至於把此傳說看得太重要。蔣天樞先生收此傳說於《編年事輯》中出於師生之情，這是可以理解的。但也不必深責。從嚴格的方法論角度說，你在十卷本白鳥全集中找不到，或向有關日本學人處打聽不到這件事，最多只能得到「此事可疑」的結論，然而不能絕對否定此事或有某種事實的背景。此文非藍文徵所寫，陳哲三轉述自可有誤。

因此，我在反覆理解和領會了余英時先生的這一觀點的史料學意義後，在此基礎上，覺得比較穩妥的結論是：陳哲三轉述其師藍文徵所謂的白鳥庫吉向陳寅恪請教中亞史問題，事實存疑。我個人傾向於此說是藍文徵的「作古」，可能並無其事存在。其原型或許就是因為「稱謂問題」的不愉

1 《紀念陳寅恪教授國際學術討論會文集》，中山大學出版社，一九八九年，一二五頁。

快而引起的。

其實，白鳥庫吉還有一部論文集，即著名的《塞外民族史研究》，其內容涉及到了所謂的中亞史研究。該論文集目錄如下：

弱水考
突厥闕特勤碑名考
契丹女真西夏文字考
黒龍江の異名について
唐時代の樺太島について
オランカイ及び刀伊の名義に就いて
可汗及び可敦稱號考
周代の戎狄について
亜細亜北族の辮髪に就いて
匈奴の休屠王の領域と其の祭天の金人について
夫余國の始祖東明王傳説に就いて
《東韃紀行》の山丹について
海西女真に就いて
満洲地名談

附　好太王の碑文に就いて

滿洲地名の解釋

金の上京に就いて

奴兒干と山韃ごえ

蒙古の古傳説

羽田學士の所説に就いて（公演要旨）

單于に就きて（講演要旨）

突厥王庭鬱督軍山の位置とその名稱について（講演要旨）

辮髪に就いて－竹崎季長の「繪詞」に現はれた蒙古人の辮髪女真の稱號勃菫、勃極烈に就いて（講演要旨）

渤海國に就いて（講演要旨）

渤海史上の難問題に就いて（講演要旨）

滿洲の地理を論じて渤海の五京に及ぶ（講演要旨）

突厥及び蒙古の狼種傳説（講演要旨）

以上論文中，涉及到中亞史研究的是：《突厥闕特勤碑名考》、《匈奴の休屠王の領域と其の祭天の金人について》、《突厥王庭鬱督軍山の位置とその名稱について》、《突厥及び蒙古の狼種傳説》等，但是完全不存在那個使東洋史學祖師爺「可能至死不解」的問題存在。

第十章

駐港日軍照顧陳寅恪生活考

在陳寅恪駐港期間，有一個至今未解之迷，即所謂駐港日軍照顧其生活並拉攏他撰寫教科書之傳說。

見《也同歡樂也同愁》一書的記載：

二月中旬舊曆年底（一九四二年二月十四日為辛巳年除夕），有人送來整袋麵粉，父母因來路不明不肯接受，在家門口推進推出，最後來人扔下麵粉就跑了。[1]

先考證這一記載的真實性。

一九四一年十二月二十五日日軍佔領香港後，從一九四二年一月一日至一九四四年四月十五日施行了所謂的「糧食配給制度」。這一糧食配給制度主要內容是：

一、禁止香港糧食市場自由交易，在港居民一律憑米票購買定期、定量大米。過時作廢。

二、日軍在港雇員每月可以得到贈送大米和罐頭，用於獎勵配合日軍工作的在港華人和英人。

三、發行日本軍票和郵票，限制使用港幣、英磅和郵票。要求在港居民限期將手中港幣和英磅全部兌換成日本軍票，過期發現存有港幣和英磅者，一律沒收。

四、兌換比價由總督部公布。[2]

駐港日軍施行糧食配給制度後的第一次送大米時間為一九四二年一月十七日。這可見《陳君葆日記全集》一九四二年一月十七日的記錄：「午後送米來，三包。領米回家後即拜祖先，家人見米

1 《也同歡樂也同愁》，三聯書店，二〇一〇年，一六四頁。

2 資料來源於我在日本時親自閱讀到的日本某軍國主義團體出版的舊日軍回憶錄及有關檔案。出於對日本右翼團體所謂「文獻資料真實性」的抵觸，我一律隱去材料來源，所有材料已經經過我篩選和整理，我只採納其統治時期的經濟資料，作為參考。

的問題已有著落，均喜形於色」。[1]同年二月二十七日的日記記載了第二次送米：「今日見肥田木隊長，當即解決午飯問題，由渠發給白米一包，罐頭二箱，鹽一包，糖若干斤作食糧。另糙米一包作為換燃料之用。」[2]從當年三月十六日開始，發送大米的工作由陳君葆負責。

又見《陳君葆日記全集》一九四二年二月二十八日記錄了當時的日軍隊長肥田木帶領著漢學家岩村忍等人，一起來到圖書館，給大家送米和肉罐頭的經過。而且，一九四二年四月二十二日的日記中特別記載：

> 劉、孫二人昨攜米十六斤、罐頭肉類七罐與陳寅恪。今日回來有告陳近況。據說他已挨餓兩三天了。聞此為之黯然。[3]

劉即劉草衣，孫即孫述萬。當時任職於香港大學圖書館、即日軍駐港期間的偽香港圖書館。當然這些米和肉罐頭全部來自日軍的發放。為此，二月二十七日，陳寅恪回贈他「衣料一件、信箋一盒」作為答謝。請注意：按照當時國民政府的定義：此時的陳君葆顯然屬於在偽政權下任職的高層人員，絕對可以定性為「漢奸」的。

因此，真實的糧食發放種類是大米和肉罐頭。幾乎沒有麵粉。因此，《也同歡樂也同愁》一書記載的「有人送來整袋麵粉」，應該是「有人送來整袋大米」。

接下來的問題：駐港日軍是怎麼知道陳寅恪在那裡的呢？

---

1 《陳君葆日記全集》，香港商務印書館，二〇〇四年。
2 《陳君葆日記全集》，香港商務印書館，二〇〇四年。
3 《陳君葆日記全集》，香港商務印書館，二〇〇四年。

當時日軍在香港發行的米票、郵票和軍票

經過筆者的一番分析和考察，發現原來是陳寅恪自己找上門的。具體經過是：

日軍某部看中了此棟樓房的地理位置及樓旁的那片空地，勒令全樓居民，限時搬空，用以駐軍。大家趕緊商量對策，父親因自己通日語，不顧個人安危，與房東及幾位年長者出面和日軍交涉，要求緩遷幾日。[1]

該樓的具體位置是九龍太子道三六九號三樓。

在這裡需要說明的是：當陳寅恪「因自己通日語，不顧個人安危，與房東及幾位年長者出面和日軍交涉」時，他必然要告知日軍自己的職業、身分和為什麼會日語、日語掌握的程度等基本身分情況，這是當時日軍處理中日民間糾紛的基本

1 《也同歡樂也同愁》，三聯書店，二〇一〇年，一六二頁。

當時的九龍英皇太子道全景照片

模式和程序。我們只要驗證是否存在「日軍某部看中了此棟樓房的地理位置及樓旁的那片空地，勒令全樓居民，限時搬空，用以駐軍」這件事情就可以判斷這一記載的真偽了。

證據可見《陳君葆日記全集》，如下：

一九四二年四月二十三日

昨日的計畫，想設法替寅恪在港大的住宅找個住的地方。[1]

這條看似普通的記錄卻告訴我們這樣一個大問題；當時的陳寅恪在香港的住宅遇到了大的問題了！什麼問題呢？即「日軍某部看中了此棟樓房的地理位置及樓旁的那片空地，勒令全樓居民，限時搬空，用以駐軍」。將兩條歷史記載組合一起，我們可以還原出真實的歷史過程：陳寅恪一方面直接找日軍勸說緩幾日搬出，一方面找陳君葆解決搬出後的住處問題。談判交涉的結果是可以寬限搬出日期，不久這隊日軍調防他處，全樓才平安無事。[2]

接下來，我們再驗證「有人送來整袋大米」的「有人」是誰？

經過筆者的由於上述考證，可以知道：由於住房的搬遷問題，會日語、曾兩次留學日本的港大教授陳寅恪的真實身分澈底暴露了，這才有了「有人送來整袋大米」照顧的陳寅恪在港生活的問情況。

最直接的證據是：《陳君葆日記全集》一九四四年二月十九日的記載，回答了「有人送來整袋

1 《陳君葆日記全集》，香港商務印書館，二〇〇四年。
2 陳美延《童年回憶點滴》，《紀念陳寅恪先生百年誕辰學術論文集》，北京大學出版社，一九八九年，八〇頁。

大米」的「有人」是誰這一大問題。如下：

下午三時許到東亞研究所赴小原的約。先是我對松原說，松榮此君，前曾聞馬鑑屢道其人……松榮前曾努力過中日文化協進的工作，而且曾幫忙過不少中國文化人。如從前他曾送過米給陳寅恪。

問題到此為止可以說已經解決了。「有人送來整袋大米」的「有人」是日軍駐港當時負責「東亞文化協會」的松榮。但是松榮只是個姓，名字則不詳。我們按照當時的駐港「東亞文化協會」的人多是內藤弟子的實際情況來考慮，松榮可能也是出自內藤湖南門下。

按照松榮個人的自述，他還特別資助過生物學家林紹文教授。而林紹文是著名水產學家，一九三三年從美國獲得博士學位回國後任廈門大學教授。而後出任青島大學教授。何時到了香港不詳。但是，林紹文獲得資助後離開香港，就再沒有和松榮聯繫，這引起了松榮的極度不滿，他甚至向陳君葆發洩。

日軍給陳家送大米的事，又見陳哲三《陳寅恪軼事及其著作》一文：

大概有日本學者寫信給軍部，要他們不可麻煩陳教授，軍部行文香港司令，司令派憲兵隊照顧陳家，送去好多袋麵粉，但憲兵往屋裡搬，陳先生陳師母往外拖，就是不吃敵人的麵粉。[1]

這裡又出現了所謂的「大概有日本學者寫信給軍部，要他們不可麻煩陳教授」猜測之辭。筆者

1　《傳記文學》）第十六卷第三期，一九七〇年。

曾疑心此事出自當時的東京帝國大學東洋史主任教授和田清博士之手。

一九九五年七月二十五日，筆者給和田先生的後人和田博德教授和女婿神田信夫教授寫了信。主要請教以下兩點問題：

其一，陳寅恪先生與和田清先生之間的往來通信，至今還有沒有保存？如有，請介紹一下具體內容。其二，一九四二年，陳寅恪駐港期間，是和田清先生還是白鳥庫吉先生曾給日本軍部寫信，要求照顧他在港的生活和安全？此事的詳細過程，至今中國學界無人知道詳細情況，特來求教。

和田清的後人和田博德教授親自給我回信，並且查找了部分原始資料，其中，一九九五年八月五日神田信夫教授的回信中說：

ご來示の陳寅恪先生と和田清先生との關係の件ですが，小生遺憾ながらそのような事實を承知しておりません。然しその可能性は充分あると考えられます。詳しくは和田博德教授より回答があると存じます。なお白鳥庫吉先生は一九四二年三月に逝去され，當時病床に在ったのでこの件には關係が無いと思います。

現在將該信翻譯成中文如下：

您來信詢問陳寅恪獻身和和田清先生之關係的問題，很遺憾我並不知道。然而，考慮到這件事情存在的可能性，詳細內容可以等和田博德教授回覆。其中，白鳥庫吉先生一九四二年三月逝世，我想在香港出現日軍送大米照顧陳先生的時候，白鳥先生已經臥床不起了，大概與此無關。

作為女婿的神田教授，他並沒有聽說這件事。但是他考慮到在他與和田清的女兒結婚之前或許存在過這件事情，他建議我等待和田清之子、和田博德教授回信中的答覆。但是，他明確否定了此事和白鳥庫吉之間的關係。

一九九五年八月六日和田博德教授在回信中告訴我：

和田清は第二次世界大戰中に中國へ侵攻した日本軍が押收した中國の貴重な文物の中國への速やかな返還を迫った事實があります。これは和田清が中國を尊敬し，その歷史と文化に限りなき愛情を抱いていた故ですが。當時日本軍部の勢は強大であったので，此のような事をするのは甚だ勇氣の必要なことでした。そのため和田清は東京大學教授の官職を罷免される覺悟さえした程でした。このように和田清は中國文化、學問を護るために勇氣を以て日本軍部へ發言したので，陳寅恪先生の生活と安全を照顧するように香港駐留日本軍へも要求する書翰を送ったものと思われます。

現在將該信翻譯成中文如下：

和田清曾經最先提出「日軍在第二次世界大戰中侵佔中國時搶走的珍貴文物儘快歸還中國」這一事實。這是和田清尊重中國、對中國的歷史和文化懷有深厚感情的緣故。當時日本軍部勢力是非常強大的。出現這樣的事情，需要有很大的勇氣。甚至和田清意識到連他的東京大學教授的職位也可能難以保住了。類似這樣的為了保護中國的文化和學術，和田清先生親自向駐港日軍寫信，提出照顧陳寅恪先生的安全和生活，自然是可能的。

但是，和田博德教授家中没有發現其父留下的相關書信，他建議我去保存和田清的全部日記和文稿的神奈川縣茅ケ崎市檔案館去實地調查。於是，我親自去神奈川縣茅ケ崎市檔案館進行調查。

但是無果而終，沒有發現任何書信和日記等相關證據。至少目前為止，主張「大概有日本學者寫信給軍部，要他們不可麻煩陳教授」之說，缺乏實證。

說到這裡，我不得不很遺憾地說一下陳氏三姐妹的《也同歡樂也同愁》一書並非全是信史。通讀此書，筆者發現了不少失真之處。比如，該書第一六四頁對與陳寅恪離開香港的經過是這樣回憶的：「借到數百港元，因欠債頗多，再以衣物、皮鞋抵債方能上路」。

試問：數百港幣加上衣物、皮鞋抵債，能夠湊出多少錢？全家五口人，不算行李，從香港到廣州的船票或飛機票經濟艙的價格當時就高達每人兩千五百四千元國幣。而那時的港幣和軍票的兌換比如下：

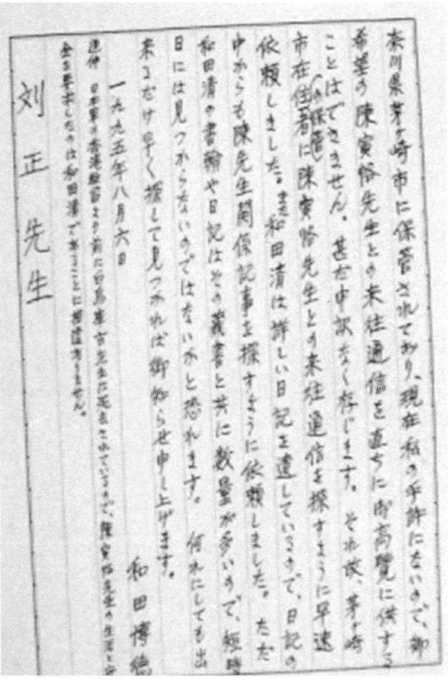

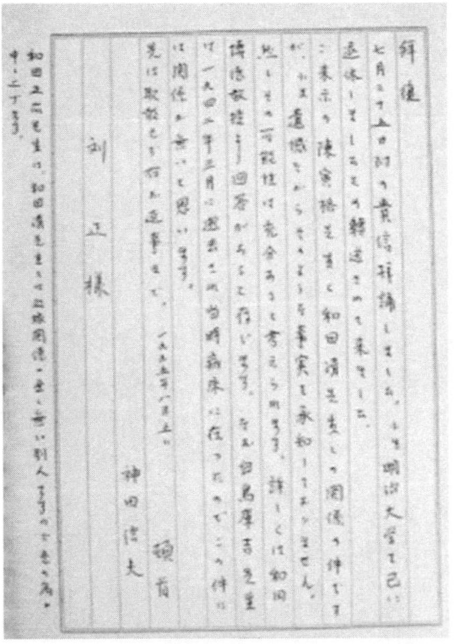

神田信夫、和田博德二教授致劉正回信

一九四一年二至五月港幣和日本軍票兌換情況表

	二月	三月	四月	五月
日本軍票	一元	一元	一元	一元
港幣	二元	三元	四元	四元

此表格為筆者根據我在日本時親自閱讀到的日本某軍國主義團體出版的舊日軍回憶錄及有關檔案中記載的當時的經濟資料，編制而成。出於對日本右翼團體所謂「文獻資料真實性」的抵觸，我一律隱去材料來源。

一九四一年二月十二日，陳氏在致傅斯年信中也承認：

> 通計載運人身及搬運行李，據最近車船夫轎之價，約近四、五千元國幣，若此能設法籌出，或者於五、六月，敝眷及弟全部可由港至廣西……

請注意：「約近四、五千元國幣」就可以「敝眷及弟全部可由港至廣西」了，而實際上，根據筆者掌握的史料，陳氏離港前，他至少收到五筆鉅款，才得以支持他帶領全家人離開香港。五筆款項如下：

1. 高廷梓匯款一萬元國幣。
2. 杭立武第一次匯款五千元國幣。
3. 第二次杭立武又匯款五千元國幣。
4. 傅斯年匯款一千五百元國幣。

5. 俞大維匯款一萬元國幣。

這五筆匯款總數已經達到了三萬一千五百國幣！那麼，陳氏是否存在多要回國匯款的問題？日後他和傅斯年之間產生矛盾並多次自稱自己「好利」等怪異信函，是否存在著傅氏讓他返回國家匯款的問題？

可是，陳氏三姐妹的書卻告訴我們「借到數百港元，因欠債頗多，再以衣物、皮鞋抵債方能上路」。我們怎麼能不遺憾地說一下，她們說的和事實有些出入。因為她們這一說直接來自於其父陳寅恪一九四二年六月十九日致傅斯年的信：「忽於四月底得意外之助，借到數百港元，遂買舟至廣州灣，但尚有必須償還之債務，至以衣鞋抵值始能上船。」[1]一九四二年八月一日，他在致傅斯年的信中再一次說：「忽得接濟，重返故國」。[2]陳寅恪居然在前後兩封信中公然對傅斯年作了隱瞞！顯然，他以為傅斯年並不知道高廷梓、杭立武和俞大維給他匯過款之事，甚至也不提朱家驊和杭立武出面組織的對他營救活動，而只是輕描淡地以一句「忽於四月底得意外之助」而匆匆帶過，讓筆者倍感驚愕和震驚！奈何陳氏對各位出資出力幫助過他脫離險境的人如此絕情？！他為何要對傅氏隱瞞他收到了多筆匯款這一事實？

為了進一步說明真相，有必要公布一些當時幾個真實的經濟資料：

截止到一九四二年春，香港一雙新牛皮皮鞋價格：六元港幣。

1 《陳寅恪集．書信集》，三聯書店，二〇〇一年，八七頁。
2 《陳寅恪集．書信集》，三聯書店，二〇〇一年，八九頁。

駐港華裔高級雇員工資是月薪：兩百元軍票／包食宿。兩百二十元軍票／不包食宿。

駐港華裔普通雇員工資是月薪：六十八元軍票。

駐港華裔教師工資是月薪：一百五十兩百八十元軍票。

大米價格是每斤三十錢軍票，黑市價格是三元軍票。

一個金元寶可以兌換五百大洋。一元軍票可以兌換四元港幣……[1]

如果真的存在「至以衣鞋抵值始能上船」的情況，那麼其值尚不到五港幣！陳寅恪製作這一故事時絕對不會想到五、六十年後有一名敬仰他的中國留學生，利用他的論著中對社會經濟史的關注，如此這般的考察和分析了他的上述信函內容的真偽性問題。

筆者以為，陳氏三姐妹和陳氏弟子熱衷於宣傳的卻是：在港期間陳寅恪不食日本人大米或麵粉，顯然這也是不符合事實的。因此，我再次特別強調：日軍佔領香港後，立刻施行了全港糧食配給制度。陳君葆和日本特務松榮等人多次給陳家送米送罐頭。雖然最初曾發生過拒絕接受的現象。但是，在接受了陳君葆代表日本軍隊給他的大米後，他還回贈薄禮給陳君葆。以後，他的確接受了松榮的送米送罐頭，維持生計。當時，接受松榮送米的還有戴望舒、葉靈鳳等在港文化人。在不吃就面臨著全家被餓死的情況下，請不要奢談什麼「餓死也不吃日本人的大米」或者「就是不吃敵人的麵粉」這樣無關痛癢的話。因此，我特別強調：在那個艱難困苦的惡劣環境下，在沒有食品就要面臨全家餓死的情況下，請不要奢談什麼「餓死也不吃日本人的大米」這樣無關痛癢的話。我們不

---

1 資料來源於我在日本時親自閱讀到的日本某軍國主義團體出版的舊日軍回憶錄及有關檔案。出於對日本右翼團體所謂「文獻資料真實性」的抵觸，我一律隱去材料來源，所有材料已經經過我篩選和整理，我只採納其統治時期的經濟資料，作為參考。

需要人為地塑造一個又一個的「餓死也不食美國人麵粉」的朱自清們。其實，接受贈米和謀求職位都是在當時的惡劣環境下的一種求生行為，只要沒有出賣國家和民族利益，就不該過多指責，也不需要過分拔高到所謂的「餓死也不吃日本人的大米」或者「就是不吃敵人的麵粉」之類的「民族氣節」的地步。

因此，研究近現代人物傳記，尤其不能百分之百地使用被研究者直系親屬和後裔的口述材料，這裡就是個典型的例子。如果非要使用這些口述，必須先經過史料和文獻的驗證後，才可以放心使用。一旦無法驗證，寧可不用，絕不濫用。[1]試想：當時陳氏三姐妹尚在年幼，而如此大事，陳氏夫婦萬萬不可能如實地向三個女兒作出陳述，因此才出現陳氏三姐妹至今也不明白當時自己的父母手裡究竟有多少錢。顯然，陳氏三姐妹是看了其父的這封信後才繼續堅持此說的。

與此同時，同樣也是身陷偽政府下的容庚教授，卻沒有陳寅恪那麼幸運：沒有人想要營救他，也沒有人想給他匯款幫助他逃離北京，可是他卻成了收復北京後首先被整肅的對象，而力主要嚴懲他的正是傅斯年。這怎麼能讓容庚內心服氣？難怪陳、容二人解放以後關係日趨緊張，他們兩個人內心的「結」是很深很大很複雜的……

1 筆者在撰寫民國名人《民國名人張壁評傳》一書時，曾經親自採訪了張壁的後代，他們告訴我：張壁曾經保留著蔣鼎文給他的委任狀。筆者一直不敢相信此說。直到筆者在第二歷史檔案館中查找到了原始檔案，證明了此說的真實性，筆者才敢在《民國名人張壁評傳》一書中大膽地使用張氏家族的口述。

第十一章

港督磯谷廉介與陳寅恪關係考

一九四一年十二月日軍進攻英國殖民地香港。十二月二十五日，香港總督楊慕琦向日軍投降。一九四二年一月，日本設立「香港占領地總督部」。日本外務大臣東鄉茂德建議首相東條英機起用日軍中著名的「支那通」磯谷廉介，任命他為香港總督。於是，一九四二年二月二十日他正式上任。一九四四年十二月二十四日，磯谷廉介調任臺灣行政司長，香港佔領地總督一職改由田中久一接任。

一九四二年六月十九日，陳寅恪致傅斯年、朱家驊、葉企孫、王毅侯四人信中說：

……弟當時實已食粥不飽，臥床難起，此僅病貧而已；更有可危者，即廣州偽組織之誘迫。陳璧君之凶妄，尚不足甚為害，不意北平之偽北京大學亦來誘招，香港倭督及漢奸復欲以軍票二十萬（港幣四十萬）交弟辦東亞文化協會及審定中小學教科書之事，弟雖拒絕但無旅費離港，其苦悶之情不言可知……[1]

可是，這封信讓筆者十分不解，原因如下：

首先，所謂「不意北平之偽北京大學亦來誘招」之事，按照現在已經公布的陳氏書信來考察，應當即一九四一年八月二十六日陳氏致傅斯年信中所說明的：「同時接北大文科研究所不移川之信，故致函北大請其資助旅費，得今甫轉告可助三千元。」[2]這應該是後來發生「不意北平之偽北京大學亦來誘招」的直接起因。

其次，對於所謂「香港倭督及漢奸復欲以軍票二十萬（港幣四十萬）交弟辦東亞文化協會及審

1 《陳寅恪集．書信集》，三聯書店，二〇〇一年，八四頁。
2 《陳寅恪集．書信集》，三聯書店，二〇〇一年，七七頁。

定中小學教科書」之事，一九四二年二月二十日，「香港佔領地政府」登場，由磯谷廉介出任「香港總督」。政府總部設於香港島中環的香港匯豐總行大廈，半島酒店則改為軍方總部。總督部成為了當時香港最高的行政機關，亦是日本戰時內閣的直轄機構之一。為了達到「以華制華」的目的，在香港也成立了「華民代表會」及「華民各界協議會」兩個組織。華民代表會為總督的諮詢機構，有委員四名：羅旭和、劉鐵誠、李子方及陳廉伯。華民各界協議會則有委員二十二名：主席周壽臣，副主席李冠春，委員董仲偉、葉蘭泉、伍華、羅文錦、斯啟東、淩康發、林建寅、李忠甫、郭贊、陸靄雲、周耀年、郭泉、王德光、譚雅士、王通明、鄧肇堅、顏成坤、黃燕清、馮子英、章叔淳，負責向華民代表會提供意見。而陳君葆則是當時香港圖書館的中方實際負責人。

日本方面則立刻設立了「東亞文化協會」和「東亞研究所」。並且日本駐港當局開始積極推廣日化教育和日式建築。日語成為了主要的教育課程，中小學每星期必須教授日語四小時，英語則被禁止使用。當時使用的中小學教科書就包括《新生香港》、《興亞進行曲》、《從香港到東京》、《日本刀》、《忠靈塔》、《日本的體育》等偽教科書。

——因此，如果真的存在「香港倭督及漢奸復欲以軍票二十萬（港幣四十萬）交弟辦東亞文化協會及審定中小學教科書」之事，其時間範圍應該是一九四二年二月二十一日至五月一日之間的六十八天內。因為二月二十一日日軍駐港總督府成立，而五月一日陳寅恪致信陳君葆，說明近日內要返鄉了。

陳君葆日記中記錄如下：

早上接到陳寅恪先生寫給我和季明的信，說他日間要從廣州灣歸鄉，過海後或到平山圖和中文學院作最後一眺望，並謂「數年來托命之所今生恐無重見之緣，李義山詩之他生未卜此生休，言之淒哽。」我當時讀到此不忍再讀下去。[1]

而當時的香港倭督磯谷廉介第一次來香港大學視察並直接插手香港的文化教育事業的管理則是開始於一九四二年三月二十三日，他上午視察香港大學圖書館，下午接見全體教授和學校高層領導。陳寅恪是否出席，沒有任何記錄。磯谷廉介的發言只涉及三個方面：「日中親善、日本王道的儒家來源、勉勵大家努力工作」。[2]全程並沒有單獨接見陳寅恪，更沒有在下午的講話中提到陳寅恪。甚至陳寅恪可能根本就沒到場。

——如果存在「香港倭督及漢奸復欲以軍票二十萬（港幣四十萬）交弟辦東亞文化協會及審定中小學教科書」之傳聞，則時間段又縮小到一九四二年三月二十三日至五月一日之間的三十七天內。當時的《陳君葆日記全集》記錄了最真實的和駐港日軍交往的經過與記錄，為什麼從沒有提到陳寅恪的「香港倭督及漢奸復欲以軍票二十萬（港幣四十萬）交弟辦東亞文化協會及審定中小學教科書」之事？這裡的所謂「漢奸」又是指誰呢？是指陳維周還是指陳君葆？或者是指「華民代表會」及「華民各界協議會」兩個組織的成員？

——最重要的是；筆者在日本所調查和掌握的有關駐港日軍和總督府的現有全部日文資料並沒有任何證據支持此說！

---

1 《陳君葆日記全集》，香港商務印書館，二〇〇四年。

2 資料來源於我在日本時親自閱讀到的日本某軍國主義團體出版的舊日軍回憶錄及有關檔案。出於對日本右翼團體所謂「文獻資料真實性」的抵觸，我一律隱去材料來源，所有材料已經經過我篩選和整理，我只採納其統治時期的經濟資料，作為參考。

而在陳寅恪晚年的《第七次交代底稿》中，則陳述說：「香港為日本所占，只好空坐家中半年。」[1]在當時他本可以繼續說一下他當年如何拒絕了「香港倭督及漢奸復欲以軍票二十萬（港幣四十萬）交弟辦東亞文化協會及審定中小學教科書」之類的愛國先進事蹟以證明他的進步，甚至可以解脫對他的遺老遺少的指控。可是，他卻沒有再說這段故事。

而吳宓在《答寅恪》一詩中注解為「聞香港日人以日金四十萬圓強付寅恪辦東方文化協會，寅恪力拒之，獲免」。[2]此說顯然也出自一九四二年六月十九日陳寅恪致傅斯年、朱家驊、葉企孫、王毅侯四人信中之說。只是日圓的「軍票二十萬」變成了「日金四十萬圓」。

——而且，一九四二年二月二十日在港日偽政權成立時就已經存在了所謂的香港「東亞文化協會」和「東亞研究所」，也存在了經過審定的偽「中小學教科書」，並不需要陳寅恪再去「辦東方文化協會」和「審定中小學教科書」。因此，我個人很懷疑這一傳說的真實性。或許是出於自我保護的需要而故意放出的話題。君不見，一九四二年六月十九日陳寅恪的那封信一下子就寫給了四個人！生怕此信內容流傳不遠之心，可想而知。

而根據夏蓉《香港淪陷後朱家驊組織救助陳寅恪的經過》一文的研究：

國民政府由時任國民黨中央組織部長、代理中央研究院院長的朱家驊出面，設法予以救助，提供經費，並啟用秘密管道，幫助其離開香港。[3]

1 引見卞僧慧《陳寅恪先生年譜長編》，中華書局，二〇一〇年，二〇七頁。
2 蔣天樞《陳寅恪先生編年事輯》（增訂本），上海古籍出版社，一九九九年，一三〇頁。
3 《中山大學學報》，二〇〇六年，第一期，五〇頁。

又見一九四二年三月三十一日高廷梓致朱家驊電：

陳寅恪截至本月中旬尚未赴廣州，偽方四次派要員勸駕，尚不肯走……[1]

可見，當時國民政府擔心的不是他被駐港日軍強拉合作編教科書，而是擔心他被偽北京大學和廣州的日偽政權拉走去當教授。畢竟他的中央研究院研究員的身分，具有濃厚的官方色彩。因此，朱家驊、俞大維等人立刻展開多方的救助行動。見一九四二年五月一日致陳寅恪電：

前囑高廷梓兄匯款一萬元存廝章商務印書館李浩年兄處，並囑杭立武兄已於日前電匯赤坎汽車路十八號信義行陳樂素君五千元，茲再電匯五千元至廝章李浩年處。[2]

再見高廷梓一九四二年三月三十一日致朱家驊電：

關於中央研究院及中基金留港人員消息，二月廿四日電呈各節續有補充，陳寅恪截止本月中旬尚未赴廣州，偽方四次派要員勸駕，尚不肯走。同時經費困迫，致臥病不能起床，情形甚慘。[3]

如此被多次勸駕和被秘密監視，則他脫離香港後，給朱家驊、傅斯年、葉企孫、王毅侯四人回信，感謝國民政府對他的營救活動之外，解釋自己的在港生活狀況和表現才是他此信的真正目的。既然他在信中說他沒有回應偽北京大學和廣州日偽政權的合作要求，那麼這裡出現的真實存在的偽北京大學和偽廣州政府的勸駕，而虛擬的「香港倭督及漢奸復欲以軍票二十萬（港幣四十萬）交弟

1 引見夏蓉論文。《中山大學學報》，二〇〇六年，第一期，五〇頁。
2 引見夏蓉論文。《中山大學學報》，二〇〇六年，第一期，五〇頁。
3 引見夏蓉論文。《中山大學學報》，二〇〇六年，第一期，五〇頁。

辦東亞文化協會及審定中小學教科書」之說，應該是陳寅恪本人只是出於自我保護、解釋在港行為的一個「故事」而已。陳寅恪自己就曾說過：「通論吾國史料，大抵私家著述易流於誣妄。而官修之書，其病又在多所諱飾，考史事之本末者，當能於官書及私著等量齊觀，詳辯而慎取之，則庶幾得其真相，而無誣諱之失矣。」[1]君不見，當時留在北京沒有南下的容庚，一九四五年被國民政府和北京大學開除公職、解聘除名。原因就是他曾任「偽北京大學」的教授。而當時陳寅恪在港身分依然是香港大學教授，這時的香港大學已經成了「偽香港大學」了，以至於朱家驊等人要出面搶救他。

換句話說，此時的陳寅恪準確的身分是「偽香港大學教授」。為此，一九四二年四月二十二日同樣是留學美國的朱家驊親自致電陳寅恪，文中特別點明：「港變以來，無時不以尊況為念，嗣聞倍受艱辛。」朱氏電文中的「港變以來」已經說明當時他對陳氏的身分和現狀是了解的。而《陳寅恪先生年譜長編》則主張：「日本人佔領香港，寅恪立即辭職閒居」，此說顯然非也，有替尊者諱之嫌。因為如果真的「寅恪立即辭職閒居」的話，則根本不可能得到日本駐軍的糧食配給。此說還是來自陳氏本人的自述「只好空坐家中半年」（見《第七次交代底稿》）。

其實，現在至少有一個證據可以證明當時的陳寅恪並非一點沒有和偽政權發生合作關係。即：一九四二年四月一日，他曾推薦自己的弟子張向天在偽香港圖書館謀求一職。具體記載可見《陳君

1 《陳寅恪集．金明館叢稿二稿》，三聯書店，二〇〇一年，八一頁。

葆日記全集》一九四二年四月一日：「陳寅恪先生介紹張向天欲在圖謀一席。」[1]我相信：那些主張陳寅恪「餓死也不吃日本人的大米」或者「就是不吃敵人的麵粉」之類的「民族氣節」的學者們，肯定不知道這一真實史料和事實的存在，因為他們根本無法解釋這樣的一個具有如此高的「民族氣節」歷史學家怎麼會介紹自己的得意弟子去給日偽政府工作呢？！筆者在此再次特別說明，張向天只是為了謀生，而不是想當漢奸。因為當時的香港施行食物配給制度，而取得一個偽政權下的一個職位，是獲取配給食物的唯一方式。

那麼，當時的日軍駐港總督磯谷廉介如何看待陳寅恪呢？

首先，我們了解一下磯谷廉介的生平，根據日本官方網站提供的介紹，翻譯如下：

磯谷廉介，生於一八八六年九月三日，卒於一九六七年六月六日。陸軍中將。太平洋戰爭期間就任日本佔領下的香港總督。日本兵庫縣人。生父是日本舊筱山藩士、磯谷次郎。磯谷廉介先後就讀於「私立尋常中學鳳鳴義塾」、「大阪陸軍地方幼年學校」、「中央幼年學校」。一九〇四年十月，他畢業於日本「陸軍士官學校」第十六期。和著名甲級戰犯板垣征四郎、土肥原賢二是同學。一九一五年十二月，他畢業於日本「陸軍大學校」第二十七期。然後就任日本陸軍第二十聯隊中隊長。一九一六年八月，他就任日本陸軍「參謀本部本部員」、步兵第十三聯隊大隊長。一九二四年二月，他就任日本陸軍「第一師團參謀」。一九三〇年三月，他就任日本陸軍第一師團參謀長、「陸軍省人事局補任課長」、「陸軍兵器本廠付」。一九三三年

1《陳君葆日記全集》，香港商務印書館，二〇〇四年。

三月，他晉昇為日本陸軍少將。一九三六年三月二十三日，他轉任日本軍部軍務局長。同年十二月，他晋升為日本陸軍中將。一九三七年三月，他作為第十師團長直接參與了徐州會戰。一九三八年六月，他就任日本關東軍參謀長。一九四二年二月二十日－一九四四年十二月二十四日，他轉任日本駐港總督。一九四七年七月二十二日，軍事法庭一戰爭罪犯判處他無期徒刑。一九四九年二月開始，他在日本東京的「巢鴨監獄」服刑。一九五二年八月被釋放。一九六七年死亡。

日軍駐港總督磯谷廉介

首先，磯谷廉介並不知道陳寅恪的價值，在他全部保留下來的文獻資料中，沒有任何一個資料涉及到了「陳寅恪」的名字。但是他手下有幾位漢學家卻知道。他們是岩村忍、島田謹二、清水泓、香阪順一、齋藤茂、奧山豐二、宮本博、沼田炳雄。還有自稱是內藤湖南弟子的小川、小原、松原、松榮、菅田等人。見《陳君葆日記全集》一九四四年二月六日：

昨天小原似對我說，謂松原認得來參加整理圖書館工作之菅田教授，因為大家都是著名支那學者內藤湖南的弟子云。[1]

---

1 《陳君葆日記全集》，香港商務印書館，二〇〇四年。

上述這些人中後來成為著名漢學家的是中西交通史家岩村忍、漢語學家香阪順一。而島田謹二則是著名的從事英美比較文學研究的專家、當時任臺北帝國大學教授，二戰後任東京大學教授。

——上述人中的小川，《陳君葆日記全集》從來沒有說明他的名字叫什麼。可是這個小川卻居然在一九五五年帶領日本大學教授代表團訪問香港大學、並再次拜訪了陳君葆。根據當時小川向陳君葆自稱不久前曾見過周恩來總理，我推測他可能是二戰後著名的漢學家小川環樹。小川環樹生於一九一〇年十月三日，京都府京都市人。他的父親是著名的歷史地理學家小川琢治。我們在前面對小川琢治的介紹中已經提到了他。一九一六年，他在京都府立師範學校附屬小學上學。因為成績優秀而跳級。一九二二年，他考入京都府立第一中學。還是因為成績優秀而跳級。一九二六年，他考入京都第三高中。一九二九年，他高中畢業後考入京都帝國大學文學部支那語學．支那文學科。一九三二年，他大學畢業後考入大學院，在鈴木虎雄指導下，專業研究中國古代文學。一九三三年開始，他成為鈴木先生的教學副手。一九三四年四月開始，他來到中國留學。一九三六年回國後，他再次成為京都帝國大學文學部助手。一九三七年，他轉任大谷大學文學部囑託教授。一九三八年，他就任日本東北帝國大學法文學部支那學第二講座講師，接替調往京都帝國大學任教的青木正兒。一九三九年七月，他晉升為副教授。一九四七年，他晉升為教授。一九五〇年四月，他接替調往東京大學任教的倉石武四郎，轉任京都大學文學部中國語學．中國文學科講座教授。一九五一年，他以《元明小說史の研究》論文取得文學博士學位。一九六五年開始同時兼任人文科學研究所教授。一九七四年，他從京都大學退休後。轉任京都產業大學外國語學部教授。一九八一年，他從京都產業大學退休。一九八三年，他獲得日本政府授予的勳二等瑞寶章勳章。一九八九年，他當選為日本學士院院士。一九九三年八月三十一日因病逝世。

他曾任日本中國學會理事長，是二十世紀日本最著名的漢學家之一。著作宏富，對中國古代文學史（特別是唐宋文學）研究建樹頗多。

他研究唐詩的著作主要有：一九五八年出版了《唐詩概說》、一九六七年和吉川幸次郎合著出版了《唐詩選》、一九七五年出版了《唐代の詩人——その傳記》、一九七二年和別人共同翻譯出版了《李白》一書、同年又和別人共同翻譯出版了《王維詩集》一書。興膳宏選編並出版了全五卷本的《小川環樹著作集》。其中，《風と雲：中國詩文論集》一書，曾由友人周先民兄譯成中文，二〇〇五年在中華書局出版。

一九三四年，小川環樹到中國留學，三十年後，他在《我所遇到的中國人》一文中回憶說：

海關的工作人員是中國人。我看到排在前面的人們過關時，行李箱被打開了，看上去檢查得相當仔細。我等在後面，對此已有了心理準備。終於輪到我了，海關人員所問的第一個問題是：「你為什麼來中國？」我回答說：「我是來留學的。」那人聽罷臉上立刻浮現笑容，說：「啊，你是來求學的，過去吧。」說完，幾乎沒有檢查我的行李，就用粉筆在我的箱子上畫了個圓圈，讓我通過了海關。遇到這種優待，實在出乎我的意料。我拎上行李，一邊往停車場走去，一邊反倒感到有點不自在。與此同時，有種感慨在我腦海中突然升起：啊！我來到看重學問的國家了！我邊走邊想，不知不覺中這種感慨如漣漪越蕩越大，逐漸漾滿了我的全身。我當然連那個個子不高、稍顯肥胖的海關人員的名字也不知道，可是他的微笑卻永遠留在了我的記憶裡。

這樣一種起初的好感，讓他們在整個日本陷入軍國主義的狂熱時，仍保留了一份日本的良心。因為在目前日本出版的研究和介紹小川環樹的論著中，他一九三九年到一九四五年之間的歷史是空白。如果真的是他，關於他及其家族的學術情況，請見拙著《京都學派漢學史稿》一書，二〇一一年，學苑出版社。

根據《陳君葆日記全集》的記載，我們得知這個「香港倭督」磯谷廉介略通漢學，而且還擅長書法、注重古籍：

一九四二年五月二十日：

在談話中，他告訴我日前磯谷總督因對他說：日本所施行的是王道，而王道還是從中國來的。[1]

一九四三年七月二日磯谷廉介來圖書館參觀：

磯谷甚留心漢籍部分。[2]

可見，這個磯谷廉介頗為擅長以華制華的策略。

——特別說明：東京人學教授池田温先生曾經給筆者親手抄錄了完整而詳細的「磯谷廉介生平介紹和個人經歷年表」，在此表示衷心地感謝！如下：

二戰後，作為戰爭罪犯，磯谷廉介被判無期徒刑。擅長書法的磯谷廉介，晚年出獄後四處給日

---

1 《陳君葆日記全集》，香港商務印書館，二〇〇四年。
2 《陳君葆日記全集》，香港商務印書館，二〇〇四年。

本各地的舊日本軍人的墓地、墓碑和右翼團體題字。一九五六年，廖承志曾提出：邀請二戰時的舊日本軍隊高級軍官訪問新中國的外交活動。而當時磯谷廉介立刻向日本外交部表示：「外務省が旅券を發給してくれれば行きたい（中文意思即：只要外交部批准辦理我的出國護照，我就接受一定去訪問。）」[1]因為當時他的身分還是戰爭罪犯，沒有出國的權力，也沒有出國護照。

於是，我通過一個日本教授的介紹，給日本外務省的辦公室打電話，詢問下屬檔案館哪裡可以查到保存了磯谷廉介駐港期間的文獻資料。得到的答覆是：這些資料屬於不公開文獻，謝絕查閱。但是他們告訴我可以和一些民間團體聯繫，那裡反而可以看到一些文獻的複本和詳細的宣傳

1 資料來源於我在日本時親自閱讀到的日本某軍國主義團體出版的舊日軍回憶錄及有關檔案。出於對日本右翼團體所謂「文獻資料真實性」的抵觸，我一律隱去材料來源，所有材料已經經過我篩選和整理，我只採納其統治時期的經濟資料，作為參考。

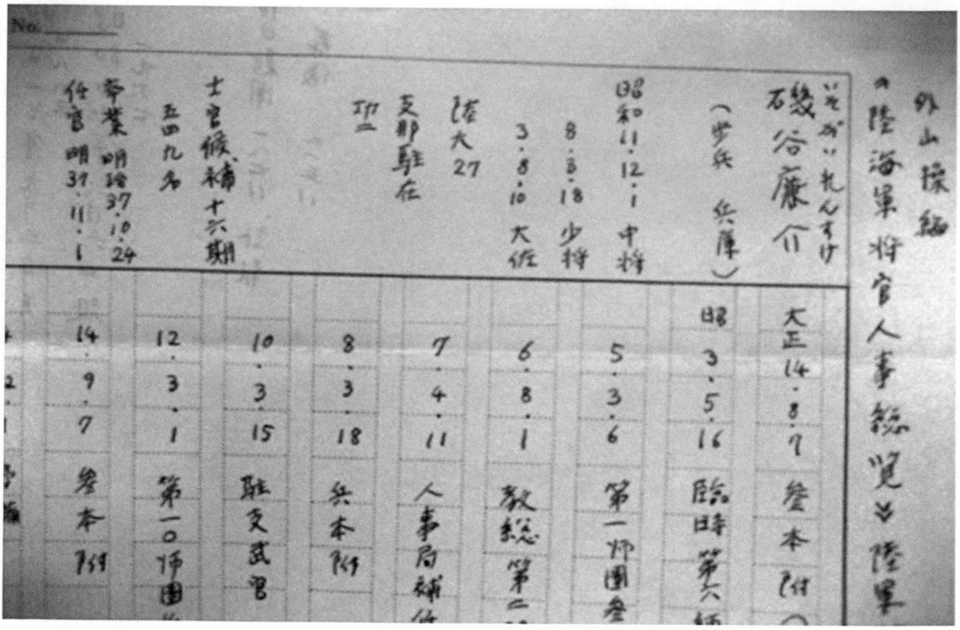

資料。並主動告訴我了一些民間團體聯繫地址和電話號碼。這些所謂的「民間團體」原來就是由舊日本軍人和右翼組織設立，他們定期公開出版和內部印刷的有關二戰的回憶錄和文獻資料——甚至他們居然還將這些機構的分部（如其中的一個「大日本愛國黨」）設立在今天的香港！這些資料涉及到所謂的「滿洲國社會福利事業」、「華北政權戰時糧食供給問題」、「香港的文化和社會福利事業」等等內容，而對於香港淪陷期間的中日文論著和文獻，也多少涉及到了佔領期間的糧食配給等問題……相信這些課題沒有哪一個中國學者會感興趣加以研究和證實，所以我也就不具體介紹這些文獻的名稱和出處了。但是，我大致了解了駐港日軍總督府的基本運作情況。我在此只敘述具體過程：

日軍佔領香港後，為了維持香港的基本生存，立刻施行了所謂的「住民票登記管理制度」和「戰時糧食配給制度」，定期發送大米和罐頭。基本取消了正常的糧食買賣市場。而地下黑市的糧食買賣一旦被發現，則將面臨逮捕和處死的結局。當時，香港的糧食配給供應管道主要是三個：東北方面（偽滿洲國）、廣州方面（偽政權）、東南亞（日軍佔領區）。但是由於日軍海上交通遭到了美軍的嚴密封鎖，香港的糧食供應越來越吃緊。在無法解決香港的糧食配給的情況下，開始施行了一項新政策，即「內地逃難居民集體返鄉」的驅趕行動，以緩解維持香港生存的壓力。於是，通向內地的船隻不再接受日軍的海上交通軍事化封鎖。總督磯谷廉介的一系列經濟和統治政策引起日本軍部對他的強烈不滿，導致他最後因此而被迫下臺。

——這就是陳寅恪在港生存和得以返鄉的現實背景。

——我想關於磯谷廉介和中國的關係，我們不要只是停留在他是日本佔領香港時期的總督這個基本常識上，還有兩點是我特別提醒大家需要了解的：第一，他年輕時候曾是孫中山在日本生活期間的最信任的友人之一。第二，他就是當時國民黨李宗仁發起的聲名赫赫的中日臺兒莊大會戰時的日本軍隊最高指揮官和關東軍參謀長。

二○○○年，日本的柏書房出版社出版了小林一博撰寫的《「支那通」：軍人の光と影——磯谷廉介中將傳》一書。是日本國內第一本介紹他的個人傳記。

匆匆看了一下此書，還是略有點滴資料可以佐證他在港時的活動。該書所使用的資料居然和我在日時看到的那些出自舊日本軍人和右翼之手的文獻幾乎相同。

——陸鍵東在新版《陳寅恪的最後二十年》一書中除了繼續宣揚陳家拒不接受日本人送的大米等舊聞之外，甚至還主張：

日軍佔領香港後，日本香港總督磯谷廉介欲請冼玉清出面主持香港的文化事業。[1]

1 《陳寅恪的最後二十年》，三聯書店，二○一三年，四四頁。

研究磯谷廉介的兩部日本新著

根據我掌握的當時冼玉清在香港的實際影響力和知名度等諸多方面來分析，我可以斷定絕無此事。更重要的是：在我所閱讀和接觸到的全部有關磯谷廉介在港活動文獻記錄來看：磯谷廉介並不認識、也沒有見過冼玉清。我不知道新版《陳寅恪的最後二十年》一書此說的證據是什麼？如有，無論是中文資料，還是日文資料或者英文資料，皆可。懇請賜教。

順便可以公布一下；

當時磯谷廉介真正感興趣的在港中國女性是章士釗的夫人吳弱男，一個精通日語和英語、出身晚清名門的貴族子弟。他真的曾幾次「欲請吳弱男出面主持香港的文化事業」，可惜，這位章夫人不置可否，聽完一笑而已。

而磯谷廉介幾次設家宴宴請過的在港中國文化界和學術界的著名人物中，也就是說他「欲請出面主持香港的文化事業」的核心人員，其名單如下：

陳廉伯、陳君葆、鄧肇堅、戴望舒、董仲偉、郭贊、郭泉、黃燕清、羅旭和、羅文錦、劉鐵誠、盧觀偉、李子方、李忠甫、李冠春、淩康發、林建寅、陸靄雲、譚雅士、唐天如、宋學鵬、斯啟東、王德光、王通明、顏成坤、馮子英、吳弱男、伍華、葉蘭泉、葉靈鳳、章叔淳、周耀年、周壽臣等人。[1]

這名單中既沒有陳寅恪，也沒有冼玉清。是「日本香港總督磯谷廉介欲請冼玉清出面主持香港的文化事業」還是陸鍵東想「請冼玉清出面主持香港的文化事業」？歷史不是任意可以演繹的。

1 資料來源於我在日本時親自閱讀到的日本某軍國主義團體出版的舊日軍回憶錄及有關檔案。出於對日本右翼團體所謂「文獻資料真實性」的抵觸，我一律隱去材料來源，所有材料已經經過我篩選和整理，我只採納其統治時期的經濟資料，作為參考。

第十二章

陳寅恪的思想和議論

眾所周知，凡欲從事對一個歷史人物的思想和生平的角度出發，以作某一時代的思想文化傾向及其政治表現特點之研究，最基本的條件就是被選取的歷史人物應該具有能夠說明該時代諸多特點的典型性，並且又能具有其他同時代的歷史人物所不具備的價值取向及生命情調。而在我們看來，歷經晚清、民國、新中國三種社會的發展和轉換，又長期留學海外、學貫中西卻又以維護傳統思想和文化為己任的陳寅恪，正是一個難得的解讀文本和不二人選。

陳寅恪生存在新舊社會形態與價值體系反覆交替紛擾的時代中，始終有意識地自處於時代的主流意識之外。照陳寅恪最喜歡使用的以家世淵源考證人物思想之由來與分野來看，就陳寅恪的家世而言，他的思想自然而然地趨向於文化保守主義。而就陳寅恪在西方的求學經歷和他所處的時代而言，他的保守主義又揉合了相當的現代特質，最終造成一種充滿他的睿智與堅定的「中國文化本位論」。

陳寅恪在一九三三年撰寫《馮友蘭〈中國哲學史〉下冊審查報告》時曾說：

凡新儒家之學說，幾無不有道教，或與道教有關之佛教為之先導。如天臺宗者，佛教宗派中道教意義最富之一宗也。（其創造者慧思所作誓願文，最足表現其思想。至於北宋真宗時，日本傳來之大乘止觀法門一書，乃依據大乘起信論者。恐係華嚴宗盛後，天臺宗偽託南嶽而作。故此書只可認為天臺宗後來受華嚴宗影響之史料，而不能據以論南嶽之思想也。）其宗徒梁敬之與李習之之關係，實啟新儒家開創之動機。北宋之智圓提倡中庸，甚至以僧徒而號中庸子，並自為傳以述其義（孤山閒居編）。其年代猶在司馬君實作中庸廣義之前，（孤山卒於宋真宗乾興元年，年四十七。）似亦於宋代新儒家為先覺。二者之間，其關係如何，且不詳論。然舉此一例，已足見新儒家產生之問題，猶有未發之覆在也。至道教對輸入之思想，如佛教摩尼教等，無不儘量吸收，然仍不忘其本來民族之地位。既融成一家之說以後，則堅持夷夏之論，以排斥外來之教義。此種思想上之態度，自六朝時亦已如此。雖似相反，而實足以相成。從來新儒家即繼承此種遺業而能大成者。竊疑中國自今日以後，即使能忠實輸入北美或東歐之思想，其結局當亦等於玄奘唯識之學，在吾國思想史上，既不能居最高之地位，且亦終歸於歇絕者。其真能於思想上自成系統，有所創獲者，必須一方面吸收輸入外來之學說，一方面不忘本來民族之地位。此二種相反而適相成之態度，乃道教之真精神，新儒家之舊途徑，而二千年吾民族與他民族思想接觸史之所昭示者也。寅恪平生為不古不今之學，思想囿於咸豐、同治之世，議論近乎湘鄉、南皮之間。承審查此書，草此報告，陳述所見，殆所謂「以新瓶而裝舊酒」者。[1]

至此，他正式提出了著名的觀點，即：「為不古不今之學，思想囿於咸豐、同治之世，議論近乎湘鄉、南皮之間。」[2]誠為他自己思想的最為真實的自述。

一、所謂「不古不今之學」

「不古不今」，典出揚雄《太玄經．更》：「童牛角馬，不今不古。」范望注：「馬童牛角，

1 陳寅恪《馮友蘭中國哲學史下冊審查報告》，《金明館叢稿二編》，上海古籍出版社，一九八〇年，二五二頁。
2 陳寅恪《馮友蘭中國哲學史下冊審查報告》，《金明館叢稿二編》，上海古籍出版社，一九八〇年，二五二頁。

是其常也。家牲為更，更而顛倒，蓋非其宜。既不合今，亦不合古。古今不合，宜於之更也。」順著這一思路，程千帆提出：

> 「不古不今」，這句話是出在《太玄經》，另外有句話同它相配的是「童牛角馬」，意思是自我嘲諷，覺得自己的學問既不完全符合中國的傳統，也不是完全跟著現代學術走，而是斟酌古今，自成一家。表面上是自嘲，其實是自負。[1]

但是，陳寅恪的「不古不今」是否就是揚雄的「不今不古」呢？畢竟先後語序的變換，自然會引起其內涵和意義的變遷。比如「乾坤」與「坤乾」，就是截然不同的兩個概念和易學範疇。可惜，這一點目前陳學界尚無人加以注意。

對於「不古不今之學」，汪榮祖主張：

> 寅恪固有異於乾嘉諸老之博雜，亦與梁啟超、王國維之上下古今之學，有所不同……陳寅恪何以選擇「不古不今之學」？大致因古史資料每多殘缺，難有定論；而清末民初以來，疑古之風甚熾，學者不免常憑己臆測武斷……此乃「寅恪不敢觀三代兩漢之書」的原因，自不願在證據較少的古史中，爭無謂之勝。近代史料甚多……或即因家世之故，沒有迴避，雅不欲以此為學術研究的主題。此所謂古既不好，今又不成，只能「不古不今」。然亦不僅如此，寅恪在歐美所學，諸如東方文字與中亞史地，已奠立研究中古史的基礎。再者，中國中古之隋唐乃極

1 程千帆《閒堂書簡》，上海古籍出版社，二〇〇四年，三〇頁。

燦爛輝煌的時期，有其吸引人之處……研究中古，又以唐史為重點，自非偶然。[1]

接著，他在《陳寅恪評傳》一書中又解釋為：

所謂「不古不今」指國史中古一段，也就是他研究的專業。就此專業而論，寅恪固有異於乾嘉諸老之雜博，亦與梁啟超、王國維諸人之上下古今之學，有所不同；而與近代中外專業史家近似。[2]

這一主張，陳先生的弟子周一良在《紀念陳寅恪先生》一文中也加以肯定：

關於不古不今之學，汪榮祖教授在他的《史學家陳寅恪》中已有明確解釋，認為是指中國歷史的中古一段，亦即魏晉到隋唐這一時期。清華大學一九三二年秋季的學程說明中，說「以晉初至唐末唯一整個歷史時期」，當係陳先生所擬定。據傳陳先生還曾說過，漢以前歷史材料太少，問題不易說清楚，宋以後印刷術發明，書籍大量廣泛流通，材料又太多，駕馭不易，所以選取魏晉到隋唐材料多少適中的一段作為研究對象。如果此說屬實，也可以幫助解釋為何陳先生選擇了這個不古不今的段落。[3]

但「不古不今之學」之前有「平生」二字，據蔣天樞《陳寅恪先生編年事輯》中關於陳寅恪早年求學條目及回國之初期為學取向及同時人回憶可知，他的主攻方向先是語言學及西北史地之學以及佛學，回國後因國內研究條件所限，才毅然轉向中古史研究，則此處的蓋棺論定性質的「平生」

1 汪榮祖《史家陳寅恪傳》（增訂本），臺北聯經出版公司，一九九七年，八九頁。
2 汪榮祖《陳寅恪評傳》，百花洲文藝出版社，一九九二年，八一頁。
3 《紀念陳寅恪教授國際學術研討會論文集》，中山大學出版社，一九八九年，一〇頁。

二字，實無著落。

但是，黃清連在《不古不今之學與陳寅恪的中古史研究》一文中卻發現：

過去一般通解只注意到「不古不今之學」的前四字「不古不今」，而忽略最後一字「學」與「不古不今」四字聯繫起來可能包涵的意義。換言之，「不古不今之學」是不是可以理解為「既非古學、亦非今學之學」？古學、今學是什麼？其指稱對象，依時代思潮和個人理解，可以言人人殊、差異極大。宋人的古學、今學，與二十世紀上半葉的古學、今學，當然不同。即便與陳寅恪同時代的學者，對古學、今學的理解，也不盡相同。陳寅恪對古學、今學的看法又是什麼？這個問題牽涉到他對學術思潮、治學態度與方法等等的觀點。[1]

進而，他提出：

陳寅恪重視「解釋」，「解釋」之有無或適當與否，是他對於「舊派」、「古學」、「中學」、「西學」兩組對稱的學術思潮或持其說的學術群體，甄別、評鑒的重要標準。審視陳寅恪在兩篇《審查報告》的論述重點及兩篇「晉至唐史」講課要旨，不論在研究態度或教學方法，他所堅持的理由和立場，始終一致。但陳氏重視的是「解釋」之有無或適當與否，他認為「解釋」的獲致，必須經過一定的「認真細緻、實事求是的研究」方法，並非特指某一學術思潮或持其說的學術群體，必然沒有「解釋」。他的學術立場（甚至有人將其演繹為陳氏「文化認同」、「民族認同」），基本上是在他《下冊審查報告》所說的「一方面吸收輸入外來之學說，一方面不

1 《紀念逯耀東先生七五冥誕論文集》，稻香出版社，二〇〇七年，一五一—二二一頁。

忘本來民族之地位。此二種相反而適相成之態度，乃道教之真精神，新儒家之舊途徑。」從這個意義出發，陳寅恪自謂「平生為不古不今之學」，都應該從它的原典入手，討論他這種兼攝、調和的方法和立場，藉以理解和詮釋陳氏在學術思潮、學術群體、研究態度、教學方法等各方面所持有的論點。可以說，陳寅恪所關心的是「解釋」之有無或適當與否，所謂「不古不今之學」，不必從他「研究的專業」範圍的時間斷限上強分古今、不必從學術流派中「舊學」或「中學」中的漢宋之學強分古文之學或今文之學，不必從本土或外來學說強分中西、古今、新舊、科玄。陳寅恪所說的是一種兼攝、調和的既非古學亦非今學的「不古不今之學」、「不舊不新之學」、「不中不西之學」。事實上，也可以說是「亦古亦今之學」、「亦舊亦新之學」、「亦中亦西之學」。[1]

所謂「不古」，指的是學問中所包含的新的因素——西學，但這裡的西學並非全屬物質層面，對陳先生而言，毋寧說更多是精神層面，這是與傳統體用論相異的。所謂「不今」，指的是這種文化理念在當時的社會已無置足之地，不為社會所公認。「體用論」在當時早已在新文化運動的衝擊下失去了最後的影響。當時的社會風氣，大抵以向西方學習為重，而執中論學者則要麼孤獨自守，堅拒一切外來因素，要麼亦認西學為先進與旨歸，而以中國傳統附屬之為第二義。陳寅恪的持論，在新學鼓吹者們看來，早已落伍，的確有些不合時宜，所以陳寅恪在《馮友蘭中國哲學史下冊審查報告》中又說：

1 《紀念逯耀東先生七五冥誕論文集》，稻香出版社，二〇〇七年，一五一－二二一頁。

承審查此書，草此報告，陳述所見，殆所謂『以新瓶裝舊酒』者。誠知舊酒味酸，而人莫肯酤，姑注於新瓶之底，以求一嘗，可乎？[1]

陳寅恪是比較清醒地認識到這一點的人，除了與文化傳統有著難以割捨的感情外，他也敏銳地感受到現實的偏差對文化傳統所帶來的危害。

作為一個出生於書香世家而又受過西方文化洗禮的知識分子，他深深明白在中國進行改革的意義和困難；作為一個嚴謹而具有卓識的歷史學家，他又非常清楚「過猶不及也」的古訓對於歷史進程的影響。這一切迫使他冷靜地去觀察與思考現實，從而得出「中國文化本位論」的堅定信念：對於一個有著長達數千年古老文明的中華帝國而言，吸收外來文化必須以本土文化為本，以此為基礎，選擇最為適合中國現代化建設的因數，擇善而從。現代化的過程不是毀滅，而是改造。如果西化是以損失傳統的正確一面為代價，則如買櫝還珠，將髒水連著盆裡的小孩一起潑了出去。價值因此錯位，信仰因此喪失，中國固有的民族性因此消亡，則中國終將成為一個「非驢非馬之國」[2]。所以他說：

竊疑中國自今日以後，即使能忠實輸入北美或東歐之思想，其結局當亦等於玄奘唯識之學，在吾國思想史上，既不能居最高之地位，且亦終歸於歇絕者。其真能於思想上自成系統，有所創獲者，必須一方面吸收輸入外來之學說，一方面不忘本來民族之地位，此二種相反而適相成

1 陳寅恪《馮友蘭中國哲學史下冊審查報告》，《金明館叢稿二編》，上海古籍出版社，一九八〇年，二五二頁。

2 陳寅恪《俞曲園先生病中囈語跋》：「嘗與平伯言：『吾徒今日處身於不夷不惠之間，托命於非驢非馬之國。』」《寒柳堂集》，上海古籍出版社，一九八〇年，一四七頁。

之態度，乃道教之真精神，新儒家之舊途徑，而二千年吾民族與他民族思想接觸史之所昭示者也。[1]

他的理想是建立「新儒學」，具體而言，即是他所極力讚許並一生宣導的「新宋學」。宋代學術「貶斥勢利，尊崇氣節，遂一匡五代之澆漓，返之淳正。故天水一朝之文化，竟為我民族遺留之瑰寶」[2]，而「宋賢著述之規模」又屢為陳寅恪所讚許，其融合儒、佛、道之精華而成宋代理學，即是中國本土文化與西來文化的一次良性結合。所以陳寅恪在《鄧廣銘〈宋史·職官志〉考證序》一文裡說：

> 吾國近年之學術……將來所止之境，今固未敢斷論。惟可一言以蔽之曰：宋代學術之復興，或新宋學之建立是已。[3]

這種「中國文化本位論」與「中西體用說」在表達上有相似之處，陳寅恪受其家世影響，素來欽服曾、張二人，則在議論時自然沿用他們的術語，也在情理之中。惟其自認此點，陳先生稱自己的信念為「不今」；又因其意識到他與此二人之間實有區別，他又稱它為「不古」，遂成此「不古不今之學」。既有立異的成分，又有標新的色彩。這顯示了一個傳統知識人思想走向時代性的成熟與定格。

---

1 陳寅恪《馮友蘭中國哲學史下冊審查報告》，《金明館叢稿二編》，上海古籍出版社，一九八〇年，二五二頁。

2 陳寅恪《贈蔣秉南序》，《寒柳堂集》，上海古籍出版社，一六二頁。

3 陳寅恪《鄧廣銘〈宋史·職官志〉考證序》，《金明館叢稿二編》，上海古籍出版社，一九八〇年，二四五頁。

二、所謂「思想囿於咸豐、同治之世」

鄧廣銘曾經認為：

如果真有人在研究陳先生的思想及其學行時，只根據這幾句自述而專向咸豐、同治之世去和湘鄉、南皮之間去追尋探索其蹤跡與著落，那將會是南轅而北轍的。[1]

那麼，鄧氏之論是否真如其說呢，讓我們細加討論。

曾國藩及張之洞與陳寅恪先生的祖輩、父輩均有關係。曾國藩是湖南湘鄉人，與左宗棠、胡林翼被時人並稱為「中興三大功臣」，其中以曾國藩的功勳尤大。他也是體用論的具體實踐者和文化先行者。一八六一年他設立安慶軍械所，製造「洋槍洋炮」，一八六五年他與李鴻章在上海創辦江南製造總局，並積極派遣留美學童；而曾國藩的思想又是純粹的傳統儒家，他畢生服膺程朱理學，又主兼取眾家之長，見識通達，同時，他還是一位優秀的古文家和文學理論家，被時人視為桐城派的後期領袖。他的為人之道與為臣之道深得時人讚許。這樣一位集傳統與創新於一身的思想家的問世，是清王朝在走向衰落之前的一個閃光點。張之洞是河北南皮人，同治二年（一八六三）殿試一等一名，賜探花、入翰林，在任敢言，被視為清流派。在李鴻章的洋務運動失敗後，他成為清朝洋務運動的主力，在湖北大辦新政，竭力維護傾傾欲墜的清政府。他曾撰《勸學篇》，述中西體用之旨，在中國廣為流傳。一九〇九年他逝世後，所留下的新政成果——近代工廠、新軍、新式學生成為辛

1 《紀念陳寅恪教授國際學術研討會論文集》，中山大學出版社，一九八九年，三二頁。

亥革命的主力，這是他始料未及的。

曾、張兩位晚清重臣都有一共同特徵：他們都維護中國文化傳統和與之相應的封建綱常、秉持忠君大倫的。所謂變通之中的不變者，才是他們安身立命的根本，也即儒家基本的倫理觀念及文化傳統。他們有著傳統的愛國主義思想，這表現在忠於君主以及這個君主所代表的政權上，但他們永遠也解決不了近代化的軍事工業、民用產業及文化教育同傳統專制制度、倫理規範之間的衝突。

馮友蘭在《悼念陳寅恪先生》一文也對此分析說：

咸豐、同治之間的主要思想鬥爭，還是曾國藩和太平天國之間的名教和反名教的鬥爭。曾國藩認為，太平天國叛亂是名教中的「奇變」。他所謂名教，就其廣義說，就是中國傳統文化。他認為太平天國是用西方的基督教毀滅中國的傳統文化。這就是所謂「咸豐、同治之世」的思想。[1]

而蔡仲德《陳寅恪論》一文中更直接點明：

咸豐皇帝和同治皇帝畫像照片

1 馮友蘭《悼念陳寅恪先生》，《紀念陳寅恪先生誕辰百年學術論文集》，一八頁。

陳寅恪自稱其「思想囿於咸豐、同治之世，議論近乎湘鄉、南皮之間」，也就表明他承認自己是一個「中體西用」論者。[1]

近代中國經過傳統與現代的斷層，激進的知識分子們對傳統進行全面抨擊，並真誠地希望能通過批判的過程把中國思想文化引向現代，從而影響中國的政治和經濟制度本身。但他們忽略了一點：如果沒有了傳統，則現代也無從談起。現代的轉換必須建構在傳統的範型之上，有物才能轉變，如果摧毀了物自身，則剩下虛無。餘下的只有兩種可能：要麼是文化虛無主義，要麼是由另一種異於傳統的強有力的外來意識形態來填補空缺，在傳統失落的迷茫中它應起到類似於宗教的作用。前一種可能即使存在也不會很長，後一種可能卻是現實。總之，傳統被摧毀了，而現代依然還在彼岸。

三、所謂「議論近乎湘鄉、南皮之間」

馮友蘭《悼念陳寅恪先生》一文也對此分析說：

曾國藩也是主張引進西方的科學和工藝，但是要使之為中國傳統文化服務。這就是封建歷史家所說的「同治維新」的主體。張之洞用八個字把這個思想概括起來，即「中學為體，西學為用」，這就是所謂「湘鄉、南皮之間」的議論。[2]

---

1 《東方文化》，二〇〇三年，第一期。

2 馮友蘭《悼念陳寅恪先生》，《紀念陳寅恪先生誕辰百年學術論文集》，一八頁。

馮先生這段解釋是比較符合陳先生的話語本意的。

陳寅恪的這種觀念在一九四九年以前已經不為時人所理解，到了一九四九年以後更是被視作思想文化領域裡的異端。他被別人視為遺老遺少也就順理成章了。雖然他本人對晚清帝國的失望多於對它的希望。但是他在民國時代發如此之論，顯然是自我回歸清廷而無視新文化運動以來的時代成果。

綜上三點，我認為，這三句話句式相同、語氣連貫，且語意上「咸豐、同治之世」與「湘鄉、南皮之間」正處於對應修飾與說明關係，則「不古不今之學」必與此二者有關。其實質是指由張之洞總結而出的「舊學為體新學為用」之體用論引出的中國文化本位論。陳寅恪早在德國留學時代就「甚喜慕韓談清季中興人物曾國藩、左宗棠與胡林翼之學術及其政績」，[1]這應該是他的思想和議論依然停留在清代中晚期的最早表現。

一九五一年，陳寅恪寫了下《送朱少濱教授退休卜居杭州》的詩句：「同酌曹溪我獨羞，江東舊義雪盈頭。」這裡所謂的「江東舊義」，還出現在一九四二年的《由香港抵桂林》一詩中，即「江東舊義饑難救」。尤其值得重視的是，一九六五年《先君致鄧子竹丈手札二通書後》云：

嗚呼！八十年間，天下之變多矣。元禮文舉之通家，隨五銖白水之舊朝，同其蛻革，又奚足異哉！寅恪過嶺倏逾十稔，乞仙令之殘砂，守傖僧之舊義，頹齡廢疾，將何所成！

「江東舊義」，典出《世說新語．假譎》：

1 李璜《憶陳寅恪登恪昆仲》，《追憶陳寅恪》，社會科學文獻出版社，一九九九年，一四一五頁。

湣度道人始欲過江，與一傖道人為侶，謀曰：「用舊義在江東，恐不辦得食。」便共立「心無義」。既而此道人不成渡。湣度果講義積年。後有傖人來，先道人寄語云：「為我致意湣度，無義那可立？治此計，權救饑爾！無為遂負如來也。」可見，「江東舊義」是「不負如來西來義」，這裡的「如來」一辭，可以理解為陳寅恪心目中的中國傳統文化，即他一貫宣導的中國文化本位說。蔡美彪在《陳寅恪對蒙古學的貢獻及其治學方法》一文中說：「據我們的理解，這是表明他不同於曾國藩對封建文化的頑固守舊，但比提倡西為中用的張之洞，更加強調繼承和發揚民族文化傳統。」[1]這一分析是恰當的。

俞大維在《談陳寅恪先生》一文中特別肯定陳寅恪的「讀書須先識字」的治學傳統。他分析說：

我與陳寅恪先生，在美國哈佛大學、德國柏林大學連續同學七年。寅恪先生的母親是我唯

曾國藩（湘鄉）的畫像和張之洞（南皮）的照片

1 蔡美彪《陳寅恪對蒙古學的貢獻及其治學方法》，《歷史研究》一九八八年第六期，六〇頁。

一嫡親的姑母，寅恪先生的胞妹是我的內人。……他除研究一般歐洲文字以外，關於國學方面，他常說「讀書須先識字」。因是他幼年對於《說文》與高郵王氏父子訓詁之學，曾用過一番苦工。[1]

只是這一「漢學」傳統到了他身上，又得到了極大的發揮，已經成了對語言學的超常使用與駕馭了。即他從對文字的學習中，開始了對思想、文化及政治制度的研究與考察。

因此，陳寅恪對於如何釋「古」所持的態度是：

蓋古人著書立說，皆有所為而發；故其所處之環境，所受之背景，非完全明瞭，則其學說不易評論。而古代哲學家去今數千年，其時代之真相，極難推知。吾人今日可依據之材料，僅當時所遺存最小之一部；欲藉此殘餘斷片，以窺測其全部結構，必須備藝術家欣賞古代繪畫雕刻之眼光及精神，然後古人立說之用意與對象，始可以真了解。所謂真了解者，必神遊冥想，與立說之古人，處於同一境界，而對於其持論所以不得不如是之苦心孤詣，表一種之同情，始能批評其學說之是非得失，而無隔閡膚廓之論。否則數千年前之陳言舊說，與今日之情勢迥殊，何一不可以可笑可怪目之乎？但此種同情之態度，最易流於穿鑿傅會之惡習；因今日所得見之古代材料，或散佚而僅存，或晦澀而難解，非經過解釋及排比之程序，絕無哲學史之可言。然若加以聯貫綜合之搜集，及統系條理之整理，則著者有意無意之間，往往依其自身所遭際之時代，所居處之環境，所薰染之學說，以推測解釋古人之意志。由此之故，今日之談中國古代哲

1 俞大維《談陳寅恪先生》，《談陳寅恪》，臺北傳記文學出版社，一九七〇年，二頁。

學者，大抵即談其今日自身之哲學者也；所著之中國哲學史者，即其今日自身之哲學史者也。其言論愈有條理統系，則去古人學說之真相愈遠；此弊至今日之談墨學而極矣。今日之墨學者，任何古書古字，絕無依據，亦可隨其一時偶然興會，而為之改移，幾若善博者能呼盧成盧，喝雉成雉之比；此近日中國號稱整理國故之普通狀況，誠可為長歎息者也。[1]

但是，這一思想是否就只能存在於「獨立之精神，自由之思想」的環境中呢？陳寅恪從未告訴我們哪個時代曾經出現過他所謂的這一理想環境，是宋代還是六朝？但至少他本人將中華民國和新中國全排斥在外了。可是，對外在環境的極端排斥卻從沒有引起陳寅恪本人的把自我身心狀況的審視和定位聯繫起來。

一個史學大師總是逆時代潮流而動，說明了什麼？他難道不知道歷史是發展的嗎？而古代中國又何曾真正出現過他反覆神往的那個「獨立之精神，自由之思想」境界與時代呢？！我們也應該看到：一生經歷了從封建社會到民國時代、再到新中國三種社會轉型的一個傳統知識人，總是抱著「思想囿於咸豐、同治之世，議論近乎湘鄉、南皮之間」的處世態度和價值取向，一九四九年以後，無論是新中國還是臺灣，都不可能成為他的理想居住之地。那麼，時下的陳學研究和出版的相關著作，大多一味地指責大陸五、六〇年代的種種批判和運動對他造成的身心迫害，謳歌其所謂的「獨立之精神、自由之思想」，但是完全沒有注意到了陳氏自身的頑固守舊態度和主觀的不合作傾向加重了其自身退出歷史舞臺的進程。雙目失明以後的陳氏，無法將自己的生命歷程進行合乎現實和符合自

1 陳寅恪《馮友蘭中國哲學史上冊審查報告》，《金明館叢稿二編》，上海古籍出版社，一九八〇年，二五一頁。

我身心狀況的準確定位，這使他成為傳統知識人在新中國各種改造運動中的另類，他的人生悲劇的出現，無論在新中國五、六〇年代的種種批判和運動中還是在臺灣五、六〇年代的種種清黨和嚴查活動中，必然難逃被清理被整肅的命運。

——這就是筆者對一個傳統知識人在近現代三種社會轉型時期的價值取向及其生命情調的個案研究所得出的結論。

王國維以投湖自盡而「與之同命而共盡」了。陳寅恪以他特立獨行之風彩——目瞽、足跛、病軀，受批判、受壓制之身，借著他對古代詩文（代表作如《論再生緣》、《柳如是別傳》、《元白詩箋證稿》）和歷史文化研究（代表作如《金明館叢稿》、《二稿》和《寒柳堂集》）之筆，向他所神往的文化理想和價值尺度發出了最後的呼喚，實現了他的「與之共命而同盡」的信念。在文化價值和文化理念及其相就的文化體系全面崩潰的「文革」時代，晚年的陳寅恪先生是痛苦的，同時也是高傲的。他以一己之身承受了他的整個信念在現實受到的全部重壓，如磐石般不可移易。此前，大陸經歷了對知識分子的思想改造運動、批俞平伯、批胡適、反右……等運動。「文革」是悲劇的高潮，它以超乎常規的扭曲的形式踐踏了殘留下來的所有傳統，也踐踏了陳寅恪高貴的精神。他是含冤死去的。在他去世後，在經歷了又一系列世變之後，他的思想才在世人面前顯露出它的價值，但，世間已無陳寅恪。陳寅恪是獨一無二的，沒人能夠取代他。從他的經歷到家境背景，從他的學問人生到精神風貌，從他的學術貢獻到生命情調……這一切，都成就了一代學術偉人、思想大師的他，傲然挺立在三種社會形態轉型之時，為人類文化和思想留下了重重的一份厚禮。

但是，筆者必須指出：陳氏並不是時下有些人想要抨擊政府的理論工具。他更多的是歷史學家的時代考察和個人的時政抨擊和失意牢騷。現代某些學者試圖按照魯迅的身段來重新塑造一個神化的政治學者陳寅恪，則與陳氏本人的思想和價值倫理完全是南轅北轍的！

第十三章

陳寅恪的上古史探索

陳寅恪自己稱專治「不古不今之學」，也就是所謂的中古史或隋唐史研究。他自己早在一九三五年《陳垣西域人華化考序》一文中就已經明言了「不敢觀三代兩漢之書」，[1]他給出的理由是：

上古去今太遠，無文字記載，有之亦僅三言兩語，語焉不詳，無從印證。加之地下考古挖掘不多，遽難據以定案。畫人畫鬼，見仁見智，曰朱曰墨，言人人殊，證據不足，孰能定之？[2]

但是，根據陸鍵東《陳寅恪的最後二十年》一書，使我們得知陳寅恪曾經評價郭沫若的學術成就為：「他最好的著作是《青銅時代》」[3]。

這是上一輪陳氏研究出版熱和讀書熱中提出的新問題。最近十幾年來，一直未見有人對此加以賞析。在此，我特別提出來請大家討論。為何晚年居然發如此之怪論？

作為中古史首屈一指的頭號學術權威，在雙目失明前的二十世紀三〇年代，假如真的沒有讀過郭沫若的巨著《卜辭通纂》和《兩周金文辭大系》，那是落後於時代還是根本讀不懂？要知道，當時連國民黨的黨首蔣介石也開始注意到了並試圖閱讀這兩部著作了。更何況，陳寅恪的友人可是和他同為清華國學研究院導師的國學大師、甲骨學金文學和商周史研究的權威王國維啊！說陳寅恪一點不懂上古史顯然是說不過去的。因為他在《對科學院的答覆》中曾這樣評價郭沫若：「郭沫若是

1 《陳寅恪集．金明館叢稿二編》，三聯書店，二〇〇一年，二六九頁。
2 引見《青海民族大學學報》，二〇一一年第一期，一〇八頁。
3 陸鍵東《陳寅恪的最後二十年》，三聯書店，一九九五年，三二二頁。

甲骨文專家，是四堂之一，也許更懂王國維的學說。」而且，一九三〇年十月二十四日陳寅恪致傅斯年信中居然提出要求：希望中央研究院可以購買日文出版的《泉屋清賞》一書。[1]我相信眼下很少有人能明白這本書的價值——因為它是日本收藏的中國商周青銅器的精品和集大成者，更是研究商周歷史和考古學的不可或缺的經典參考書。如果他不懂商周銅器學，他購買這本書有什麼意義？！

——但是，一本幾乎是商周史研究的通俗讀本的文史作品《青銅時代》，怎麼會引起陳寅恪如此的重視和評價呢？！居然說郭沫若「他最好的著作是《青銅時代》」，這是暴露了他的學術知識的欠缺還是他有真知卓見？不懂甲骨文和金文的陳寅恪，怎麼可以將他自己讀得懂的《青銅時代》推崇到壓倒郭氏劃時代的巨著《卜辭通纂》和《兩周金文辭大系》地位之上？其中可有什麼玄機？

又，根據《陳寅恪集．書信集》中所收他致容庚一封信中所言：

頃斐雲兄來言刻古籀餘論，弟近來極窘，無力刻書，又校對奇字亦無能為役。若公能刊行，天下最善之事莫過於是。惟須得孫氏許允後方可從事，不然恐有轇轕也。[2]

此信暗示著他本人曾經閱讀過商周金文的著作並熟知孫怡讓在這一領域的地位。

周書燦在《陳寅恪「不敢觀三代兩漢之書」的學術啟示》一文中曾考證說：

茲略舉兩例，足以說明。一是蔣天樞先生曾向陳先生請教《周禮》的有關問題，陳先生強

---

1 《陳寅恪集．書信集》，三聯書店，二〇〇一年，三八頁。
2 《陳寅恪集．書信集》，三聯書店，二〇〇一年，一三頁。

調「《周禮》中可分為兩類：一、編纂時所保存之真舊材料，可取金文及《詩》、《書》比證。二、編纂者之理想，可取其同時之文字比證。」今人認為，「設若不通先秦之典籍，絕非有此卓識」。二是俞大維先生曾經論及陳先生「對《十三經》不但大部分能背誦，而且對每字務求正解。因此，《皇清經解》及《續皇清經解》成了他經常看的書」。由此可知，陳先生對先秦典籍和後人研究先秦的典籍「深有了解」。值得注意的，恪守「不敢妄說」學訓的陳寅恪先生終生將中古史作為自己的研究方向，未曾撰著一篇上古史論著，則似乎表明，陳先生「不敢觀三代兩漢之書」、「平生不能讀先秦之書」的感慨之語，並非信口亂說，終其一生的學術實踐足以為其感慨之語作最有力的證明。[1]

其實，在陳氏給弟子寫推薦信中，我們也經常可以看到他對上古史的評價。陳氏門下著名弟子戴家祥，也是師出王國維門下。為了戴家祥的工作，一九二八年八月十二日，陳氏親自給傅斯年寫信。信中說：

前清華研究院出身之戴君家祥，於古文字學確有心得，因渠本孫仲容先生之姻家子，後從王觀堂先生遊，故有《殷周字列》之作，現雖未完成，而其他種解釋龜甲文、金文之著作，亦散見於《清華國學論叢》，現在上海無所事事，欲求介紹於廣州中山大學朱騮仙、劉奇峰兩公，而弟素未通問，不便作書，即請兄代為推薦，必能勝任，不致貽薦者之羞。

這裡介紹的戴家祥，字幼和，浙江瑞安人。一九二六年考取清華大學國學研究院，師從王國維

1 《青海民族大學學報》，二〇一一年第一期，一〇八—一〇九頁。

先生，治經學和古文字學。因為一九二九年，戴家祥就任廣州中山大學文學院副教授。可見，傅斯年、陳寅恪的推薦信真的產生了作用。一九三六年夏，戴家祥轉任四川大學文學院副教授。而後回到浙江，就任臺州中學教師。一九四五年，戴家祥就任英士大學文學院副教授。一九五一年，戴家祥就任華東師範大學中文系教授，次年轉任歷史系教授。一九九八年五月三十日逝世。戴家與瑞安孫家有姻親關係，孫詒讓是戴家祥的姨公。故此，戴家祥自少開始遍讀孫詒讓的藏書。當時，戴家祥發表在《清華國學論叢》上的論文是：

《釋千》，清華研究院學報《國學叢論》第一卷第四期，一九二八年。

《釋百》，清華研究院學報《國學叢論》第一卷第四期，一九二八年。

《釋甫》，清華研究院學報《國學叢論》第一卷第四期，一九二八年。

《釋㿝》，清華研究院學報《國學叢論》第一卷第四期，一九二八年。

這四篇論文加上準則專著《殷周字列》一書稿，更兼有陳、傅二人的推薦，使戴家祥成為廣州中山大學文學院副教授。以後成了王國維門下繼承金文學說的著名古文字學家和歷史學家。戴家祥主要的學術著作有《商周字例》、《牆盤銘文通釋》、《金文大字典》。可見，陳寅恪在上古史人才上沒有看走眼。

更重要的是，一九二八年十月二十日，陳氏給傅斯年信中表達了他自己對春秋曆法的研究。他說：

周代曆問題，《支那學》第四卷第三卷新城新藏有一文曰《周初之年代》，乃獻於王靜安先生墓前者，弟已囑人譯迄，現在商務印書館印刷，並附有討論之文兩篇。又，新城別有一篇《論春秋的歷時》，登在《狩野直喜博士還曆》中，弟亦囑人移譯。惟清華所購本寄商務書館印刷。弟初讀新城文時，以為此問題已解決，後來細閱，乃知仍有問題，目《召》、《誥》若無偽字，即周初已有閏月，而新城之根據失矣，其餘據 Gppolzer 表推算，皆弟久欲試算而未作者。至於春秋時代年曆問題，天南遯叟在英時已有推算頗佳。新城則更進步矣。

這封信內容極其珍貴，顯示出陳氏的日語閱讀能力和上古曆法的研究經歷等諸多問題。由此可見，研究上古史的周書燦讀書不細，他撰寫了《陳寅恪「不敢觀三代兩漢之書」的學術啟示》一文，就是想回答陳氏對上古史的研究，但是卻居然疏忽掉了這封如此重要的信件，十分可惜。它真實地記錄了陳氏對上古史的研究經歷。

首先，此信有誤。三聯版《書信集》將「周代曆問題」誤作「中代曆問題」，本書在此給予更正。該書居然出現了多處收信人和陳氏書信原文臺端姓名不符的現象。比如，《陳寅恪集·書信集》中的「致傅斯年（七七通）」，就是出現了一個很明顯的低級錯誤。見該書第二三頁收錄的陳寅恪致傅斯年信編號第二十二號，實際上該信居然是陳寅恪致陳純的信，收信人根本不是傅斯年。再如，《陳寅恪集·書信集》中該書第九四頁收錄的陳寅恪致傅斯年信編號第五十六號，根據我們所掌握的該信原始材料來看，該信的收信人也根本不是傅斯年，而是葉企孫。一九四三年一月二十日，陳氏只寫此信給葉氏。將《陳寅恪集·書信集》中該書第九四頁和原始書信照片對比，除了臺端不同，內容全一樣。對於重大史料彙編中出現的如此張冠李戴的低級錯誤，實在讓我們目瞪口呆。歎三聯版《書信集》錯誤實在太多！而且收信實現太少！數量嚴重不足。該書只收了陳氏書信不到二百多封，還包括陳夫人的信。而本書則是四百多封，而且全部只是陳寅恪的信。我們想說明的是：我們沒有想到出自陳寅恪家人和弟子們和再傳弟子們之手聯合編集的這本《陳寅恪集·書信集》只收錄了兩百多封陳氏書信，還夾雜著陳夫人的信和一信拆成兩信的現象。真正屬於陳寅恪本人的書信，大約兩百一十封左右。這和我們掌握的保留下來的陳寅恪本人四百二十二封書信幾乎相差一倍！而且，我們知道這個數字還會被更改。那麼，我們想知道，作為國家著名學術出版機構、作為陳寅恪家人和弟子們和再傳弟子們，何時可以貢獻給學術界和讀者們一部真實可靠、準確無誤、完善全本的《陳寅恪書信集》？

其次，這裡的新城新藏，日本著名漢學家，專攻上古天文學史研究。他一八七三年八月二十六日生於福島縣會津若松市。他的祖上是當地著名的釀酒家族。一八九一年，他從會津若松市第二高中畢業考入東京帝國大學理學部。一八九五年，他大學畢業後考入大學院，專攻物理學。一八九七年，他修士畢業後就任陸軍炮工學校教授。一九〇〇年，他轉任京都帝國大學理學部副教授。一九〇一年開始，他到德國留學，專門從事天文學的研究。一九〇三年，他回國後晉升為理學部教授。從這時開始，他的研究興趣逐漸轉移到了對中國古代天文學史的研究上來。他和文學部的狩野直喜、內藤湖南兩教授有了很深的交往。並在他們的啟發下，開始研究中國古代天文曆法著作。他的名著《東洋天文學史研究》一書出版時，內藤湖南教授親自為此書寫下了長序。此書出版後立刻為他贏得了國際性的聲譽，使他成為國際上研究中國古代天文曆法問題的權威學者。一九一八年，他在京都帝國大學設立宇宙物理學教研室。一九二〇年，他成為理學部長。一九二九年，他當選為京都帝國大學校長。一九三五年，他又出任上海自然科學研究所所長。在上海期間，他多次主持漢語教學活動和面向上海大眾的學術演講。

即便是在那個日本對華侵略戰爭瘋狂的時代，他依然沒有忘記自己的學術良知，多方奔走呼號，保存中國珍貴的文化遺產。甚至他大膽地給日本國內因反戰而被解除工作和職務的左翼知識分子栢植秀臣、小宮義孝等人提供了在上海自然科學研究所的工作和科研機會。正是由於他的努力，戰後，國民政府依據新城教授所提供的文物保護清單展開了對日軍佔領區掠奪中國文物的清查工作。

侵華日軍佔領南京後的一九三八年八月一日，他親自來到南京城區視察當時中國文物保存現狀工作時，因疲勞過度而突然逝世——是疲勞過度還是因為內心中的憤怒突然引發了心腦血管的疾病，我們只能意會而無法言傳，因為我所看到的來自日本官方（或南京駐軍）公布的死亡原因就是簡簡單單的「疲勞過度」而已。但是，這樣一位善良而正直的漢學大家，面對著自己的同胞製造了南京慘案和血洗了歷史上大名鼎鼎的六朝古都南京所留下的殘垣斷壁，研究科技史的他將是以怎樣的心情來承受這一切……我們不得而知：「此中有真意，欲辨已忘言！」

在京都學派早期學者們中，新城新藏的學術良知的出現，絕對是個異數。他和內藤、桑原、矢野、小川、

新城新藏及其著作

羽田等人的對日本軍部的積極的支持態度和對華情緒形成了鮮明地對比。

主要著作有：《迷信》、《東洋天文學史研究》、《戰國秦漢の曆法》等。以及物理學和天文學著作《宇宙大觀》、《宇宙進化論》、《天文大觀》、《最近宇宙進化論十講》、《天文學概觀》、《こよみと天文》、《物理及ビ化學・宇宙物理學》等。

他的弟子中，繼承了他的中國古代天文學史研究的有能田忠亮、荒木俊馬、上田穰、藪內清等人。

在《日本における中國科學史研究の動向》一文中，川原秀城評述說：

他從《左傳》《國語》中關於歲星的記載，推定該書應該成書於西元前四世紀中葉。另外，新城根據《春秋》、《史記》、《漢書》等有關曆法的史料，考察了從周初到太初改曆（西元前一〇四年）構成的長曆，他發現「太古以來到太初約兩千年的天文學的歷史發展，是一種完全自發的演變歷史，絲毫看不到任何外來影響的形跡」。新城的這一論證打破了當時流行的中國天文曆法來源於西方的觀點。[1]

在陳寅恪的這封信中，他自述說：

弟初讀新城文時，以為此問題已解決，後來細閱，乃知仍有問題，目《召》、《誥》若無偽字，即周初已有閏月，而新城之根據失矣。

這就涉及到了商周曆法中的置閏問題。

1 胡寶華譯《日本的中國科學史研究》，《中國史研究動態》，二〇〇三年七期。

古代中國，先後曾經有過的曆法種類從「黃帝曆」到洪秀全太平天國的「天曆」，共有一百〇二種。加上西曆和火曆，就有一百〇四種曆法。被稱為「古曆」的有七種：黃帝曆、顓頊曆、夏曆、殷曆、周曆、魯曆和火曆。《漢書．律曆志》上記載的只是前六種。

在已經出土的西周大量青銅器銘文中出現的作器時間記錄，並不能百分之百的肯定都是出自周曆。特別是記載魯國和宋國內容的銅器銘文，因為魯曆．殷曆和周曆的換算，我們對此最難把握的是置閏問題。大家知道，閏月是為了維持曆法的準確性而產生的一種調解方法，「十九年七閏」的定規是否為周曆以外的所有曆法所採用，這是不易斷定的。因此，在假定所有作器時間都是出於周曆的基礎上，才能開始銅器斷代研究。這是從事金文曆法研究的第一個假定。

使用六十甲子記日法之後，對於新王的改元和置閏過程中是否存在著更改甲子記日的問題，這也是千古之謎！古代中國（特別是西周諸王）王權的過分膨脹，是否會在六十甲子記日的連貫性這一「天道」面前低頭呢？我們不得而知。因此，在假定六十甲子記日法在改元和置閏過程中永遠處於不變的前提下，才能開始銅器斷代研究。這是從事金文曆法研究的第二個假定。

有了這兩個假定，為西周銅器斷代學研究提供了最為基本的立腳點。

在古代學術史上，宋代古文字學家呂大臨在《考古圖》中就利用太初曆解讀《散季敦》銘文中的「唯王四年八月初吉丁亥」的記載：

以太初曆推之，文王受命，歲在庚午九年，而終歲在己卯。《書》曰：「唯九年大統未集」。武王繼位之四年，敦文曰：「唯王四年」，蓋武王也。是年一月辛卯朔。《書》曰：「唯一月壬辰旁死魄」，旁死魄，二日也。是歲二月後有閏。自一月至八月，小盡者四，故「八月丁亥朔」

與敦文合。

這是呂大臨利用太初曆，結合《尚書．武成》中的相關記載，對《散季敦》銘文中的「唯王四年八月初吉丁亥」的記載進行考證的推導過程。從《尚書．武成》中的「唯一月壬辰旁死魄，越翼日癸巳，王朝步自周，於征伐商」的記載，推導到當年的八月，正好在丁亥日、月相是初吉，因此上《散季敦》銘文中的「唯王四年八月初吉丁亥」的記載和《尚書．武成》中的「唯一月壬辰旁死魄，越翼日癸巳，王朝步自周，於征伐商」的記載是一致的。

根據《史記．五帝本紀》記載，當時在曆法上已經是施行「歲三百六十六日，以閏月正四時」。殷商時代，已經存在著設置閏月的問題。商代甲骨文中多次出現十三月的記載，這又證明商代已經用閏月來調整節氣和曆法了。他們把一年分為十二個月，大月三十天，小月二十九天，每逢閏年在年終加一個月，叫做閏月，也稱「十三月」，這一設置閏月的方法叫做年終置閏法。表現在銘文中，便有所謂的「十三月」、「十四月」乃至更高月分的問題存在。

呂大臨已經意識到這一問題，並且提出了他自己的解答，他對《公誠鼎》銘文中出現「唯王十又四月」記載的考證，見《考古圖》卷一：

按：「唯王十有四月」，古器多有是文。或云「十有三月」，或云「十有九月」。疑嗣王居憂，雖踰年未改元，故以月數也。

在這裡，他並沒有認為出現「唯王十有四月」是設置閏月的原因所致，而是因為新王繼位之後，並沒有立刻改元，而是繼續使用老王的年號。比如，老王在「唯王六年九月」時死了，新王繼位，他沒有立刻宣布從現在開始應該進入「唯王元年一月」，而是繼續使用唯王六年九月、十月、十一月、十二月。超過了十二月後，他不能說已經進入了「唯王七年一月」了，因為老王在「唯王九月」時已經故去了，所以他就使用唯王十三月、十四月……一直到他開始使用自己的「唯王元年一月」為止。

出現這一現象的原因，呂大臨認為是「嗣王居憂」。這種解釋有著明顯的倫理和親情色彩。這和當時宋代注重倫理和親情的社會大環境是一致的。

針對「所有作器時間都是出於周曆的基礎上」和「假定六十甲子記日法在改元和置閏過程中永遠處於不變的前提下」這兩個大前提，我們發現：陳寅恪從來沒有意識到如何解決西周年代學這一重大問題。這大概是他長期自稱「不敢觀三代兩漢之書」的根本原因吧。但是，他也意識到了「周初已有閏月，而新城之根據失矣」這一現象。

驗證這兩個立腳點的基礎是在甲骨文和金文以及先秦史料中的有關夏、商、周日食和月食問題的記錄。因此十八世紀中期，理論天文學在西方的發展，使我們可以了解地球和月球誕生以來和今後地球上所有日

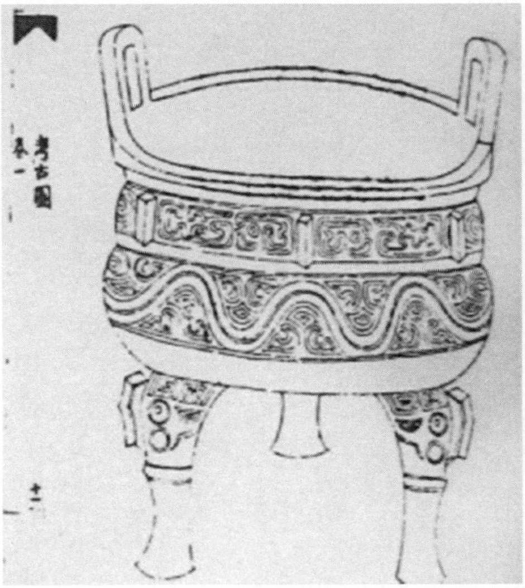

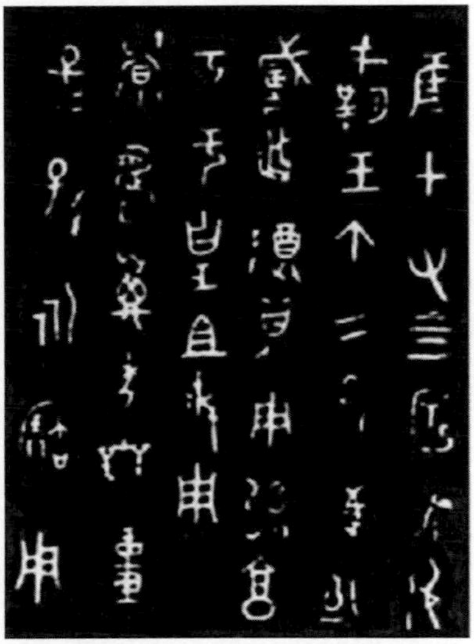

《考古圖》中的《公誠鼎》及其銘文拓片

食和月食的準確發生日期。比如，根據《（偽）古文尚書》的記載，在夏代少康時代發生過一次日食。一八九年，MULLER博士根據理論天文學所得出的地球上所有日食和月食的準確發生日期，得出結論：夏代少康時代的那次日食發生在西曆西元前二一六五年五月七日的日出後一小時左右。結論的準確無誤為我們重新判定《（偽）古文尚書》的史料價值提供了證據。也為夏代少康的在位時間給出了答案：西曆西元前二一六五年前後。

這一研究自古以來就是商周金文學術研究中的難點。因此，時值今日，出現的學術研究著作並不多。大致有《西周紀年研究》、《西周年代》、《西周青銅器年代綜合研究》、《夏商周斷代工程一九九六－二〇〇〇年階段成果報告・簡本》、《西周青銅器分期斷代研究》、《西周諸王年代研究》、《西周青銅器銘文分代史征器影集》、《西周銅器斷代》、《西周青銅器銘文分代史征》、《西周年代學論叢》、《春秋青銅器年代綜合研究》、《先秦年代探略》、《金文字形書體與二十世紀的西周銅器斷代研究》、《金文月相紀時法研究》、《金文標準器銘文綜合研究》、《金文斷代方法探微》、《銅器曆日研究》等。毫無疑問，上述各書以陳夢家《西周銅器斷代》為這一研究的最高代表和學術經典。

第十四章

五〇年代的陳寅恪

關於陳寅恪的晚年心境，余英時先生專門撰寫了《陳寅恪晚年詩文釋證》一書加以研究。他陳述說：

一九八二年友人金恒禕先生旅居美國，主編《中國時報．人間副刊》。我們偶而見面，也曾談到陳寅恪和他的晚年著作。恒禕對我的一些看法極感興趣，一再慫恿我把這些意見正式寫出來，《人間副刊》願意為我提供發表的園地，而且篇幅不加限制。我經不起他的盛情鼓舞，終於寫出了那篇惹禍的長文《陳寅恪的學術精神和晚年心境》。當時董橋先生主編香港的《明報月刊》對我的文字也有偏好，要求同時刊出此文，這才流入了中國大陸。生平文字闖禍，事已有有，而未有甚於此者，尚在《紅樓夢》爭議之上。但我有自知之明，並不是這篇文字涵有特別的價值或特別的荒謬，而是由於其中道破了一些歷史疑點，為人人心中所已有，適逢其時，競釀成一大公案，至今未了。這正應了陳寅恪「人事終變，天道能還」的預言。現在我必須趁增訂本出版的機會向金恒禕和董橋兩位老朋友致最誠摯的謝意。無論是功是罪，他們兩位恐怕都不能不和我共同承當。今天我們已確知寅恪先生當年是熟悉我的《書後》的內容的。那麼他自己究竟有過什麼樣的反應？答案在十年前便已揭曉了。現在我既已決心告別陳寅恪研究，經過再三的考慮，我認為不應該再繼續讓這一重要的事實埋沒下去。一九八七年十月二十五日香港大學的李玉梅博士寫了一封信給我，茲摘抄其中最有關係的部分於下：

晚正研究史家陳寅恪，因於八月下旬結識陳老二女兒陳小彭、林啟漢夫婦，暢談陳老事，至為投契。小彭夫婦於一九五四年調返中山大學，據稱此乃周恩來之意，好便照顧陳老云云。今則居港七、八年矣。

於細讀教授有關陳老大作後，小彭命我告知教授數事如下：

（一）陳老當年於讀過教授《陳寅恪論再生緣書後》一文後，曾說：「作者知我」。

（二）教授《釋證》頁七〇（按：此指一九八六年新版）有「陳先生是否真有一枝雲南藤杖」之疑，答案是肯定的。

（三）陳老夫婦確曾有為去留而爭執之事。

小彭夫婦對教授之注陳老思想，能得其精神，深覺大慰，特命余來信告之。我還清楚地記得，我當時讀到寅恪先生「作者知我」四字的評語，心中的感動真是莫可言宣。我覺得無論我化多少工夫為他「代下腳注，發皇心曲」，無論我因此而遭受多少誣毀和攻訐，有此一語，我所獲得的酬報都已遠遠超過我所付出的代價了。這次增訂版加寫了《儒學實踐》和《史學三變》兩篇研究性的長文，也是為了想對得住寅恪先生「作者知我」這句評語。[1]

這一段文字對於所有從事這一課題研究的人全是壓力！因為作者得到了陳寅恪本人的認可：「此人知我」！因此，筆者的這一章將儘量本著我自己的思路，努力提出自己對這一問題的看法。

一九五〇年夏，陳寅恪的夫人因為害怕受家族土改的牽連，突然攜女兒去了香港躲避多日。陳寅恪對此的感受和恐懼態度，我們不得而知。但他留下了「領略新涼驚骨透」這樣的名句，足以表明了他的態度。這似乎象徵著陳寅恪晚年不幸命運的開始。同年十二月，陳寅恪出版了《元白詩箋證稿》一書。該書是線裝本，一四八頁，嶺南大學中國文化研究室作為「嶺南學報叢書第一種」出版。

---

1 《陳寅恪晚年詩文釋證》（增訂本），臺灣東大圖書公司，一九九八年。

清華印書館印刷。全書八章，約十六萬字。多論及元稹與白居易之作品，如《長恨歌》與《琵琶行》，其書的特色便是「以詩證史」。內容如下：第一章《長恨歌》；第二章《琵琶引》；第三章《連昌宮詞》；第四章《豔詩及悼亡詩》；附：《讀鶯鶯傳》；第五章《新樂府》；第六章《古題樂府》；附論：（甲）《白樂天之先祖及後嗣》；（乙）《白樂天之思想行為與佛道關係》；（丙）《論元白詩之分類》；（丁）《元和體詩》；（戊）《白樂天與劉夢得之詩》；《附：校補記》。

一九五〇年的七月四日，《竺可楨日記》記載：「梁方仲來，知渠在嶺南大學一年，與姜立夫、陳寅恪同事。……寅恪則證唐代史及元微之、白樂天之詩句，目已幾全失明，但由助手寫黑板云」。[1]甚至當年八月分的竺可楨日記，又記載了姜立夫來京時告訴他「陳寅恪在彼尚好」。[2]可見，當時，陳夫人的出走並沒有造成太大影響。梁方仲並沒有和竺可楨說什麼。而正是這個梁方仲，當他見到夏鼐時卻主動透露了另一番資訊，根據《夏鼐日記》一九五〇年六月二十三日的記載：

> 談及嶺南近況，謂陳寅恪先生仍牢騷甚大。[3]

這就真實地記錄了陳夫人的出走和他對當時受家族土改的牽連對陳造成的影響。他留下的「領略新涼驚骨透」的原由應該就是如此形成的。

一九五一年五月七日至二十三日，中央召開了《全國宣傳工作會議》。劉少奇在會議上做了《黨的宣傳戰線上的任務》的專題發言。該發言提出：

---

1 《竺可楨日記》第三卷，上海科技教育出版社，二〇一〇年，七二頁。

2 《竺可楨日記》第三卷，上海科技教育出版社，二〇一〇年，八三頁。

3 《夏鼐日記》，華東師範出版社，二〇一一年，三〇五頁。

我們黨的宣傳工作已經取得了很大的成績，但也還有很多缺點。我們要總結經驗，發揚成績，並用各種辦法逐步克服工作中的缺點，真正做到在全國範圍內和全體規模上來宣傳馬列主義，用馬列主義教育人民，提高全國人民的階級覺悟和思想水準，為在我國建設社會主義和實現共產主義打下思想基礎。

而當這一精神傳達到中山大學時，陳寅恪卻在當年七月八日寫下著名的《經史》一詩：「虛經腐史意何如？谿刻陰森慘不舒。竟作魯論開卷語，說瓜千古笑秦儒。」[1]這裡的「虛經腐史」即暗指馬列主義。陳氏的態度，以「谿刻陰森慘不舒」來形容全國範圍的宣傳馬列主義所造成的效果。他從指責晚清到指責民國、再到指責新中國，他總是把自己設定在一個嚴厲批評者的中心位置上，而不去考慮個人和時代的結合問題。而這個時候，他老朋友朱師轍、陳垣卻開始了精神境界的新生活動。特別是當朱接到毛澤東親筆覆信後，朱的激動和改造思想之心可以想像。該信如下：

少濱先生：

九月二十五日惠書並附大作各件，均已收到，感謝先生的好意。

謹此奉發，順致敬禮！

毛澤東

一九五一年十月七日

---

1 此詩寫作日期的判定，我接受日本學者給我的抄本記載。見本書《陳寅恪史事索隱》一書。

雖聊聊數語，但對於一個有著如陳寅恪一樣出身和背景的舊知識人，我們從他附給毛澤東主席的兩首詩「其一：琅庵飛下九重大，堯舜都俞在眼前，想見幾余揮翰墨，板橋風味卻依然。其二：七四屏翁興不窮，開函肅敬對毛公。回懷元首關懷意，尊重儒宗禮更隆」可以發現，他內心世界中真正感受的恐怕還是「喜接聖旨」和「蒙主隆恩」的文化心理吧。

也就是在這一年的十一月，全國政協一屆三次會議上，毛澤東在懷仁堂舉行國宴時與陳垣同席。毛澤東公開地向別人介紹說：「這是陳垣，讀書很多，是我們國家的國寶。」

一九五二年，全國範圍的知識分子思想改造運動開始了。陳寅恪再次冷眼旁觀當局的「改男造女」，看讀書人的「塗脂抹粉」和「宗朱頌聖」的種種表現，並且寫下了這樣的詩歌：

《男旦》：

改男造女態全新，鞠部精華舊絕倫。太息風流衰歇後，傳薪翻是讀書人。

《文章》：

八股文章試帖詩，宗朱頌聖有成規。白頭宮女哈哈笑，眉樣如今又入時。

這些詩歌表明了他與新中國的距離和他的拒絕態度。而此時，他的老友陳垣在一九五二年十二月致楊樹達的信中公開地提出了「法韶山」的觀點：

遇夫先生：

違教久，奉廿二日書，悅若覿面，欣慰何似。《積微居金文說》已由科學院送到，稍暇當細加鑽研，以答盛意。來示謙欲法高郵，高郵豈足為君學？況我公居近韶山，法高郵何如法韶山？[1]

史學二陳在新中國以後的人生選擇出現了如此鮮明地對照和反差。任何人如果指責陳垣此時是所謂的「侮食自矜」和「曲學阿世」的行為的話，那是完全缺乏基本常識的無聊責難。沒有人強迫陳垣如此寫信給楊樹達，因此，有理由相信「示謙欲法高郵，高郵豈足為君學？況我公居近韶山，法高郵何如法韶山」之說完全是陳垣在「獨立之精神」狀態下的自覺行為的結果。而他提出的這一建議也證明了他此刻的「自由之思想」。請問：陳垣此說哪點違背了「獨立之精神，自由之思想」的陳寅恪價值理念信仰了？然而，一九五三年一月二日陳寅恪從楊樹達的來信中獲知此消息後，他就此信的態度卻是：

援老所言，殆以豐沛耆老、南陽近親目公，其意甚厚。弟生於長沙通泰街周達武故宅，其地風水亦不惡，惜藝〔勵〕耘主人未之知耳，一笑。[2]

陳氏為何要如此嘲弄陳垣？難道陳垣的此言違背了「獨立之精神，自由之思想」的陳寅恪價值理念信仰了嗎？非也！當陳寅恪給楊樹達回信中表達自己的「弟生於長沙通泰街周達武故宅，其地風水亦不惡，惜藝〔勵〕耘主人未之知耳，一笑」觀點時，他完全忘記了陳垣的身分，他習慣性的又在推廣他的個人價值理念體系了。「從我之說即是我的學生，否則就不是」，可惜這次他面對的

1 《陳垣往來書信集》（增訂本），三聯，二〇一〇年十一月版，二七四頁。

2 《陳寅恪集・書信集》，三聯書店，二〇〇一年，一七八頁。

說話對象並非他的學生，而是他的老友。其實，陳垣和他同樣是面對三種社會轉型，但是援老的處理方法更多的具有工具理性的選擇意義在內。勿寧說，這一工具理性的選擇是處世經驗老辣的證明。而陳氏自己則無法正視自己的價值理念早已經成為他個人的自我中心理念，不再具有推廣價值，乃至於他自己的學生也要站出來批判他並離他而去了。

「從我之說即是我的學生，否則就不是」，這句話十分霸道。顯示了陳氏對新社會價值理念的抵觸情緒。儘管陳懷宇為此專門進行了淡化處理和解釋，陳懷宇主張：

這句話中應該隱含了暗碼，這個暗碼就是從他之說，就是與自由思想和獨立精神站一起。這樣的話，和《約翰福音》所說的 if you continue in my word, you are truly my disciples 可以說完全一致。[1]

此說未免求之過深。陳寅恪一生並非信仰《約翰福音》，雖然他曾肯定過英文《聖經》文字優美，但這並非出自他個人的真知灼見。顯然，陳懷宇的解釋試圖淡化陳寅恪在這裡表現出的濃厚的霸道和家長制作風。但是，陳懷宇卻以個人的「有我之境」來解釋陳寅恪的這一言行，缺乏客觀而公正的「無我之境」的考證心態。

當年秋天，大規模的院系調整活動使嶺南大學併入了中山大學，自此以後，陳寅恪一直擔任中山大學教授。

而此時的陶孟和還在掛念著他是否即刻北上出任中國科學院之職：「陳寅恪先生近況如何？科

1 陳懷宇《在西方發現陳寅恪》，北京師範大學出版社，二〇一三年，一二七頁。

學院前年曾擬請其來京主持歷史研究，迄無結果。請便中一詢，並代述科學院擬借重之意。陳先生離嶺南有無問題，也請調查一下為感。」[1]

一九五三年十月初，中央歷史研究委員會負責人陳伯達委託中國科學院院長郭沫若致電陳寅恪，決定請陳寅恪出任中國科學院歷史研究所第二所所長。聽到這一消息後，當時，他的真實態度是什麼呢？見《陳君葆日記全集》一九五三年十月十八日的記載：

關於寅恪自己的事，他把十月七日郭沫若拍給他的電報、並他的覆電給我看。科學院是要他擔任歷史研究院的中古史一部分的領導，並約他為明年春出版的史學雜誌一類刊物的頭一期撰文，他覆電堅決地推辭赴任，理由是病……[2]

1 引見卞僧慧《陳寅恪先生年譜長編》，中華書局，二〇一〇年，二六二頁。

2 《陳君葆日記全集》，香港商務印書館，二〇〇四年。

中山大學陳寅恪先生故居照片

又見《陳君葆日記全集》一九五四年八月二十五日再次見到陳寅恪的記載：「仍然是以前的理由，說到那裡沒有較寬大的房子，不能靜養，病便要加劇了。」[1]與此同時，他在一九五四年七月十日給楊樹達的信中卻直接地表明：「弟畏人畏寒，故不北行」。[2]又，根據《顧頡剛日記》的記載：當年八月，蔣天樞從上海趕來詢問他是否北上，他依然還是託病為由，拒絕北上。[3]

而實際上在一九五三年十二月一日的《對科學院的答覆》裡，陳寅恪提出就任所長的兩個條件。第一條：「允許中古史研究所不宗奉馬列主義，並不學習政治」。第二條：「請毛公或劉公給一允許證明書，以作擋箭牌」。那麼，這足以驚世駭俗的兩個條件全文如下：

《對科學院的答覆》：

我的思想，我的主張完全見於我所寫的《王觀堂先生紀念碑銘》中。王國維死後，學生劉節等請我撰文紀念。當時正值國民黨統一時，立碑時間有年月可查。在當時，清華校長羅家倫，他是二陳（CC）派去的，眾所周知。我當時是清華國學院導師，認為王國維是近世學術界最重要的人物，故撰文來昭示天下後世研究學問的人，特別是研究史學的人。我認為研究學術，最重要的是要具有自由的意志和獨立的精神，所以我說：「士之讀書治學，蓋將以脫心志於俗諦之桎梏。」「俗諦」在當時即指三民主義而言。必須脫掉俗諦之桎梏，真理才能發揚。受「俗

1 《陳君葆日記全集》，香港商務印書館，二〇〇四年。

2 《積微居友朋書札》，湖南教育出版社，一九八六年，九八頁。

3 見《顧頡剛日記》，一九五三年卷，臺灣聯經出版公司，二〇〇七年，四五三頁。

諦之桎梏」，沒有自由思想，沒有獨立精神，即不能發揚真理，即不能研究學術。學說有錯誤，是可以商量的，我對於王國維也是如此。王國維的學說中，也有錯的，如關於蒙古史的問題，我認為就可以商量。我的學說也有錯誤，也可以商量。個人之間的爭吵，不必芥蒂，我、你都應該如此。我寫王國維詩，中間罵了梁任公，給梁任公看，梁只笑了笑，不以為芥蒂，我對胡適也罵過。但對於獨立精神，自由思想，我認為是最重要的，所以我說：「唯此獨立之精神，自由之思想，歷千萬祀，與天壤而同久，共三光而永光。」我認為王國維之死，不關與羅振玉之恩怨，不關滿清之滅亡，其一死乃以見其獨立自由之意志。獨立精神和自由思想是必須爭的，且須以生死力爭。正如碑文所示，「思想而不自由，毋寧死耳。斯古今仁聖所同殉之精義，其豈庸鄙之敢望。」一切都是小事，唯此是大事。碑文中所持之宗旨，至今並未改易。我絕不反對現政權，在宣統三年時就在瑞士讀過《資本論》原文。但我認為不能先存馬列主義的見解，再研究學術。我要請的人，要帶的徒弟都要有自由思想，獨立精神。不是這樣，即不是我的學生。你以前看法是否有和我相同，我不知道，但現在不同了，你已不是我學生了。所以周一良也好，王永興也好，從我之說即是我的學生，否則就不是。將來我要帶徒弟，也是如此。

因此，我提出第一條：「允許中古史研究所不宗奉馬列主義，並不學習政治」。其義就是不要有桎梏，不要先有馬列主義的見解，再研究學術，也不要學習政治。不止我一人如此，我要全部的人都如此。我從來不談政治，與政治絕無連涉，和任何黨派沒有關係。怎樣調查，也只是這樣。

因此，我又提出第二條：「請毛公或劉公給一允許證書，以作擋箭牌」。其意是毛公是政治上的最高當局，劉少奇是黨的最高負責人，我認為最高當局也應和我有同樣看法，應從我之說，否則就談不到學術研究。

至如實際情形，則一動不如一靜。我提出的條件，科學院接受也不好，不接受也不好，兩難。我在廣州很安靜，做我的研究工作，無此兩難。去北京則有兩難。動也有困難。我自己身體不好，患血壓高。太太又病，心臟擴大，昨天還吐血。

你要把我的意見不多也不少地帶到科學院。碑文你要帶去給郭沫若看。郭沫若在日本曾看到我的王國維詩。碑是否還在，我不知道。如果做得不好，可以打掉，請郭沫若來做，也許更好。郭沫若是甲骨文專家，是「四堂」之一，也許更懂王國維的學說。那麼我就做韓愈，郭沫若就是段文昌。如果有人再作詩，他就做李商隱也很好。我的碑文已經傳出去，也不會湮沒。[1]

不過，他的主張「允許中古史研究所不宗奉馬列主義」之說，可能另有背景。著名歷史學家、又是黨員幹部的李平心當時居然也這樣發了牢騷：「現在哪裡是馬列主義，直是形式主義，蓋極權過甚，幹部只有奉行，不敢靈活運用也。」[2]這句「不敢靈活運用也」才是陳寅恪和李平心發牢騷的真正原因，而不是他想反黨！但是陳氏卻遠不如顧頡剛、陳垣等人很快地適應了新社會。他主動退出了時代而固守自己的化石化的價值理念。

儘管如此，但是到了一九五四年一月，郭沫若以院長的身分親自給陳寅恪寫來了邀請北上的來

---

1 引見陸鍵東《陳寅恪的最後二十年》（修訂本），三聯書店，二〇一三年，一〇四一〇七頁。

2 見《顧頡剛日記》，一九五三年卷，臺灣聯經出版公司，二〇〇七年，四〇五頁。

信。特別是當時的國務院總理周恩來親自批示：「要團結一切愛國分子，如陳寅恪，要考慮科學家待遇」。[1]對於公開表示不信仰馬列主義的陳寅恪來說，周恩來這一批示使他得以躲避了被專政、被管制的命運，歷史學家的身分得到了新中國的認可。郭氏的態度與其說是友情的，不如說是行政的。郭氏目的是在最高當局那裡顯示自己在學術界的影響力和掌控能力，而陳氏的如此答覆，不亞於給了郭氏當頭一棒，也使郭氏掌控學術界的能力受到中央質疑。郭、陳的矛盾，從此成了難以解決的一道難題。但是，習慣了以自我的固有價值理念為中心的陳氏，依然沒有意識到他的選擇錯在哪裡。

同年，《歷史研究》第二期上發表了他的著名論文《論韓愈》。在此文中，他主張：

蓋天竺佛教傳入中國時，而吾國文化史已達甚高之程度，故必須改造，以蘄適合吾民族、政治、社會傳統之特性，六朝僧徒「格義」之學，即是此種努力之表現，儒家書中具有系統易被利用者，則為《小戴記》之《中庸》，梁武帝已作嘗試矣。然《中庸》一篇雖可利用，以溝通儒釋心性抽象之差異，而於政治社會具體上華夏、天竺兩種學說之衝突，尚不能求得一調和貫徹，自成體系之論點。退之首先發見《小戴禮記》中《大學》一篇，闡明其說，抽象之心性與具體之政治社會組織可以融會無礙，即儘量談心說性，兼能濟世安民，雖相反而實相成，天竺為體，華夏為用，退之於此以奠定後來宋代新儒學之基礎，退之固是不世出之人傑，若不受

1 見陸鍵東《陳寅恪的最後二十年》，三聯書店，一九九五年，一一九頁。

新禪宗之影響，恐亦不克臻此。

一九五四年，陳寅恪《論再生緣》定稿。他自己在該書前言中述寫作原因為：

寅恪少喜讀小說，雖至鄙陋者亦取寓目。獨彈詞七字唱之體則略知其內容大意後，輒棄去不復觀覽，蓋厭惡其繁複冗長也。及長遊學四方，從師受天竺希臘之文，讀其史詩名著，始知所言宗教哲理，固有遠勝吾國彈詞七字唱者，然其構章遣詞，繁複冗長，實與彈詞七字唱無甚差異，絕不可以桐城古文義法及江西詩派句律繩之者，而少時厭惡此體小說之意，遂漸減損改易矣。又中歲以後，研治元白長慶體詩，窮其流變，廣涉唐五代俗講之文，於彈詞七字唱之體益復有所心會。衰年病目，廢書不觀，唯聽讀小說消日，偶至再生緣一書，深有感於其作者之身世，遂稍稍考證其本末，草成此文。承平豢養，無所用心，忖文章之得失，興窈窕之哀思，聊作無益之事，以遣有涯之生云爾。1

一九五五年五月九日，中國科學院黨組致函中宣部，彙報中國科學院學部委員名單的人選情況，學部委員名單由兩百三十八人減至兩百二十四人。中央在審批時，又追加了十一人，最後名單成為兩百三十五人。據當時負責學部籌備工作的劉大年回憶：「社會科學方面是在提出名單之前，徵求了各學科主要人物的意見。我當時參加了這些活動，主要在北京地區找有關人士談……在徵求意見時，我們首先把科學院的精神告訴他們。當時提出的人選標準主要有這麼兩條：一條是政治的標準。社會科學的政治標準主要是擁護社會主義，擁護共產黨；另一條是學術標準，即在本學科中是否

1 《歷史研究》，一九五四年第二期，一〇七頁。

有成績。所謂成績就是看他的著作，以及群眾對他學術著作的評價。根據這個要求，來徵求他們認為適合做學部委員的人選。然後，黨組根據這些意見擬出名單。」陳寅恪當選為學部委員，是經過毛澤東主席點頭同意的。根據當時中國科學院黨組書記張稼夫的回憶：「自然科學部門並不感到困難，比較難的是社會科學部門。社會科學這個部門定學部委員沒有個明確的標準，特別是科學院黨內的一些同志，沒有多少社會科學的著作。但他搞的工作是社會科學，他們在實際工作中能夠運用辯證唯物主義和歷史唯物主義，能講馬克思主義理論，就是來不及寫多少文章和不會著書立說，其中有一些人也有不少著作，這些人不進學部也不大合理。實事求是的辦吧，後來還是在這些同志中定了一批學部委員。在這個工作中，矛盾最尖銳的是研究隋唐五代史的歷史學家陳寅恪，他是這個學科的權威人士，不選進學部委員會不行，他下邊一班人也會有意見。若選他進學部委員會，他卻又一再申明他不信仰馬克思主義。我們只好請示毛主席，毛主席批示：『要選上』。這樣，陳寅恪就

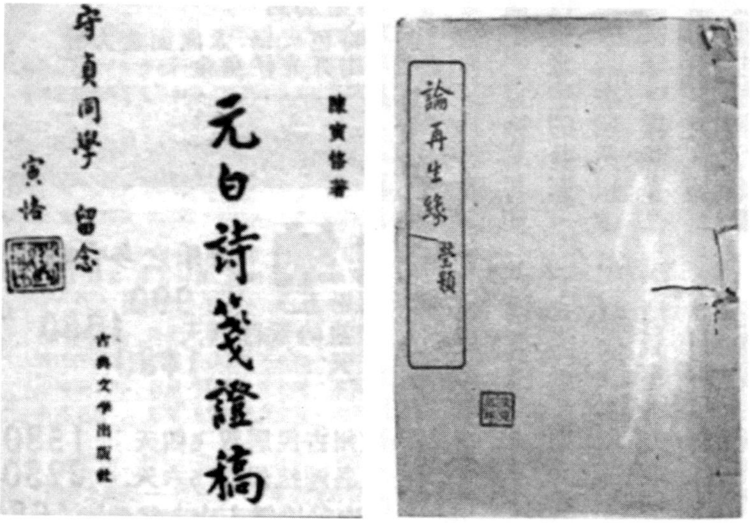

陳寅恪先生專著《元白詩箋證稿》和《論再生緣》一書封面照片

進了哲學社會科學的學部委員會。」[1]

吳宓在日記也記載著：「寅恪兄之思想及主張毫未改變，即仍遵守昔年『中學為體，西學為用』之說（中國文化本位論）」。[2]

一九五六年，時任廣東省省長、省委第一書記、中南局第一書記的陶鑄親自提議，將原任中國科學院廣州分院籌委會委員的陳寅恪，提為籌委會副主任，當時的籌委會主任就是陶鑄。他認為陳寅恪是「嶺南學界最具代表性的精英」。也正是在這一年，在廣東省高等院校教育工作會議上，陶鑄書記明確表示了自己的看法：陳寅恪教授不去臺灣，蔣介石要他去也不去這本身就是愛國行動，應該叫愛國的知識分子，我看，他是我們的朋友。[3]為此，他先後多次從生活上細緻入微地照顧陳寅恪，成了解放後陳先生唯一的一段幸福時光。

同年八月，章士釗南下廣州，拜訪陳寅恪。陳寅恪委託他帶走自己的新作《論再生緣》的油印稿和部分詩歌。第二年，香港友聯編譯所正式出版了此書。

應該說，從一九四九年到一九五八年這十年中，陳寅恪的待遇是優厚的，地位是高大上的。他的心情是陽光而開朗的。根據杜國庠的秘書李稚甫先生的回憶：

杜老去訪問陳老時，多次向陳先生請教、討論有關魏晉清談與玄學的關係，以及佛教傳入後對中國思想文化的影響，他們談得很歡洽，杜老很自然地就了解到陳老的生活、健康等情況，

---

1 《庚申憶逝》，山西人民出版社，一九八四年，一三一頁。

2 轉引蔣秉南《陳寅恪先生編年事輯》增訂本，上海古籍出版社，一九九七年，一七七頁。

3 詳細見陸鍵東《陳寅恪的最後二十年》，三聯書店，一九九五年。

並向陶鑄同志作了反映，在可能範圍內，由中大加以落實，對陳老作了許多照顧。如陳老近盲，只有微弱視力，便在其住宅前，用白水泥鋪了一條小道供他散步。在工作上配了助手，派了專門護士照料健康，在困難時期又保證了副食品供應。陳老得到這樣的尊重，工作熱情高漲。[1]

儘管從一九五八年十月開始發起對他的學術批判，但是和其他傳統知識人的悲慘遭遇相比，他還算是被優待的。這和從中央到地方的高級官員的關照是分不開的。現在有些人正努力將這十年也塑造成陳氏受迫害和被整肅的十年，顯然是不符合事實的。我們看看這時期在全國，成千上萬的家庭因為被打成右派分子而從此人鬼相隔。僅僅是因為他們向黨提了一些意見而已，有些甚至是被選出來的右派！而寫了那麼多抨擊政府詩歌的陳寅恪居然鬼使神差地逃脫了右派分子的指控，這不能不說是個奇跡和幸運。

按照徐慶全《陳寅恪先生〈論再生緣〉出版風波》一文的介紹：

一九五四年，《論再生緣》定稿後，陳寅恪油印若干冊，並交存學校數冊。不料，余某人在香港《人生》雜誌一九五八年十二月號上發表《陳寅恪先生〈論再生緣〉書後》一文，推斷《論再生緣》「實是寫『興亡遺恨』為主旨，個人感懷身世，猶其次焉者矣！」第二年，香港友聯出版社出版了《論再生緣》，在海外轟傳一時，議論紛紜。一九六〇年消息傳到內地，引起廣東和北京方面關注。廣東中山大學領導得到了一本香港出版的《論再生緣》，追查書稿如何流出境外，凡接觸過書稿的人都在審查之列。這卻難為不知原委的陳先生，回想一九五六年八月

1 《廣東社會科學》，二〇〇九年第六期，一〇〇頁。

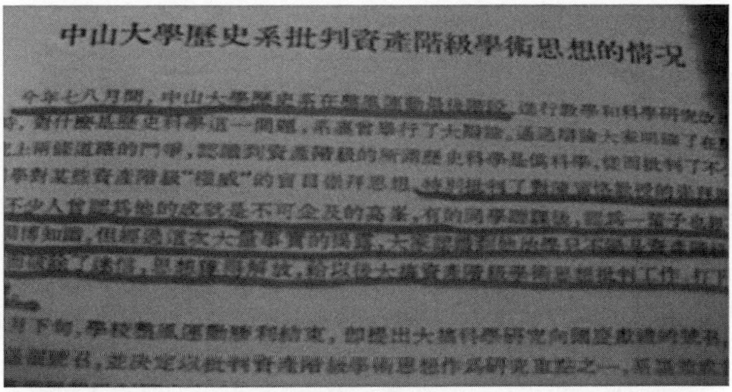

中山大學歷史系批判資產階級學術思想的情況

1958 年 10 月《歷史研究》刊登的中山大學某人批判陳寅恪的文章：

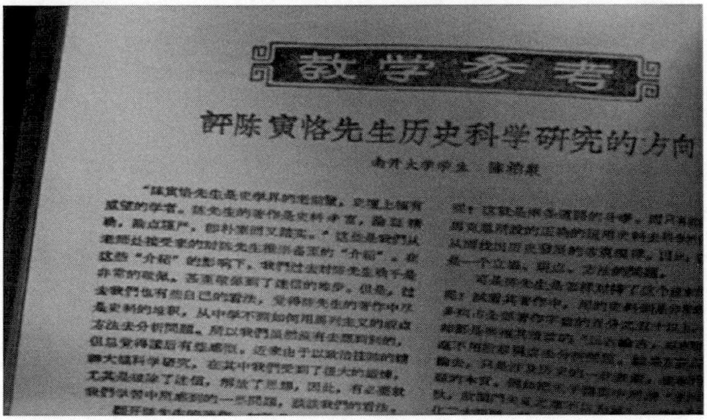

教学参考

評陈寅恪先生历史科學研究的方向

1958 年 11 月《史學月刊》上刊登的南開大學某人批判陳寅恪的文章：

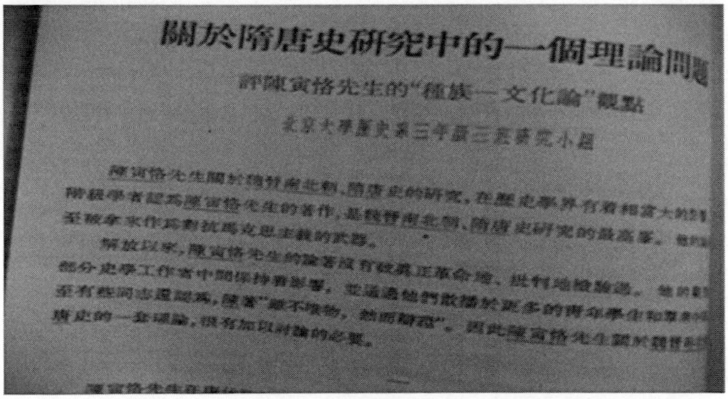

關於隋唐史研究中的一個理論問題

評陳寅恪先生的"種族—文化論"觀點

北京大學歷史系三年級三班研究小組

1958 年 12 月《歷史研究》刊登的北京大學某人批判陳寅恪的文章：

間，章士釗經廣州赴香港，專程來訪，曾將油印本《論再生緣》相贈。陳夫人唐曉瑩向校方反映，可能是章士釗帶到香港。以章士釗的名位和聲望，此事不了了之。但香港友聯出版社究竟如何得到《論再生緣》的稿本，還是一個謎。直到二十年後，余某人在香港《明報月刊》發表《陳寅恪的學術精神和晚年心境》，談到他於一九五八年秋在美國麻省劍橋發現《論再生緣》油印本，交香港友聯出版社出版，這才揭開了謎底。[1]

一九五八年六月十一日，郭沫若在《人民日報》上刊發了著名的《關於厚今薄古問題》一文，該文如下：

北大歷史系的同志們、同學們：

五月十五日給我的信已經接到，十五日上午翦伯老也曾來我處，談到作報告的事。我因為不久要同文聯的朋友們到張家口地區去參觀，不能前來和你們見面，故寫這封信來表達我的意見。

關於歷史研究或教學的方針問題，陳伯達同志提出的「厚今薄古」四個字，言簡意賅，只要我們能把它實行起來就好了。

「厚今薄古」本來並不是伯達同志個人的意見，毛主席早就提出過要我們重視近百年史的研究。今年二月，在一次最高國務會議上，主席提出了一位朋友批評共產黨的十六個字「好大喜功，急功近利，輕視過去，迷信將來」，加以指正，說共產黨正是這樣，正是好社會主義之大，急社會主義

1 《南方週末》二〇〇八年八月二十七日。

之功，正是「輕視過去，迷信將來」。這「輕視過去，迷信將來」就是所謂「厚今薄古」。不僅歷史研究應該以這為方針，任何研究、任何事業都應該以這為方針。

事實上這就是馬克思列寧主義的精髓，一切都當從發展上來看問題。歷史是發展，不是倒退。儘管舊時代的發展是不自覺的，統治階級甚至還有意以「厚古薄今」來箝制思想，然而一切事物的發展仍然今進於古。無論怎麼說，鐵器時代進於銅器時代，銅器時代進於石器時代，或者是近代進於封建時代，封建時代進於奴隸制時代。今天是自覺發展的時代了，我們正應該標榜「厚今薄古」來打破迷信，解放思想，形成發展上的大躍進。

當然「厚今薄古」也並不是說只要今，不要古，或者是把所有古代的遺產都拋棄，並不是那樣。這兩者是對待著說的，對於今是要得多些，對於古是要得少些。國家不能把重點擺在研究古代或古物方面。古代史和古文物也須得研究，但只能占比較小的比重。例如中國科學院有六十幾個研究機構，有六十多個是屬於今的，只有幾個是屬於古的。而且我們的重點所是原子能研究所、經濟研究所等，而絕不是古代史研究所，考古研究所等。這就是實際上的「厚今薄古」。像古時候的「學古入官」，「好古敏求」，搞學問就是搞歷史的那樣的時代，是老早過去了。

搞古代歷史的人是要有一些，搞考古工作的人也要有一些。但搞這些工作的同志更要有「厚今薄古」的精神。我們為什麼要搞古代史或研究古文物？目的是在闡明歷史發展規律，讓人們掌握這個規律，更好地改造客觀世界，為現在或將來的建設服務。我們並不是為考古而考古，更不是為崇古而考古。有「厚今薄古」的精神而從事考古，也就是用馬克思列寧主義的方法而從事古代研究，這樣就如居高臨下，使研究的對象能聽自己的駕馭，歷史發展的途徑儘管有怎樣的曲折迂回。都無所逃形而歷歷實現在眼底。假使沒有「厚今薄古」的精神，那就只能是古人的俘虜，古文物的俘虜，一群老古董和書呆子，既無補於實用，也說不上什麼學問。兩千多年來，中國的舊學界是沉浸在崇古的空氣中的，言必稱唐虞三代、堯舜禹湯文武周公孔子，請問究竟出了多少了不起的人才？「厚古薄今」的方向是應該老早轉換了。

記得一九五一年七月二十八日中國史學會在北京舉行成立大會，在那會上我講過一次話。我說，中國史學界在歷史研究的方法、作風、目的和對象方面，在黨的領導下已經開闢了一個新紀元。我舉出了六點來證明：（一）從舊時的唯心史觀逐步轉向為唯物史觀，（二）從個人單幹逐步轉向為集體研究，（三）從名山事業逐步轉向為「為人民服務」，（四）從貴古賤今逐步轉向為注重近代，（五）從大民族主義逐步轉向到注重少數民族，（六）從歐美中心主義逐步轉向為注重亞洲歷史。我當時為了鼓勵大家，所說的多少是出於自己的期待。（詳細記錄見一九五一年九月二十九日「進步日報」〔當時「大公報」的改名〕附刊「史學週刊」第三十八期）。照今天的情況看來，史學界的轉向速度並不那麼快。「厚今薄古」的口號提出後，全國學術界都在辯論，這一方面是好現象，但在另一方面也就表明學者們對於馬克思列寧主義的認識並未十分深入而一致，我們在思想革命上還需要作很大的努力。

當然，崇拜古代也有它的歷史根源。不僅我們中國是這樣，外國也是這樣。我們以前是言必稱唐虞三代，外國是言必稱希臘羅馬。這裡有它根深蒂固的依據。例如古典藝術品是有它的不朽性，為後人所不能摹仿的；古代思想家和文藝家的作品也有它的不朽性和獨創性，這就是「厚古薄今」的思想根源。對這種情況，馬克思在「政治經濟學批判」的導言中已經解釋過，他是就希臘藝術與莎士比亞的詩劇來說的。特別是對於希臘藝術的不朽性和不可企及處，他說得很透闢。他說那是和古代未發展的社會形態相適應。古典社會已經一去不復返了，所以古典藝術作品便成為不朽的典型和不可企及的範本。「一個大人不能再成為一個小孩子，要不他就是呆子」。但他須得從更高的階段上來發揮孩童的天真的本質，也就是創造性和積極性。這是說得再醒豁也沒有的。

就中國古代藝術來說，殷周的青銅器是具有高度的藝術性的，不僅今天搞假古董的人摹仿不到，兩千多年來沒有一個時代的銅器能夠和殷周相比。其原因正如馬克思所說：產生那種藝術品的未成熟的社會條件是永遠一去不復返了。古器物之所以古奧也還有年代的經歷包含在裡面。儘管你在形式上摹仿到，甚至把古物作為模子從新翻沙，也翻不出那種的古香古色。那就是因為沒有經過那幾千年的歲月，沒有受到原藝術作品在外部和內部所起的變化。所以古藝術品的確是不朽的和不可企及的。但是，能不能根據這一點，便可以認為古代的一切東西都比後來的好呢？當然不能！那樣就真正成為「呆子」的思想了。那種想法是「以偏概全」，「厚古薄今」的人正是使用的這種方法，正是希望大人再成為孩子的一大群「呆子」！

中國古代的思想，特別是百家爭鳴的春秋戰國時代的思想，也有它的不朽性和不可企及處。因為那時正是中國歷史由奴隸制進入封建制的時代，學術思想上有一個飛躍式的解放運動，當時確實產生了不少傑出的思想家和藝術家。更加以兩千多年的封建制度的長期停滯，歷來的思想和文藝脫不掉百家特別是儒家的窠臼，所以春秋戰國時代就愈見顯得是黃金時代。但在今天不同了。今天中國的社會已經實現了兩個階段的躍進，思想和文藝，雖不那麼顯著，也有飛躍式的發展。像毛主席的思想和詩詞就是前無古人的。我們在今天依然還要厚古薄今，那簡直是「呆子」中的呆子！

今天我們的知識比古人豐富得多，就是三歲的小孩子所知道的東西，在某些方面，也遠遠超過了孔夫子和孟夫子。例如，今天的三歲小孩子都知道有第三個蘇聯的人造地球衛星，古時的聖賢就根本連做夢也沒有想到。當然，我們也並不想「以偏概全」，把古代的好處一概加以抹煞。再說一遍，古代史和古代文物，是須得加以研究，研究它的人不能太多，但也必須專深，才能發揮史學和考古學的作用。要闡明歷史發展的正確軌跡，要強調古代勞動人民的勤勞勇敢和創造熱情，他們儘管在物質條件不具備的情況下，依然留下了不可企及的典型作品，這樣就使得我們能夠準確地掌握規律，提高熱情，勇於創造，勇於改革當今和今後的客觀世界，來提高人民文化生活和物質生活的水準。以批判的精神來研究古代，在今天和今後依然是必要的。要有人擔任這項任務，而擔任者必須掌握馬克思列寧主義的思想方法，也就是「厚今薄古」的思想方法，以保證自己和受自己影響者的紅透與專深。紅不透是專不深的。既要紅、又要專，紅要透，專要深，每一種業務都必須如此。研究歷史和考古的人尤其必須如此。研究歷史和考古的人是容易陷沒的，搞得不好，每每爬不起來，所以必須更加堅決地抱定「厚今薄古」的精神以防自己陷溺並陷溺別人。像在海水深處游泳的一樣，尤其必須精於游泳術。

搞歷史是要掌握資料的，但這不是目的。我們不能成為資料的俘虜，要掌握它，據有它，成為資料的主人或支配者。資產階級的史學家只偏重資料，我們對這樣的人不求全責備，只要他有一技之長，我們可以採用他的長處，但不希望他自滿，更不能把他作為不可企及的高峰。在實際上我們需要超過他。就如我們今天在鋼鐵生產等方面十五年內要超過英國一樣，在史學研究方面，我們在不太長的時期內，就在資料佔有上也要超過陳寅恪。這話我就當到陳寅恪的面也可以說。「當仁不讓於師」。陳寅恪辦得到的，我們掌握了馬列主義的人為什麼還辦不到？我才不相信。一切權威，我們都必須努力超過他！這正是發展的規律。

搞歷史的人，尤其搞外國史或世界史的人，精通些外文，我看是必要的。當然，這也只是工具，而不是目的。同樣不能成為俘虜，而要成為支配者。精通些外文有好處，可以接觸外國資料，更可以和外國學者交流經驗或作思想鬥爭。中國的著作譯成外文的，我覺得太少了。連毛主席的著作，譯成外文的都並不很多。我們在這一方面實在應該補補課。單懂外文不行，還得懂專業，因此搞歷史的人搞些外文，我看倒不是多餘的事。不過不應該強調「外文第一」，那是毫無問題的。事實上外文不是第一而是第二或第三，第一是思想、方法、立場——即是說「政治是統帥」。搞專業有了統帥，而再精通些外文，那就有利而無弊了。

學歷史有它的重要性。歷史是辯證唯物論與歷史唯物論的具體的教材。通過歷史來教育人民、教育後代，甚至教育人類，是有它的不可輕視的功用。由於膚淺地了解了「厚今薄古」的含義，有些人發生了輕視資料、輕視舊書本的念頭，甚至搞歷史的人也感到苦悶，這也是一種偏向。總之，「厚今薄古」必須同時並提，今古是相對的，厚薄也是相對的，「厚今薄古」同時並提便成為合理的辯證的統一。如果搞歷史的人聽到「厚今薄古」而感到苦悶，那正證明他一向是「厚古薄今」。這樣的觀念必須立即改正過來，抱定「厚今薄古」的方針來搞歷史，那就會心情舒暢，而且會在史學研究上出現大躍進。

以上是我的一些不成熟的意見，一寫便寫長了，你們看起來恐怕吃力吧。我這些意見，請你們指正。我雖然不能來和各位當面談，但很願意和各位作筆談。就像這樣，我們用信函來往，也盡可以交換意見，對我聽覺不敏的人來說是更加方便的。如果你們對於我的意見有所指正，或者另外還有些什麼問題，請你們隨時寫信給我。讓我們在各方面都從更高的階段上來發揮我們的積極性和創造性吧！

敬禮！

郭沫若

一九五八，五，十六

但是，郭沫若這裡也語重心長地說出了一些歷史學研究的科學真言：

第一，郭氏提出：「然而一切事物的發展仍然今進於古。無論怎麼說，鐵器時代進於銅器時代，銅器時代進於石器時代，或者是近代進於封建時代，封建時代進於奴隸制時代。今天是自覺發展的時代了，我們正應該標榜『厚今薄古』來打破迷信，解放思想」。這無疑是值得肯定的。

第二，郭氏提出：「對於今是要得多些，對於古是要得少些。國家不能把重點擺在研究古代或古物方面。古代史和古文物也須得研究，但只能占比較小的比重。例如中國科學院有六十幾個研究機構，有六十多個是屬於今的，只有幾個是屬於古的。而且我們的重點所是原子能研究所、經濟研究所等，而絕不是古代史研究所，考古研究所等。」作為科學院院長的他，這些話是十分精準到位的。

第三，郭氏提出：「中國史學界在歷史研究的方法、作風、目的和對象方面，在黨的領導下已經開闢了一個新紀元。我舉出了六點來證明：（一）從舊時的唯心史觀逐步轉向為唯物史觀，（二）

從個人單幹逐步轉向為集體研究，（三）從名山事業逐步轉向為『為人民服務』，（四）從貴古賤今逐步轉向為注重近代，（五）從大民族主義逐步轉向到注重少數民族，（六）從歐美中心主義逐步轉向為注重亞洲歷史。」這些話並非完全是為了當權政治的歌功頌德，而是具有當時中國歷史科學如何實現從傳統走向現代的現實意義在內。而陳氏歷史學體系缺乏的正是這些。

第四，郭氏提出：「就中國古代藝術來說，殷周的青銅器是具有高度的藝術性的，不僅今天搞假古董的人摹仿不到，兩千多年來沒有一個時代的銅器能夠和殷周相比。……中國古代的思想，特別是百家爭鳴的春秋戰國時代的思想，也有它的不朽性和不可企及處。因為那時正是中國歷史由奴隸制進入封建制的時代，學術思想上有一個飛躍式的解放運動，當時確實產生了不少傑出的思想家和藝術家。」這是高度肯定了古代文明和思想的偉大成就，應當無可非議。

除此之外，郭氏的弄臣和御用文人的本色也充分表現出來。

上述信只有這一段矛頭一轉，對準了陳寅恪：

搞歷史是要掌握資料的，但這不是目的。我們不能成為資料的俘虜，要掌握它，據有它，成為資料的主人或支配者。資產階級的史學家只偏重資料，我們對這樣的人不求全責備，只要他有一技之長，我們可以採用他的長處，但不希望他自滿，更不能把他作為不可企及的高峰。在實際上我們需要超過他。就如我們今天在鋼鐵生產等方面十五年內要超過英國一樣，在史學研究方面，我們在不太長的時期內，就在資料佔有上也要超過陳寅恪。這話我就當到陳寅恪的面也可以說。「當仁不讓於師」。陳寅恪辦得到的，我們掌握了馬列主義的人為什麼還辦不到？我才不相信。一切權威，我們都必須努力超過他！這正是發展的規律。

在文中對陳寅恪極盡冷嘲熱諷，並公開提出了：「在史學研究方面，我們在不太長的時期內，就在資料佔有上也要超過陳寅恪」的口號。郭氏終歸找到了一個合法合理的發洩他對陳氏不滿的機會。以教育青年學生「就在資料佔有上也要超過陳寅恪」的方式，狠狠地羞辱了一次一向以佔有資料而著稱的陳寅恪。

八月，中山大學歷史系部分師生開始批判陳寅恪。十月，《理論與實踐》上刊發他的學生金應熙撰寫的批判陳寅恪的長文。十二月，《歷史研究》上刊發了北京大學歷史系師生們寫的批判長文。從此以後，陳寅恪主動提出堅決不再開課，以免貽誤青年。根據陸鍵東《陳寅恪的最後二十年》一書的記載：

七月下旬，陳寅恪上書中山大學校長，憤怒地表示：一，堅決不再開課；二，馬上辦理退休手續，搬出學校。[1]

如此這般的批判，特別是學生對自己的背叛，真正傷害了陳寅恪的心。可是，他依然沒有意識到自己和年輕一代之間存在的代溝——他試圖把學生納入自己既定不變的那個理想軌道，卻完全沒有考慮現實和歷史的距離、理想和現實的衝突。作為一名史學大師，固守自己的理想固然很重要，但是完全不考慮歷史的發展和現實變化，顯然已經將自己的理想定格成了不可改變的價值信仰。這大概是他和吳宓等人之所以能夠和他心靈溝通的理念基礎。而此時的顧頡剛卻主動要求「入社會主

1 《陳寅恪的最後二十年》，三聯書店，一九九五年，二四八頁。

義學院學習一年」，[1]同為史學大師，顧和陳的態度形成了強烈的反差。

雖然陳寅恪不再教課了，但卻開始了以目盲多病之身，對明清才女詩文及生平的研究，為他帶來盛譽的中古史研究及蒙古史研究全被他置之腦後而不顧了。

1 《顧頡剛日記》，一九五九年五月十三日，臺灣聯經出版公司，二〇〇七年。

第十五章

陳寅恪和《論再生緣》

一九六一年八月，陳寅恪自己寫有一詩，其中有一句說明了他當時的治學生活，該詩如下：

> 五羊重見九回腸，雖住羅浮別有鄉。留命任教加白眼，著書唯剩頌紅妝。
> 鍾君點鬼行將及，湯子拋人轉更忙。為口東坡還自笑，老來事業未荒唐。

在此詩中明確點明了他晚年的學術活動已經變為「著書唯剩頌紅妝」了。而他自己在「頌紅妝」下加注為：「近八年來草《論再生緣》及《錢柳姻緣釋證》等文，凡數十萬言。」

為此，吳宓曾解釋說：

> 總之，寅恪之研究「紅妝」之身世與著作，蓋藉此以察出當時政治（夷夏）、道德（氣節）之真實情況，蓋有深意存焉，絕非清閒、風流之行事……[1]

《論再生緣》重點研究女子陳端生。《柳如是別傳》重點研究女子柳如是。顯然，他作為的「頌紅裝」當是指這兩部著作而言。而這個時間段範圍是「近八年來」。但是，根據蔡鴻生先生的研究，陳氏的「著書唯剩頌紅妝」並非只是出現在晚年。他證據如下：

一九三五年　武則天　見《武曌與佛教》
一九三六年　秦婦　見《讀秦婦吟》
一九四一年　崔鶯鶯　見《讀鶯鶯傳》
一九四四年　楊貴妃　見《長恨歌箋證》
　　　　　　韋叢　見《元微之悼亡詩箋證稿》

---

1 《吳宓與陳寅恪》，清華大學出版社，一九九二年，一四五頁。

琵琶女　見《白香山琵琶引箋證》

一九五二年　婚姻集團　見《記唐代之李武韋楊婚姻集團》

一九五三年　陳端生　見《論再生緣》

一九五四－一九六四年　柳如是　見《柳如是別傳》

這一證據是非常具有說服力的。它說明了陳氏的「著書唯剩頌紅妝」的研究是由來已久的。為此，筆者分成上下兩篇，集中探討《論再生緣》和《柳如是別傳》二書的著述意圖是如何體現了陳氏的「著書唯剩頌紅妝」之說的。

在《論再生緣》一書中，他自述撰寫此書的原因是：

> 寅恪少喜讀小說，雖至鄙陋者亦取寓目。獨彈詞七字唱之體則略知其內容大意後，輒棄去不復觀覽，蓋厭惡其繁複冗長也。及長遊學四方，從師受天竺、希臘之文，讀其史詩名著，始知所言宗教哲理，固有遠勝吾國彈詞七字唱者，然其構章遣詞，繁複冗長，實與彈詞七字唱無甚差異，絕不可以桐城古文義法及江西詩派句律繩之者，而少時厭惡此體小說之意，遂漸減損改易矣。又中歲以後，研治元白長慶體詩，窮其流變，廣涉唐五代俗講之文，於彈詞七字唱之體，益復有所心會。衰年病目，廢書不觀，唯聽讀小說消日，偶至《再生緣》一書，深有感於其作者之身世，遂稍稍考證其本末，草成此文。承平豢養，無所用心，忖文章之得失，興窈窕之哀思，聊作無益之事，以遣有涯之生云爾。

此書最初只是油印若干冊。一九五六年八月，恰逢章士釗前來廣州中山大學拜訪陳氏，得到了此稿。而後章氏帶到香港。一九五九年，香港友聯出版社出版了《論再生緣》一書。此書出版後，立刻引起了海外學術界的關注。

在《論再生緣》一書中，陳氏讚美陳端生時如是感慨說：

> 中國當日智識界之女性，大別之，可分為三類。第一類為專職中饋酒食之家主婆。第二類為忙於往來酬酢之交際花。至於第三類，則為端生心中之孟麗君，即其本身之寫照，亦即杜少陵所謂「世人皆欲殺」者。前此二類滔滔皆是，而第三類恐止端生一人或極少數人而已。抱如是之理想，生若彼之時代，其遭逢困厄，聲名湮沒，又何足異哉！又何足異哉！至於神靈怪誕之說，地理歷史之誤，本為吾國小說通病，再生緣一書，亦不能免。然自通識者觀之，此等瑕疵，或為文人狡獪之寓言，固不可泥執；或屬學究考據之專業，更不必以此苛責閨中髫齡戲筆之小女子也。[1]

余英時先生在《陳寅恪論再生緣書後》一文中則主張：

> 今按陳先生此書之作蓋具兩重意義，其一為借考證《再生緣》作者陳端生之身世以寓自傷之意，故一則曰：「偶聽讀《再生緣》，深感陳端生之身世，因草此文。」再則曰：「江都汪中者，有清中葉極負盛名之文士，而又與端生生值同時者也。作《弔馬守真文》，以寓自傷之意……」其二則為借《論再生緣》之書而感慨世變，以抒發其對當前政治之厭恨之情。[2]

---

1 《寒柳堂集》，上海古籍出版社，一九八〇年，六〇頁。

2 《人生》，一九五八年第十二期。

也就是說：陳寅恪寫《論再生緣》有雙重含義在內，其一是感懷身世，寓自我傷感之情。其二是感概世變，抒發其對極權政治的深惡痛絕之情。

然後，他進一步闡述說：

陳先生自抗戰初期即患目疾，而當時醫藥條件不佳，一誤再誤，終至雙目失明。以先生之「絕世才華」及其史學造詣之深，又值最能著述之年（病目時大約才過五十），而遽失雙目，其內心之痛殆不可以言喻。此種病苦積之既久，自不能不一求傾吐，而《再生緣》作者陳端生之遭遇頗有可以與陳先生相通者，此《論再生緣》一書之所以作也。故《序文》中有云：衰年病目，廢書不觀，唯聽讀小說消日。偶至《再生緣》一書，深有感於其作者之身世，遂稍稍考證其本末，草成此文。承平豢養，無所用心，忖文章之得失，興窈窕之哀思，聊作無益之事，以遣有涯之生云爾！[1]

在此基礎上，他給出了三個證據，首先是：

其一則同為「禪機蚤悟，俗累終牽」，致所欲著述者終不能成。此點但引陳先生原文一節即可以明之：「嗚呼！端生於乾隆三十五年輟寫《再生緣》時，年僅二十歲耳。以端生之才思敏捷，當日亦自謂可以完成此書．絕無疑義。豈知竟為人事俗累所牽，遂不得不中輟。雖後來勉強續成一卷，而卒非全璧，遺憾無窮。至若『禪機蚤悟』，俗累終牽，以致暮齒無成，如寅恪今日者，更何足道哉！」此節所以歎息於端生者，句句皆自傷之辭，文顯義明，固不待詳說。

1 《人生》，一九五八年第十二期。

然其間猶有可得而深析微辨者，吾人平昔讀陳先生之專著，如《唐代政治史述論稿》、《隋唐制度淵源略論稿》以及近年山版之《元白詩箋證稿》，頗怪其自謙太過，止於稱其著述為「稿」；自今視之，則陳先畢之自謙，蓋有由焉！推先生之意，殆欲於晚年融滙其畢生治隋唐史之所得，寫成鉅構以勒為定本。以先生之才識「當日亦自謂可以完成此書，絕無疑義。豈知竟為人事俗累所牽，遂不得不中輟。」至於「雖後來勉強續成一卷，而絕非全壁，遺憾無窮」者則自況病目後之著述如《元白詩箋證稿》及存大陸出版之《歷史研究》中所發表之數篇論文也。竊又疑「俗累終牽」之語固不僅指病目之事，而尤在暗示撰述環境之不自由，《元白詩》等稿之續成已頗為勉強。此說雖似太鑿，但若與後文比觀，則不得不謂之信而有征矣！

其次，他認為：

其二感於端生之「絕世才華偏薄命」，遂不能自抑其哀思。夫端生之夫隊累謫戍，及遇赦歸，未至家而端生已卒，此誠可謂之薄命。至若陳先牛則少時以世家子弟遊學四方，歸國後執教清華大學，名滿天下。雖五十以後雙目失明，而學術界固猶拱之若連城之璧。抑更有進者，吾國名史家而目盲者在前有左丘明，在後有錢大昕；辛楣病目已在衰暮，固似視陳先生為差幸；而「左丘失明，厥有國語」其遭遇較之先生固更有令人同情者在也。今以先生擬之於端生之薄命，得毋不倫之甚邪？雖然，此固先生之所以自許者，陳先生自述其讀《再生緣》之別感中有云：「有清一代，乾隆朝最稱承平之世。然陳端生以絕代才華之女子，竟憔悴憂傷而死，身名湮沒，百餘年後其事蹟幾不可考見。江都汪中者，有清中葉極負盛名之文士，而又與端生生值同時者也，作《吊馬守真文》，以寓自傷之意，謂『榮期之樂，幸而為男。』（見《述學別錄》）今觀端生之遭遇，容甫之言其在當日，信有征矣。然寅恪所感者，則為端生於《再生緣》第十七卷第六五回中『豈是蚤為今日讖』一語。二十餘年前，九一八事變起，寅恪時寓燕郊清華園，曾和陶然亭壁間清光緒時女子所題詠丁香花絕句云：『故國遙山入夢青，江關客感到江亭。不須更寫丁香句，轉怕流鶯隔世聽。鍾阜陡聞蔣骨青，也無人對泣新亭。南朝舊史皆平話，說與趙家莊里聽。』詩成數年後，果有蘆溝橋之變，流轉西南，致喪兩目。」又於「北歸端恐待來生」下自注云：「寅恪案，十六年前作此詩，句中竟有端生之名『豈是蚤為今日讖』耶！噫！」復云：「自是求醫萬里，乞食多門，務觀趙莊之語，意『蚤為今日讖』矣！」觀乎此，則陳先生之所以吊端生之薄命者，亦正所以傷自身之飄零也。其自比於端生，猶別有一旁證焉！陳先生於解釋才女戴佩荃題端生織素圖次韻詩「頗耐西南漸有聲」之句後，進而日：「然寅恪於此尚不滿足，姑作一大膽而荒謬之假設，讀者姑妄聽之可乎？」此所謂「大膽而荒謬之假設」者，據陳先生云：「頗疑端生亦曾隨父往雲南，佩荃詩所謂『西南漸有聲』者，即指是言。」實則端生夫謫不歸，深閨獨怨，當其父赴雲南臨安府同知之任時，攜之同往，藉以稍減其別鳳離鸞之感，此亦情理所可有者，未見其如何特別「大膽而荒謬」之處也。陳先生於此鄭重言之，殆毋因處處以自身之遭遇與端生相比擬，突發現此一特殊相同之點，而不敢自信，遂作是語耶？故後文論《再生緣》中「白芍送臘」「紅梅迎春」等句，疑與雲南氣候未能相符時，復下一轉語曰：「但寅恪曾遊雲南，見舊曆臘盡春回之際，『百花齊放』（英時按：此引號係原有，殊為奇特，然亦無以解之也。姑志之以存疑），頗呈奇觀。或者端生之語實與雲南臨安之節物相符應，亦未可知也。」

最後，他提出：

其三則感於端生之生不逢辰，故前引文中已有「容甫之言其在當日，信有征矣！」之語，意謂端生以才女而生當「女子無才便是德」之時代中，無怪其遭逢坎坷，抱恨以終也。陳先生於論及《再生緣》之思想時云：「端牛此等自由及自尊即獨立之思想，在當日及其後百餘年間，俱足驚世駭俗，自為一般人所非議，……抱如是之理想，生若彼之時代，其遭逢困厄，聲名湮沒，又何足異哉！又何足異哉！」陳先生之所以於端生之不能見容於當世，一再致其歎息者，實以彼自身今日之處境殊有類乎才女之在往昔。故文末有云：「又所至感者，則衰病流離，撰文授學，身雖同於趙莊負鼓之盲翁，事則等於廣州彈弦之瞽女。榮啟期之樂未解其何樂，汪容甫之幸亦不知其何幸也。」合而觀之其意不亦顯然歟？[1]

而陳寅恪寫《柳如是別傳》的用心則是以三百多年前的明清故事，處處結合當前的興亡遺恨，尤其是他個人的身世。在極權主義時代，陳寅恪感歎本人所追求的那種「獨立之精神，自由之思想」之不能實現。陳寅恪以文化遺民的心境走進了新中國。換句話說，余英時先生主張一代史學大師陳寅恪以研究著作借古諷今、指桑罵槐地抨擊當時的文化專制現象。

而蔡鴻生先生則主張：

寅恪先生通過陳端生的「個案」，揭示了「紅妝」類女性悲劇命運的歷史根源，即理想與時代的衝突，人性與社會的衝突。巾幗奇才的悲劇結局之所以能夠傳誦百代，正因為胭脂淚中

1 《人生》，一九五八年第十二期。

凝聚著民族魂。[1]

蔡氏之說可以說是從歷史角度對《論再生緣》的學術價值進行肯定。而余氏之說則是側重於從現實角度進行肯定。那麼，余英時先生的上述解釋是否符合陳寅恪的本來意圖呢？

陳寅恪在一九六四年撰寫的《〈論再生緣〉校補記後序》一文這樣一段話：

《論再生緣》一文乃頹齡戲筆，疏誤可笑。然傳播中外，議論紛紜。因而發現新材料，有為前所未知者，自應補正。至於原文，悉仍其舊，不復改易。蓋以存著作之初旨也。噫！所南心史，固非吳井之藏。孫盛陽秋，同是遼東之本。點佛弟之額粉，久已先乾。裹王娘之腳條，長則更臭。知我罪我，請俟來世。

這裡面出現了「傳播中外，議論紛紜」和「知我罪我，請俟來世」兩組用語。那麼，是「知我」呢還是「罪我」呢？通過香港大學的李玉梅博士在一九八七年十月二十五日致一位美國學者的信中一段話，我們就可以找到答案了：

晚正研究史家陳寅恪，因於八月下旬結識陳老二女兒陳小彭、林啟漢夫婦，暢談陳老事，至為投契。小彭夫婦於一九五四年調返中山大學，據稱此乃周恩來之意，好便照顧陳老云云。今則居港七、八年矣。於細讀教授有關大作後，小彭命我告知教授數事如下：

〔一〕陳老當年於讀過教授〈陳寅恪論再生緣書後〉一文後，曾說：「作者知我」。

〔二〕教授《釋證》頁七十（按：此指一九八六年新版）有「陳先生是否真有一枝雲南藤

1 《仰望陳寅恪》，中華書局，二〇〇四年，一五頁。

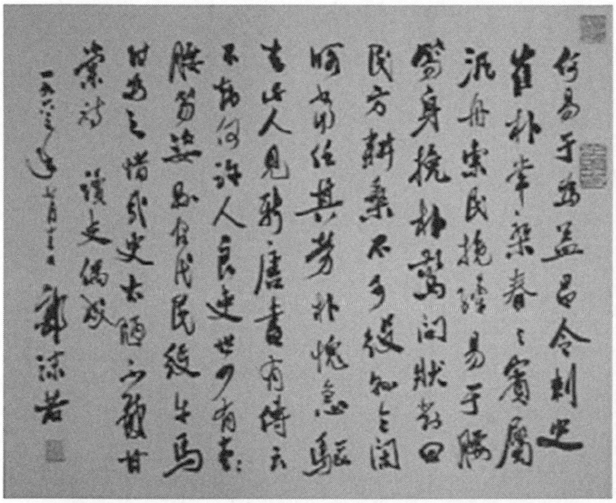

時任中國科學院院長郭沫若先生及其書法作品照片

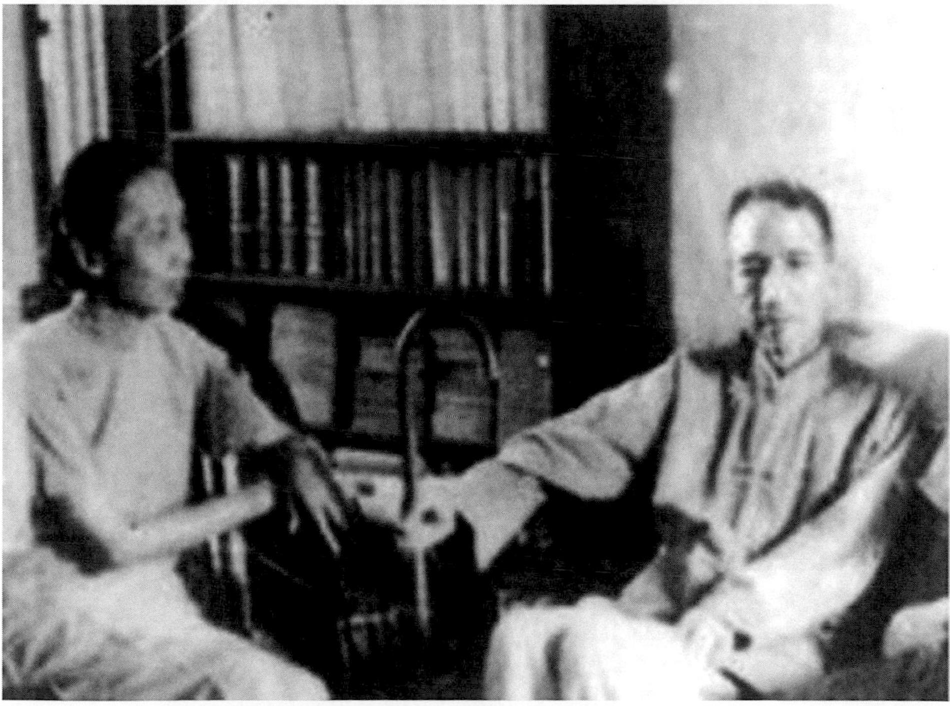

六〇年代初期陳寅恪夫婦在家裏的合影照片

杖之疑」，答案是肯定的。

小彭夫婦確曾有為去留而爭執之事。

〔三〕陳老夫婦確曾有為去留而爭執之事。

小彭夫婦對教授之注陳老思想，能得其精神，深覺大慰，特命余來信告之。

陳寅恪在《舊曆壬寅六月十日入居醫院療足疾至今適為半歲而疾未愈擬將還家度歲感賦一律》一詩中曾經寫下了這樣一句：「後世相知或有緣」。我一直很懷疑這句話其實就是說給他的。

一九六一年到一九六二年之間，著名歷史學家郭沫若先生開始發表多篇論文，對陳寅恪先生的《論再生緣》研究展開學術論戰！這應該說這是郭沫若先生發起的第二次批陳運動，距上次的一九五八年相距不過三年。但是，這次與了學術色彩，學術爭論和政治立場的爭議成為主導。因此陳寅恪先生說是「郭院長沫若撰文辨難」。

但是，郭沫若先生在《〈再生緣〉前十七卷和它的作者陳端生》等文章中還是多次肯定了陳寅恪先生的研究：

這的確是一部值得重視的文學遺產，而卻長久地被人遺忘了。不僅《再生緣》被人看成廢紙，作為蠹魚和老鼠的殖民地，連陳端生的存在也好像石沉大海一樣，跡近湮滅者已經一百多年。無怪乎陳寅恪先生要那樣地感傷而至於流淚……

我每讀一遍都感覺到津津有味，證明了陳寅恪的評價是正確的。……

我是看到陳教授這樣高度的評價才開始閱讀《再生緣》的。

陳寅恪的高度評價使我感受到高度的驚訝。我沒有想出：那樣淵博的，在我們看來是雅人深致的老詩人卻那樣欣賞彈詞，更那樣欣賞《再生緣》。而我們這些素來宣揚人民文學的人，卻把《再生緣》這樣一部書，完全忽略了。於是我以補課的心情，來開始了《再生緣》的閱讀。

看起來，郭老對陳寅恪先生的批判還以學術價值觀和思想傾向為主，不能等同於那個時代的純粹的人身攻擊和大批判。更不能看成了打擊迫害。無論是「在資料佔有上也要超過陳寅恪」的豪言狀語還是「在我們看來是雅人深致的老詩人卻那樣欣賞彈詞」的冷嘲熱諷，正如陳寅恪先生所說的那樣，只是「郭院長沫若撰文辨難」而已。

第十六章

陳寅恪和《柳如是別傳》

《柳如是別傳》，原題《錢柳姻緣詩釋證稿》。全書八十萬言，一九五三年竣稿、一九六三年竣稿，顯然也屬於「著書唯剩頌紅妝」中所說的「近八年來草《論再生緣》及《錢柳姻緣釋證》等文，凡數十萬言。」而且是在目盲體衰的極端困難的情況下，陳氏口述，由助手黃萱女士筆錄成書，時間歷時達十年之久。《柳如是別傳》研究的明末清初名妓柳如是和其夫錢牧齋之間的愛情生活及其詩文。陳寅恪對柳如是評價極高，認為是「民族獨立之精神」，為之「感泣不能自已」。陳寅恪自言「世所傳河東君之事實，多非真實，殊有待發之覆。今撰此書，專考河東君之本末，而取牧齋事蹟之有關者附之」。該書內容如下：第一章《緣起》；第二章《河東君最初姓氏名字之推測及附帶問題》；第三章《河東君與〈吳江故相〉及〈雲間孝廉〉之關係》；附：《河東君嘉定之遊》；第四章《河東君過訪半野堂及其前後之關係》；第五章《復明運動》；附：《錢氏家難》。

余英時先生在《陳寅恪晚年詩文釋證》增訂版序中曾主張：

為什麼他願意費十年的工夫寫《柳如是別傳》呢？這是因為通過錢柳姻緣來探索明清興亡的歷史大悲劇，一方面既能寄託他個人晚年的遭遇和感慨，另一方面又恰好可以傳達他在新「五胡亂華」時代的文化關懷。我們再也想不出中國史上還有任何論題能夠這樣一箭雙雕地適合他的需要了。[1]

而胡守為先生則主張：

柳如是致力於復明運動，其思想行為當合乎儒家三綱六紀之義，即維護民族文化精神，而

---

1 《陳寅恪晚年詩文釋證》（增訂版），臺灣東大圖書公司，一九九八年，三頁。

此種精神又是陳先生一貫宣導的，這恐是他窮十年之力為此「婉孌倚門之少女，綢繆鼓瑟之小婦」作長傳的主因。[1]

而劉夢溪先生則主張：

可以說，是寅恪先生平生撰著的最高峰。他的為學境界，他的學術理念，他的研究方法，他的深厚功力，他的史才、詩筆、論議，都在《別傳》中得到了充分而不拘一格的體現。[2]

事實真相是否如余先生猜測的那樣，讓我們詳細考證一下。

在《柳如是別傳》一書開端，陳寅恪特別設置了「緣起」一章。而且，他在該文中使用律詩十一首，用以增加其說明。顯然，解讀這組律詩是明白此書撰寫目的的關鍵。在本章中，我們將對這組律詩全部加以箋釋。在此基礎上，研究他撰寫此書的目的所在。

第一首：《詠紅豆（並序）》

昔歲旅居昆明，偶購得常熟白茆港錢氏故園中紅豆一粒，因有箋釋錢柳姻緣詩之意，迄今二十年，始克屬草。適發舊篋，此豆尚存，遂賦一詩詠之，並以略見箋釋之旨趣及所論之範圍云爾。

東山蔥嶺意悠悠，誰訪甘陵第一流。送客筵前花中酒，迎春湖上柳同舟。

縱回楊愛千金笑，終剩歸莊《萬古愁》。灰劫昆明紅豆在，相思廿載待今酬。

首聯二句的「東山」，表面含義指昆明市東山，實則暗指錢牧齋。錢氏曾著有《東山詩集》，

1 《紀念陳寅恪教授學術討論會文集》，浙江人民出版社，一九九五年，六頁。

2 劉夢溪《陳寅恪的學說》，三聯書店，二〇一四年，四六頁。

故以此來指代。「蔥嶺」，《大唐西域記》卷十二有：「崖嶺數百重，幽谷險峻，恒積水雪，寒風勁烈。多出蔥，故謂蔥嶺，又以山崖蔥翠，遂以名焉。」這裡指昆明市東山山崖蔥翠。「甘陵」，指《漢甘陵相尚府君碑》。「第一流」，指最優秀人物。頷聯二句的「柳同舟」，指錢、柳二人同舟遊杭州之事。頸聯二句的「歸莊」，一名祚明，字爾禮，又字玄恭，號恒軒，又自號歸藏、歸來乎、懸弓、園公、鏖鏊钜山人、逸群公子等，江蘇昆山人。《萬古愁》，乃歸莊所作散曲。「楊愛」，指柳如是。《柳如是別傳》中考證：

河東君之本姓既是楊氏，其後改易「雲娟」之舊名而為「愛」者，疑與此事有關，蓋欲以符合昔人舊名之故。「楊愛」之名諸書多有記載，但此名最初見於何書尚難確定。就所知者言之，似以沈虯「河東君傳」為最早。此傳（據葛昌楣君「蘼蕪紀聞」上所引）略云：「河東君所從來，余獨悉之。我邑盛澤鎮有名妓徐佛者，（徐佛事跡可參仲廷機輯盛湖志拾列女名妓門。）丙子年間張西銘先生慕其名，至垂虹亭易小舟訪之，而佛已於前一日嫁蘭溪周侍禦之弟金甫矣，院中惟留其婢楊愛，因攜至垂虹。余於舟中見之，聽其間，禾中人也。」是沈次雲於崇禎九年丙子有親見河東君之事。

「千金笑」，典出漢崔駰《七依》：「回顧百萬，一笑千金。」這裡指柳如是的美貌笑容。尾聯的二句指序文中的「昔歲旅居昆明，偶購得常熟白茆港錢氏故園中紅豆一粒，因有箋釋錢柳姻緣詩之意，迄今二十年，始克屬草。適發舊篋，此豆尚存」之事。此詩陳氏從昆明市東山直接聯想到錢、柳姻緣，整個境界銜接得天衣無縫。

關於這序文中的「紅豆」，陳建華先生在《從「以詩證史」到「以史證詩」》一文中主張：

對於《別傳》來說，我覺得最為詭譎莫名的是那顆「紅豆」。據作者在開頭的「緣起」中自述，他在一九三七年偶獲當年在錢氏園中的紅豆一粒，遂發幽古之思，夢魂繫之，為三百年前陵谷變遷，國士名姝憑弔不已。這一釋證錢柳姻緣的最初動機，在「詮釋迴圈」中起什麼作用？恐怕難以作滿意解答，然對於歷史書寫的客觀性具威脅性。此為作者自製的「神話」（mythology），作為文學表現手法和《紅樓夢》的「金玉良緣」相似，而在浪漫主義的語彙，此類迷思出自「藝術本質」的需要。[1]陳建華先生這一分析是值得肯定的、有創見的。因為《柳如是別傳》多處引用《紅樓夢》以暗示主題，顯然是作者的有意而為之的行為。

第二首：《題牧齋初學集並序》

余少時見《牧齋初學集》，深賞其「埋沒英雄芳草地，耗磨歲序夕陽天。洞房清夜秋燈裡，共簡莊周《說劍篇》」之句，《牧齋初學集》三陸「謝象三五十壽序」云：「君初為舉子，余在長安，東事方殷，海內士大夫自負才略，好譚兵事者，往往集余邸中，相與清夜置酒，明燈促坐，扼腕奮臂，談犁庭掃穴之舉」等語，可以參證。同書玖拾《天啟元年浙江向試程錄》中序文及策文第伍問，皆論東事及兵法。按之年月節候，又與詩意合。牧齋所謂「莊周《說劍篇》」者，當是指此錄而言也。今重讀此詩，感賦一律：

---

1 陳建華《從「以詩證史」到「以史證詩」》，《復旦大學學報》，二〇〇五年第六期，七七頁。

早歲偷窺禁錮編，白頭重讀倍淒然。夕陽芳草要離家，東海南山下巽田。〔1〕
誰使英雄休入彀〔2〕，轉悲遺逸得加年。〔3〕枯蘭衰柳終無負，莫詠柴桑擬古篇。

原注〔1〕為：《牧齋有學集》壹三東澗詩集下「病榻消寒雜詠」四十六首之四十四「銀磅南山頌遠祝，長筵朋酒為君增」句下自注云：「歸玄恭送春聯云：居東海之濱，如南山之壽。」寅恪案：阮吾山葵生〈茶餘客話〉壹貳「錢謙益壽聯」條記茲事，謂玄恭此聯「無恥喪心，必蒙叟自為」，則殊未詳考錢歸之交誼，疑其所不當疑者矣。又鄙意恒軒此聯固用《詩經》、《孟子》成語，但實從庾子山《哀江南賦》「畏南山之雨，忽踐秦庭；讓東海之濱，遂餐周粟」脫胎而來，其所注意在「秦庭」「周粟」，暗寓惋惜之深旨，與牧齋降清以著書修史自解之情事最為切合。吾山拘執《孟子》、《詩經》之典故，殊不悟其與《史記》、《列女傳》及《哀江南賦》有關也。

原注〔2〕為：明南都傾覆，牧齋隨例北遷，河東君獨留金陵。未幾牧齋南歸。然則河東君之志可以推知也。

原注〔3〕為：《牧齋投筆集》下《後秋興》之十二云：「苦恨孤臣一死遲。」

首聯二句的「禁錮編」，指《牧齋初學集》中的「埋沒英雄芳草地，耗磨歲序夕陽天。洞房清夜秋燈裡，共簡莊周《說劍篇》」之句。此篇尚武，而清初則禁止漢人習武，加以禁錮。因此一些尚武的詩文集因而受牽連被禁錮。

頷聯二句的「東海南山」，典出歸莊所送春聯「居東海之濱，如南山之壽。」《牧齋有學集》已有自注。陳氏以為此聯「實從庾子山《哀江南賦》『畏南山之雨，忽踐秦庭；讓東海之濱，遂餐周粟』脫胎而來」。

頸聯二句的「英雄休入彀」，典出《唐摭言·述進士上篇》：「文皇帝修文偃武，天贊神授，嘗私幸端門，見新進士綴行而出，喜曰：『天下英雄入吾彀中矣！』」彀中，指弓箭射程之內。後因以「入彀」喻清初籠絡人才。這裡指柳如是「明南都傾覆，牧齋隨例北遷，河東君獨留金陵。」陳氏此詩此句顯然皆柳自喻，以暗示他依然留在廣州、拒絕北上任職之事。「遺逸」，典出《漢書·五行志》：「是歲遣博士、褚大等六人持節巡行天下，存賜鰥寡，假與乏困，舉遺逸獨行君子詣行所在」這裡指陳氏自己。

尾聯的二句的「柴桑擬古」，典出晉陶淵明《擬古》：「種桑長江邊，三年望當採。枝條始欲茂，忽值山河改。柯葉自摧折，根株浮滄海。春蠶既無食，寒衣欲誰待。本不植高原，今日復何悔。」陳氏借此詩表達了他的「本不植高原」、不想北上為官之心。

在此詩後，陳氏有長文陳述如下，具體說明了他撰寫此書的目的所在，結合此詩，雖用心良苦，但是陳氏用意已經昭然若揭：

右錄二詩所以見此書撰著之緣起也。寅恪少時家居江寧頭條弄。是時海內尚稱乂安，而識者知其將變，寅恪雖年在童幼，然亦有所感觸，因欲縱觀所未見之書，以釋幽尤之思。伯舅山陰俞觚齋先生明震同寓頭條弄，兩家衡宇相望，往來便近。俞先生藏書不富，而頗有精本，如四十年前有正書局石印戚蓼生鈔八十回《石頭記》，其原本即先生官翰林日以三十金得之於京師海王村書肆者也。一日寅恪偶在外家檢讀藏書，獲睹錢遵王曾所注《牧齋詩集》，大好之，遂匆匆讀誦一過，然實未能詳繹也。是後錢氏遺著盡出，雖幾悉讀之，然遊學四方，其研治範圍與中國文學無甚關係，故雖曾讀之，亦未深有所賞會也。丁丑歲，蘆溝橋變起，隨校南遷昆明，大病幾死。稍瘉之後，披覽報紙廣告，見有鬻舊書者。驅車往觀。鬻書主人出所藏書，實皆劣陋之本，無一可購者。當時主人接待殷勤，殊難酬其意，乃詢之曰：此諸書外，尚有他物欲售否？主人躊躇良久，應曰：曩歲旅居常白茆港錢氏舊園，拾得園中紅豆樹所結子一粒，常以自隨。今尚在囊中，願以此豆奉贈。寅恪聞之大喜，遂付重值，借塞其望。自得此豆後至今歲忽忽二十年，雖藏置篋笥，亦若存若亡，不復省視。然自此遂重讀錢集，不僅藉以溫舊夢、寄遐思，亦欲自驗所學之深淺也。蓋牧齋博通文史，旁涉梵夾道藏，寅恪平生才識學問固遠不逮昔賢，而研治領域則有約略近之處。豈意匪獨牧翁之高文雅什多不得其解，即河東君之清詞麗句亦有瞠目結舌、不知所云者，始知稟魯鈍之資，挾鄙陋之學，而欲尚論女俠名姝文宗國士於三百年之前，（可參雲間杜九高登春尺五樓詩集貳下「武靜先生席上贈錢牧齋宗伯」詩云「帳內如花真俠客」及顧雲美苓「河東君傳」云「宗伯大喜，謂天下風流佳麗，獨王修微楊宛如與君鼎足而三。何可使許霞城茅止生專國士名姝之目」。）誠太不自量矣。雖然，披尋錢柳之篇什於殘缺毀禁之餘，往往窺見其孤懷遺恨，有可以令人感泣不能自已者焉。夫三戶亡秦之志，九章哀郢之辭，即發自當日之士大夫，猶應珍惜引申，以表彰我民族獨立之精神，自由之思想。何況出於婉孌倚門之少女，綢繆鼓瑟之小婦，而又為當時迂腐者所深詆，後世輕薄者所厚誣之人哉！牧齋事蹟具載明清兩朝國史及私家著述，固有缺誤，然尚多可考。至於河東君本末則不僅散在明清間人著述，以列入乾隆朝違礙書目中之故，多已亡佚不可得見。即諸家詩文筆記之有關河東君而不在禁毀書籍之內者，亦大抵簡略錯誤，抄襲雷同。縱使出於同時作者，亦多有意諱飾詆誣，更加以後代人無知之虛妄揣測，故世所傳河東君之事蹟多非真實，殊有待發之覆。

今撰此書，專考證河東君之本末，而取牧齋事蹟之有關者附之，以免喧賓奪主之嫌。起自初訪半野堂前之一段因緣，迄於殉家難後之附帶事件，並詳述河東君與陳臥子（子龍）程孟陽（嘉燧）謝象三（三賓）宋轅文（徵輿）李存我（待問）等之關係。

這段文字中最為核心的乃是要表達：

披尋錢柳之篇什於殘缺毀禁之餘，往往窺見其孤懷遺恨，有可以令人感泣不能自已者焉。夫三戶亡秦之志，九章哀郢之辭，即發自當日之士大夫，猶應珍惜引申，以表彰我民族獨立之精神，自由之思想。何況出於婉孌倚門之少女，綢繆鼓瑟之小婦，而又為當時迂腐者所深詆，後世輕薄者所厚誣之人哉！

顯然，這也是此書的宗旨。

前詩已經表達了陳氏自己的決定學陶淵明的《擬古》心態，這裡則更點明《柳如是別傳》的寫作用心是「表彰我民族獨立之精神，自由之思想」。而他倍感難得的卻是這一思想出自「婉孌倚門之少女，綢繆鼓瑟之小婦」之口。陳氏這裡暗指知識分子。因為他的另一首詩就已經將「小婦」和「知識分子」等同一起了。見陳寅恪一九五七年六月《丁酉五日客廣州作》詩：「照影湘波又換妝，今年新樣費裁量。聲聲梅雨鳴箏訴，陣陣荷風整鬢忙。好扮艾人牽傀儡，苦教蒲劍斷鋃鐺。天涯節物鰣魚美，莫負榴花醉一場。」唐王昌齡《青樓曲》有：「樓頭小婦鳴箏坐，遙見飛塵入建章」兩句，由此而來，陳氏暗指知識分子如樓頭小婦一樣，向黨交心和給黨提意見如同是「鳴箏訴」。看似自由的環境，讓陳氏產生了「今年新樣費裁量」的疑惑感覺。於是，他認為只有錢、柳時代才是「我民族獨立之精神，自由之思想」的短暫時代，以清初比喻建國之初。

第三首：《乙未陽曆元旦作》

寅恪以衰廢餘年，鉤索沉隱，延曆歲時，久未能就，觀下列諸詩，可以見暮齒著書之難有如此者。斯乃效《再生緣》之例，非仿花月痕之體也。

紅碧裝盤歲又新，可憐炊灶盡勞薪。太沖嬌女詩書廢，孺仲賢妻藥裡親。

食蛤那知天下事，然脂猶想柳前春。〔1〕炎方七見梅花笑，惆悵仙源最後身。

原注〔1〕為：河東君次牧翁「冬日泛舟」詩云：「春前柳欲窺青眼。」

首聯二句的「紅碧裝盤」，指當時廣州的城市裝飾。陳氏在《丙申五月六十七歲生日》一詩中更明確地寫明了「紅雲碧海映重樓」一語，足以為證。

頷聯二句的「太沖嬌女」，太沖即左太沖。典出晉左思的《嬌女詩》。該詩中有：「握筆利彤管，篆刻未期益。執書愛綈素，誦習矜所獲。」這裡卻是「詩書廢」，暗指陳氏膝下女兒已經無法安心讀書了。「孺仲賢妻」，典出《宋書》所引陶淵明：「常感孺仲賢妻之言」一語。「藥裡親」，典出《宋書》所引陶淵明：「疾患以來，漸就衰損，親舊不遺，每以藥石見救」一語，暗示陳氏自己當時也是以藥維生之現狀。《陳君葆日記》記載了當時陳寅恪幾次來信委託他購買藥品之事。（可以參見本書的附編。）

頸聯二句的「食蛤」，典出《淮南子．道應訓》：「盧敖遊乎北海，經乎太陰，入乎玄闕，至於蒙穀之上。見一士焉，深目而玄鬢，淚注而鳶肩，豐上而殺下，軒軒然方迎風而舞，顧見盧敖，慢然下其臂，遯逃乎碑。盧敖就而視之，方倦龜殼而食蛤梨。」以「食蛤」比喻超然脫世之人。「然脂」，典出南朝徐陵《〈玉臺新詠〉序》：「於是然脂暝寫，弄筆晨書，選錄豔歌，凡為十卷。」

本指點燃蠟燭，這裡指柳如是協助錢牧齋抄寫詩篇。

尾聯的二句的「炎方」，指南方炎熱地區。典出《藝文類聚》卷九一引鐘會《孔雀賦》：「有炎方之偉鳥，感靈和而來儀」一語。「仙源」，典出唐王維《桃源行》：「春來遍是桃花水，不辨仙源何處尋。」「最後身」，並非一般意義上的最終、最後之身。陳詩難解往往在於後人望文生義。這三個字其實是難解又難以覺察的典故術語。此詞來自梵語 antima-deha。即生死身中最後之身。又作「最後生」、「最後有」、「最後末身」。在小乘佛教中指斷絕一切見思煩惱、證無餘依涅槃之阿羅漢之身。我們再看看被個別無知粉絲吹成所謂的「陳詩鄭箋」的胡文輝《陳寅恪詩箋釋》一書又是如何解釋這個「最後身」三個字的呢？在該書的增訂本下冊第七七九頁，他居然注解說：「最後身，似自況為世外遺民的最後一人」！陳寅恪是這個意思嗎？NO！如此「文史素養明顯不夠」的作者及其此書，居然也成了所謂的「陳詩鄭箋」，鄭玄知道了還不羞死？！張求會君，你說不懂梵文、巴利文和小乘佛教，是不是屬於「文史素養明顯不夠」？是不是尚不具備研究和注釋陳寅恪詩歌的資格和能力？

第四首：《乙未陽曆元旦作》

高樓冥想獨徘徊，歌哭無端紙一堆。天壤久銷奇女氣，江關誰省暮年哀。

殘編點滴殘山淚，絕命從容絕代才。留得《秋潭》仙侶曲，〔1〕人間遺恨終難裁。

原注〔1〕為：《陳臥子集》中有《秋潭曲》，《宋讓木集》中有《秋塘曲》。宋詩更是考證河東君前期事蹟之重要資料。陳、宋兩詩全文見後詳引。

首聯二句的「高樓冥想」，指陳氏自己思考錢柳姻緣詩的注釋問題。這裡的樓還是陳家當時所住之樓，多次出現在組詩中。「歌哭」，典出《周禮・春官・女巫》：「凡邦之大烖，歌哭而請。」晉張華《博物志》卷八：「雍門人至今善歌哭，效娥之遺聲也。」而這裡的「歌哭無端」顯然是典出清譚嗣同《除夕感懷》詩：「無端歌哭因長夜」一語。

頷聯二句的「奇女氣」，典出清龔自珍《夜坐》：「塞上似騰奇女氣」一語。「江關誰省暮年哀」，典出唐杜甫《詠懷古跡・其二》：「暮年詩賦動江關」一語。這裡的「天壤」，即天地。

頸聯二句的「殘山」，典出唐杜甫《陪鄭廣文遊何將軍山林》：「殘山碣石開」一語。「殘編」，典出元成廷珪《夜思》：「白首殘編萬古心」一語。「絕命從容」，指臨死前的狀態。這裡典出清韓泰華《無事為福齋隨筆》：「後金陵破，雨生賦絕命辭，從容自殺。」以此暗指柳如是的從容赴死。這裡的「絕代才」是陳氏《論再生緣》中的詠陳端生的詩「絕世才華偏薄命」的簡稱。這裡暗指柳如是有才卻命薄，用來陳氏自我感歎。

尾聯的二句的「人間遺恨」，典出清魏秀仁《花月痕》：「多情自古空餘恨」一語。「遺恨終難裁」，又典出唐李白《北風行》：「北風雨雪恨難裁」一語。「《秋潭》仙侶曲」，指陳子龍在《秋潭曲》中寫給柳如是的唱和詩。陳寅恪此詩有歎息柳、陳二人仙侶姻緣不成之意。

第五首：《乙未舊曆元旦讀初學集》

乙未舊曆元旦讀《初學集》「（崇禎）甲申元日」詩有：「衰殘敢負蒼生望，重理東山舊管弦」之句，戲成一律：

絳雲樓上夜吹簫，哀樂東山養望高。黃合有書空買菜，玄都無地可栽桃。
如花眷屬慚雙鬢，似水興亡送六朝。尚托惠香成狡獪，至今疑滯未能消。

首聯二句的「絳雲樓」，乃是錢牧齋藏書樓，有《絳雲樓書目》行世。「東山」，指錢牧齋。「養望」，典出晉孫盛《晉陽秋》：「君子當正其衣冠，攝以威儀，何有亂頭養望，自謂宏達邪？」指製造虛名。錢牧齋《南京刑部浙江清吏司主事董繼周授承德郎制》：「朕聞留務多閒，諸曹郎類優遊養望，而刑曹尤甚。」

頷聯二句的「玄都」，典出唐劉禹錫《玄都觀桃花》：「玄都觀裡桃千樹」一語。「黃合」，即黃閣。典出唐葛立《聞我師大捷騎胥遁上時宰五十韻》：「端揆開黃閣」一語。這裡的「端揆」指宰相。「黃閣」，相府的大門。又作「黃合」。《高渙墓誌》中有「及軍啟劉蒼之號，儀申鄧鷺之府，門開黃合」一語。「買菜」，即「買菜書」之省。典出晉皇甫謐《高士傳．嚴光》：「司徒霸與光素舊，欲屈光到霸所，使西曹屬侯子道奉書，光不起。子道求報，光曰：『我手不能書。』乃口授之。使者嫌少，可更足。光曰：『買菜乎？求益也！』」此句講假如相府大門打開出來送徵聘之書，但是他認為北京（玄都）那裡沒有地方可以研究學術（栽桃）。這裡暗指當時郭沫若北京來書聘陳氏為中古史研究所所長之事。如此隱諱的詩歌內涵，至此則煥然冰釋。相比之下，我們再看看被個別無知粉絲吹成所謂的「陳詩鄭箋」的胡文輝《陳寅恪詩箋釋》一書又是如何解釋呢？他解釋說：「漢代丞相、太尉官署廳門塗作黃色，後借指宰相。並且以為此句是錢謙益被罷官後一度隱居鄉里，待機東山再起。」[1]可以說完全是風馬牛不相及的解釋。

頸聯二句的「如花眷屬」，指柳如是。典出明湯顯祖《牡丹亭・驚夢》：「則為你如花美眷，似水流年，是答兒閒尋遍」一語。「雙鬟」，典出宋范成大《謝賜臘藥感遇之什》：「天地恩深雙鬟雪」一語。這裡實際上寫錢柳夫妻恩愛、一起面對朝代的更替。「似水興亡送六朝」，典出王安石《桂枝香》：「六朝舊事隨流水」一語。而胡文輝《陳寅恪詩箋釋》一書對此的注釋完全是毫不著邊際的閒扯。

尾聯的二句的「惠香」，陳氏《柳如是別傳》中解釋為：

> 寅恪案：崇禎十五年春間牧齋所作詩中有涉及惠香之事，甚可注意。但河東君適牧齋後之患病問題，俟下文詳述，今暫不論。茲所欲言者，即惠香究為何人及與河東君之關係也。何、黃二氏均以惠香閣為河東君所居及認惠香與河東君為一人，殊為謬妄。觀牧齋自題其所校錄陽春白雪之年月，可知至遲在崇禎九年丙子二月花朝日牧齋已與惠香閣之名發生關係，然則此女性之惠香，其名初見於崇禎十三年庚辰冬間，復見於十五年壬午春季，皆在丙子花朝四年或六年之後，將如何解釋此疑問耶？鄙意一為先有人之名，後有建築物之名，建築物因人得名。如牧齋以河東君名是字如是、別號我聞居士之故，因名其所居曰「我聞室」，即是其例。（參前論蔣氏舊藏《河東君山水畫冊》。）一為先有建築物之名，後有人之名，人因建築物得名。惠香之名，疑是其例。蓋牧齋心中早已懸擬一金屋之名，而此金屋乃留待將來理想之阿嬌居之者。

1 《陳寅恪詩箋釋》，廣東人民出版社，二〇一三年，七八三頁。

若所推測不誤，則此女性恐是一能歌之人，與陽春白雪有關，故牧齋取惠香之假名以目之，斯固文士故作狡獪之常態，不足異也。

最後一句的「疑滯未能消」，指不能確認惠香之身分與否。

第六首：《箋釋錢在緣詩完稿無期》

箋釋錢在緣詩，完稿無期，黃毓祺案復有疑滯，感賦一詩：

然脂暝寫費搜尋，楚些、吳歈感恨深。紅豆有情春欲晚，黃扉無命陸終沈。

機、雲逝後英靈改，蘭、蕙來時麗藻存。撣出南冠一公案，可容遲暮細參論。

首聯二句的「然脂暝寫」或作「燃脂」，已見前釋。「楚些吳歈」，典出《楚辭．招魂》：「宮廷震驚，發激楚些。吳歈蔡謳，奏大呂些」一語。指楚、吳二地歌舞。

頷聯二句的「黃扉」，典出《南史．梁武陵王紀傳》：「武帝諸子罕登公位，唯紀以功業顯著，先啟黃扉」一語。指黃色大門，可參前釋「黃合」。這裡用黃扉無命指錢牧齋沒有當宰相的命。「陸終沈」，即「陸沈」，典出《莊子．則陽》：「方且與世違而心不屑與之俱，是陸沉者也」一語。郭象注：「人中隱者，譬無水而沉也。」

頸聯二句的「機、雲逝後英靈改」，指陸機、陸雲兄弟。「英靈」，典出南朝謝朓《酬德賦》：「賴先德之龍興，奉英靈之電舉」一語。「蘭、蕙」，指蘭花和蕙花。「麗藻」，典出晉陸機《文賦》：「遊文章之林府，嘉麗藻之彬彬」一語。指華美的詩文。

尾聯的二句的「南冠」，典出《左傳．成公九年》：「晉侯觀於軍府，見鐘儀，問之曰：『南冠而縶者，誰也？』有司對曰：『鄭人所獻楚囚也。』使稅之，召而吊之。再拜稽首。」這裡指黃毓祺案。「遲暮」，典出《楚辭．離騷》：「恐美人之遲暮」一語。

第七首：《丙申五月六十七歲生日》

丙申五月六十七歲生日，曉瑩於市樓置酒，賦此奉謝：

紅雲碧海映重樓，初度盲翁六七秋。織素心情還置酒，然脂功狀可封侯。〔1〕

平生所學惟余骨，晚歲為詩欠砍頭。幸得梅花同一笑，嶺南已是八年留。

原注〔1〕為：時方撰錢柳姻緣詩釋證。

首聯二句的「紅雲碧海」，已見前釋。

頷聯二句的「織素」，典出。《玉臺新詠．古詩為焦仲卿妻作》：「十三能織素」一語。又見南朝陳徐陵《鴛鴦賦》：「炎皇之季女，織素之佳人。」則這裡用「織素」代指佳人、詩人的愛妻。「然脂功狀」，又作「燃脂」，已見前釋。

頸聯二句的「惟余骨」，典出《佛說觀佛三昧海經》：「速疾消爛，惟余骨在」一語，這是陳詩使用佛教典故的又一鐵證。

尾聯的二句的「梅花同一笑」，典出《五燈會元．七佛．釋迦牟尼佛》卷一：「世尊於靈山會上，拈花示眾。是時眾皆默然，唯迦葉尊者破顏微笑」一語。「嶺南已是八年留」，典出陸游《江樓醉中作曳策》：「戲語佳人頻一笑，錦城已是六年留」一語。

余英時先生特別主張此詩「陳先生取放翁此詩的模型，當是有感於其中『人間寧有地埋憂』的名句。」[1]看起來，這一理解是有道理的。

第八首：《丁酉陽曆七月三日六十八初度》

丁酉陽曆七月三日六十八初度，適在病中，時撰錢柳姻緣詩釋證尚未成書，更不知何日可以刊布也，感賦一律：

生辰病裡轉悠悠，證史箋詩又四秋。老牧淵通難作匹，阿雲格調更無儔。

渡江好影花爭豔，填海雄心酒祓愁。珍重承天井中水，人間唯此是安流。

首聯二句的「悠悠」，典出王勃《滕王閣序》：「閒雲潭影日悠悠」一語。「證史箋詩」，指撰寫《柳如是別傳》採用的以詩證史的方法。代指當時還在撰寫《柳如是別傳》。

頷聯二句的「老牧」，指錢牧齋。「淵通」，典出《三國志．蜀志．杜微譙周等傳論》：「譙周詞理淵通，為世碩儒」一語，以此來暗示錢牧齋的才學是「為世碩儒」。「阿雲」，指柳如是。陳氏《柳如是別傳》中考證：

河東君最初之名即是「雲」字，其與「美人」二字之關係如何耶？考《全唐詩》第三函李白二《長相思》云：「美人如花隔雲端。」（寅恪案：《玉臺新詠》一枚乘《雜詩九首》之六云：「美人在雲端，天路隔無期。」）此「雲」與「美人」相關之證也。但竊疑河東君最初之名不止一「雲」字，尚有其他一字亦與「美人」有關。

1 《陳寅恪晚年詩文釋證》（增訂版），臺灣東大圖書公司，一九九八年，三三一頁。

「格調」，指風度、儀態。典出《唐詩紀事．秦韜玉》：「誰愛風流高格調」一語。

頸聯二句的「填海」，典出《山海經．北山經》：「女娃遊於東海，溺而不返，故為精衛，常銜西山之木石，以堙於東海」一語。對於這兩句，有人解釋說：「本詩關鍵在『渡江好影花爭豔，填海雄心酒祓愁』二句，『渡江』即指章士釗赴香港統戰，『填海雄心』即指章士釗似圖在兩岸之間奔走的願望。此聯得解，則本詩即通，其他就是陳寅恪對自己經歷和世事的感慨了。」[1]恐非。

第九首：《用前題意再賦》

用前題意再賦一首。年來除從事著述外，稍以小說詞曲遣日，故詩語及之：

歲月猶餘幾許存，欲將心事寄閒言。推尋衰柳枯蘭意，刻畫殘山剩水痕。

故紙金樓銷白日，新鶯玉茗送黃昏。夷門醇酒知難貰，聊把清歌伴濁樽。

頷聯二句的「衰柳」，典出金王庭筠《鳳棲梧》：「衰柳疏疏苔滿地」一語。「枯蘭」，典出唐李賀《開愁歌》：「一心愁謝如枯蘭」一語。「殘山剩水」，典出唐杜甫《陪鄭廣文遊何將軍山林》：「剩水滄江破，殘山碣石開」一語。

頸聯二句的「故紙」，指古舊書籍。「新鶯」，典出唐李白《侍宴宜春苑奉詔賦龍池柳色初青聽新鶯百囀歌》：「還過茝若聽新鶯」一語。「玉茗」，典出宋陸游《眉州郡燕大醉中間道馳出城》：「釵頭玉茗妙天下」一語。

1 見《東方早報》二〇一二年七月二十九日。

尾聯的二句的「夷門」，胡文輝在《陳寅恪詩箋釋》一書中卻以為此句典出「魏國都城大樑的東門」，只是因為百度上可以搜到的解釋只是如此而已。請問：陳氏這裡用「夷門」一典和「魏國都城大樑的東門」有何貴幹？研究古詩，重在找出準確的典故出處。陳氏這裡用「夷門」一典恰恰是使用了藏頭詩的方法，他借用了唐李華《奉寄彭城公》：「貧病老夷門」一語。即，此句典出唐李華《奉寄彭城公》：「貧病老夷門」一語。這裡指陳氏感歎自己晚年「貧病老」之現狀。

「清歌伴濁樽」，典出漢曹操《短歌行》：「對酒當歌，人生幾何」一語。「濁樽」，典出南朝王寂《第五兄揖到太傅竟陵王屬奉詩》：「濁樽湛澹」一語。指薄酒，印證了上句「貧病老」之現狀。

第十首：《草錢柳姻緣詩釋證粗告完畢》

十年以來繼續草錢柳姻緣詩釋證，至癸卯冬，粗告完畢。偶憶項蓮生（鴻祚）云：「不為無益之事，何以遣有涯之生。」傷哉此語，實為寅恪言之也。感賦二律：

橫海樓船破浪秋，南風一夕抵瓜洲。石城故壘英雄盡，鐵鎖長江日夜流。

惜別漁舟迷去住，封侯閨夢負綢繆。八篇和杜哀吟在，此恨綿綿死未休。

首聯二句的「橫海樓船」，典出《文選．陳〈檄吳將校部曲文〉》：「江夏、襄陽諸軍，橫截湘沅，以臨豫章，樓船橫海之師，直指吳會」一語。劉良注：「樓船、橫海皆將軍號也。」「瓜洲」，地名。

頷聯二句的「石城」，即石頭城，指南京。「故壘」，指古代的堡壘。「石城故壘」和「鐵鎖長江」，典出唐劉禹錫《西塞山懷古》：「千尋鐵鎖沉江底，一片降幡出石頭」一語。

頸聯二句的「封侯閨夢」，典出唐王昌齡《閨怨》：「悔教夫婿覓封侯」一語。

尾聯的二句的「八篇和杜」，指唐杜甫的《秋興八首》，錢牧齋曾寫有和詩《後秋興八首》。「此恨綿綿」，典出唐白居易《長恨歌》：「此恨綿綿無絕期」一語。

第十一首：《草錢柳姻緣詩釋證粗告完畢》

世局終銷病楊魂，誃臺文在未須言。高家門館恩誰報，陸氏莊園業不存。
遺屬只余傳慘恨，著書今與洗煩冤。明清痛史新兼舊，好事何人共討論。

首聯二句的「誃臺」，典出北魏酈道元《水經注・穀水》：「洛陽諸宮……有誃臺」一語。又見《漢書・諸侯王表》唐顏師古注引服虔曰「周赧王負責，無以歸之，主迫責急，乃逃於此臺，後人因以名之。」劉德補注曰：「洛陽南宮誃臺是也。」疑此時陳氏因病治療加之帳號被封，開始借錢度日。

頷聯二句的「高家門館」，典出唐白居易《重題》：「高家門館未酬恩」一語。「陸氏莊園」，典出晉陸機《贈潘尼詩》：「遺情市朝，永志丘園」一語。又見陸雲《贈孫顯世詩》：「雲根可棲，樂此限岑」一詩。胡文輝以為是典出唐李亢《獨異志》，恐非。

頸聯二句的「慘恨」，典出唐張祜《送楊秀才游蜀》：「不堪揮慘恨」一語。「煩冤」，典出《楚辭・九章・思美人》：「蹇蹇之煩冤兮」一語。

由以上考釋，可以發現《柳如是別傳》的核心宗旨已經在第二首詩後的陳述中明確表達出來。在該書中陳氏更將柳如是與王國維論《紅樓夢》對比：

昔時讀河東君此詞下闋「春日釀成秋日雨，念疇昔風流，暗傷如許」諸句，深賞其語意之新、情感之摯，但尚未能確指其出處所在。近年見黃周星有「雲間送徵輿李雯共擇春閨風雨諸什」之說，（見前引沈雄江尚質編輯古今詞話「詞話」類下。）及《陳忠裕全集》貳拾《菩薩蠻「春雨」》詞，（見前引。）始恍然悟河東君之意，乃謂當昔年與幾社流交好之時，陳、宋、李諸人為己身所作「春閨風雨」之豔詞遂成今日「飄零秋柳」之預兆，故「暗傷如許」也。必作如是解釋然後語意方有著落，不致空泛。且「念疇昔風流」與上闋末句「尚有燕臺佳句」之語，則後思想通貫。「釀成」者，事理所必致之意，實悲劇中主人翁結局之原則。古代希臘亞力斯多德論悲劇，近年海寧王國維論《紅樓夢》，皆略同此旨。然自河東君本人言之，一為前不知之古人，一為後不見之來者，竟相符會，可謂奇矣！至若瀛海之遠，鄉里之近，地域同異，又可不論矣。

不僅如此，在該書中陳氏還將《紅樓夢》中人物和錢、柳對比，反覆分析說：

又據牧齋《元夕次韻詩》「薄病輕寒禁酒天」及《有美詩》「薄病如中酒」等句推之，則知河東君之離常熟亦是扶病而行者，今日思之，抑可傷矣。清代曹雪芹揉合王實甫「多愁多病身」及「傾國傾城貌」形容張、崔兩方之辭，成為一理想中之林黛玉，殊不知雍乾百年之前，吳越一隅之地，實有將此理想而具體化之河東君。真如湯玉茗所寫柳春卿夢中之美人、杜麗娘夢中之書生，後來果成為南安道院之小姐、廣州學宮之秀才，居然中國老聃所謂「虛者實之」者，可與希臘柏拉圖意識形態之學說互相證發，豈不異哉！

這大概就是有人主張《柳如是別傳》有《紅樓夢》的內涵的由來吧。

針對前文中胡守為先生的「合乎儒家三綱六紀之義，即維護民族文化精神」觀點，廖可斌先生分析說：

且陳寅恪先生本人明確講過，「獨立之精神，自由之思想」，比「三綱六紀」重要得多。他並不認為三綱六紀是神聖不可侵犯的，在《論再生緣》中，他讚美陳端生的，恰恰是她「於吾國當日奉為金科玉律之君父夫三綱，皆欲藉此等描寫以摧破之也。端生此等自由及自尊即獨立之思想，在當日及其後百餘年間，俱足驚世核俗，自為一般人所非議。」可見，維護「三綱五常」為主要內容的「民族文化精神」，不可能是陳寅恪撰寫兩書的宗旨。[1]

應該說，廖氏這一質疑是很準確的。

我們再看前述此書宗旨的陳述：

披尋錢柳之篇什於殘缺毀禁之餘，往往窺見其孤懷遺恨，有可以令人感泣不能自已者焉。夫三戶亡秦之志，九章哀郢之辭，即發自當日之士大夫，猶應珍惜引申，以表彰我民族獨立之精神，自由之思想。何況出於婉孌倚門之少女，綢繆鼓瑟之小婦，而又為當時迂腐者所深詆，後世輕薄者所厚誣之人哉！

則陳氏此書目的還是圍繞著「以表彰我民族獨立之精神，自由之思想」而來。並未表現出明顯的「一方面既能寄託他個人晚年的遭遇和感慨，另一方面又恰好可以傳達他在新『五胡亂華』時代的文化關懷」之情狀。順著這一思路，一九六五年，陳氏在《贈蔣炳南序》一文中再次重申：

默念平生，固未嘗侮食自矜，曲學阿世，似可告慰友朋。至若追蹤昔賢，幽居疏屬之南，

1 《中國文化研究》，二〇一一年，秋卷，九六頁。

汾水之曲，守先哲之遺範，托末契於後生者，則有如方丈蓬萊，渺不可即，徒寄之夢寐，存乎遐想而已。嗚呼，此豈寅恪少時所自待，及異日他人所望於寅恪者哉！

這就完成了從歷史到現實的過渡，從柳如是到陳氏自身的過渡。從詩學理論上說，即從「古典」向「今典」、「今事」的過渡。在《柳如是別傳》一書中，陳氏又提出了他的這一詩學理論，即：

> 自來詁釋詩章，可別為二：一為考證本事，一為解釋辭句。質言之，前者乃考今典，即當時之事實，後者乃釋古典，即舊籍之出處。……寅恪釋證錢柳之詩，於時地人三者考之較詳，蓋所以補遵王原注之缺也。但今上距錢柳作詩時已三百年，典籍多已禁毀亡佚，雖欲詳究，恐終多偽脫，若又不及今日為之，則後來之難，或有更甚於今日者，此寅恪所以明知此類著作之不能完善，而不得不仍勉力為之也。至於解釋古典故實，自以不能考知辭句之出處為難，何況其作者又博雅如錢柳者乎？今觀遵王所注兩集，牧齋所用僻奧故實遵王或未著明，或難加注釋，復不免舛誤，或不切當。……抑更有可論者。解釋古典故實自當引用最初出處，然最初出處實不足以盡之，更須引其他非最初而有關者以補足之，始能通解作者道辭用意之妙。

這使此書又具有了陳氏本人的詩學解釋學的理論架構。這裡的「今典」，陳氏書中又稱為「今事」。理論對於這兩者的關係，陳氏在該書中主張：

> 詩融會古典今典，辭語工切，意旨深長，殊非通常文士所能為。茲先證釋其辭語，然後考辨其作者，但辭語之關於古典者僅標其出處，不復詳引原文，關於今典者則略征舊籍涉及詩中所指者，以證實之。

並且多處談到「古典」和「今典」合用的微妙。這也難怪余英時先生以為陳氏此書也表現了這一「古典」和「今典」合用特點。於是，「古典」則是「即發自當日之士大夫，猶應珍惜引申，以表彰我民族獨立之精神，自由之思想。」而「今典」則是「默念平生，固未嘗侮食自矜，曲學阿世，似可告慰友朋。至若追蹤昔賢，幽居疏屬之南，汾水之曲，守先哲之遺範，托末契於後生者，則有如方丈蓬萊，渺不可即，徒寄之夢寐，存乎遐想而已。」因此之故，才有了余英時先生的「一方面既能寄託他個人晚年的遭遇和感慨，另一方面又恰好可以傳達他在新『五胡亂華』時代的文化關懷」之說。

但是，如果不明白陳氏此書的著述目的，就難免會質疑此書的學術價值。比如，嚴耕望先生就曾如是評價此書：

先生以失明老翁，居然仍能寫成這樣一部考證精細的大著作，足見稟性強毅，精力亦未全衰。既發憤著書，何不上師史公轉悲憤為力量，選擇一個重大題目，一抒長才，既瀉激憤之情，亦大有益於人群百世；而乃「著書唯剩頌紅妝」，自嘲「燃脂功狀可封侯」耶？真令人悲之惜之！蓋此書雖極見才學，但影響作用可能不會太大。第一，文字太繁瑣，能閱讀終卷的人實在太少，此與先生著作不講究體裁大有關係，這種繁瑣的考證體裁，寫幾萬字篇幅的論文並不妨事，像《別傳》那樣七十萬字以上的專題研究的大書，我想絕不適宜。第二，這部書除了研究先生本人及錢謙益、柳如是者之外，要讀、必須讀的人也不會多，因為論題太小，又非關鍵人物。[1]

1 嚴耕望《怎樣學歷史——嚴耕望的治史三書》，遼寧教育出版社，二〇〇六年。

持類似的看法還有錢鍾書、朱東潤等先生。這是一些正統的史學家、傳記文學家的基本看法。為此，陳建華先生在《從「以詩證史」到「以史證詩」》文提出新說，即：

《柳如是別傳》之「奇」處，略言之有三端：一為新舊兩重「痛史」，卻「亦文亦史」，呈現「歷史美學」之風格；二是既為柳如是立傳，卻摻入自傳，即「成為己身之對鏡寫真也」；三是詮釋意識一以貫之，即在「遊戲」文體中自覺另辟詮釋傳統。如他指出韓退之《贈盧仝詩》所示「開啟」「研究經學之方法」，也是夫子自道，其所關注文化整體中文史之內在脈絡之運作，這些都涉及本文所說的從「以詩證史」到「以史證詩」的詮釋學趨向。[1]

陳建華先生的此說算是對陳寅恪撰寫《柳如是別傳》的文體爭論比較合理的答覆了。可是，這些答覆也正是老一代正統的史學家、傳記文學家們所難以認同的學理。這一爭論並沒有隨著陳氏被熱捧而得到解決和理解，反而一直是諱莫如深，不加觸動。

1 陳建華《從「以詩證史」到「以史證詩」》，《復旦大學學報》，二〇〇五年第六期，七七頁。

第十七章

陳寅恪和《論韓愈》

一九五四年，《歷史研究》第二期上發表了陳寅恪的著名論文《論韓愈》。在此文中，他提出以下六大新說：

今出新意，仿僧徒詮釋佛經之體，分為六門，以證明昌黎在唐代文化史上之特殊地位。至昌黎之詩文為世所習誦，故略舉一二，藉以見例，無取詳備也。一曰：建立道統，證明傳授之淵源。……二曰：直指人倫掃除章句之繁瑣。……三曰：排斥佛老，匡救政俗之弊害。……四曰：呵詆釋迦，申明夷夏之大防。……五曰：改進文體，廣收宣傳之效用。……六曰：獎掖後進，期望學說之流傳。

他注意到了韓愈學說對道統論的關注。他分析說：

華夏學術最重傳授淵源，蓋非此不足以徵信於人，觀兩漢經學傳授之記載，即可知也。南北朝之舊禪學已採用阿育王經傳等書，偽作付法藏因緣傳，以證明其學說之傳授。至唐代之新禪宗，特標教外別傳之旨，以自矜異，故尤不得不建立一新道統，證明其淵源之所從來，以壓倒同時之舊學派……

針對傳入的佛學，他結合當時的社會現實，提出：

蓋天竺佛教傳入中國時，而吾國文化史已達甚高之程度，故必須改造，以蘄適合吾民族、政治、社會傳統之特性，六朝僧徒「格義」之學，即是此種努力之表現，儒家書中具有系統易被利用者，則為《小戴記》之《中庸》，梁武帝已作嘗試矣。然《中庸》一篇雖可利用，以溝通儒釋心性抽象之差異，而於政治社會具體上華夏、天竺兩種學說之衝突，尚不能求得一調和貫徹，自成體系之論點。退之首先發見《小戴禮記》中《大學》一篇，闡明其說，抽象之心性與具體之政治社會組織可以融會無礙，即儘量談心說性，兼能濟世安民，雖相反而實相成，天竺為體，華夏為用，退之於此以奠定後來宋代新儒學之基礎，退之固是不世出之人傑，若不受新禪宗之影響，恐亦不克臻此。[1]

而對於韓愈反對佛教又同時反對道教的立場，他從社會經濟史的角度分析後，提出了韓愈觀點的證據支撑：

蓋唐代人民擔負國家直接稅及勞役者為「課丁」，其得享有免除此種賦役之特權者為「不課丁」。「不課丁」為當日統治階級及僧尼道士女冠等宗教徒，而宗教徒之中佛教徒最占多數，其有害國家財政、社會經濟之處在諸宗教中尤為特著，退之排斥之亦最力，要非無因也。至道教則唐皇室以姓李之故，道教徒因緣傳會。自唐初以降，即逐漸取得政治社會上之地位，至玄宗時而極盛，如以道士女冠隸屬宗正寺（見《唐會要》陸伍《宗正寺崇玄署》條），尊崇老子以帝號，為之立廟，祀以祖宗之禮。除老子為道德經外，更名莊、文、列、庚桑諸子為南華、通玄、沖虛、洞靈等經，設崇玄學，以課徒生，同於國子監。道士女冠有犯，准道格處分諸端（以上均見《唐會要》伍十《尊崇道教門》），皆是其例。尤可笑者，乃至於提漢書古今人表中之老子，自三等而升為一等（見《唐會要》伍十《尊崇道教門》），號老子妻為先天太后。作孔子像，侍老子之側（以上二事見《唐會要》伍十《尊崇道教雜記門》）。荒謬幼稚之舉措，類此尚多，無取詳述。退之排斥道教之論點除與排斥佛教相同者外，尚有二端，所應注意：一

1 《論韓愈》，《歷史研究》，一九五四年第二期，一〇七頁。

為老子乃唐皇室所攀認之祖宗，退之以臣民之資格，痛斥力詆，不稍諱避，其膽識已自超其儕輩矣。二為道教乃退之稍前或同時之君主宰相所特提倡者，蠹政傷俗，實是當時切要問題。最後，他高度肯定了韓愈發起的古文運動，他認為：

則知退之在當時古文運動諸健者中，特其承先啟後作一大運動領袖之氣魄與人格，為其他文士所不能及。退之同輩勝流如元微之、白樂天，其著作傳播之廣，在當日尚過退之。退之官之低於元，壽之短於白，而身歿之後，繼續其文其學者不絕於世，元白之遺風雖尚流傳，不至斷絕，若與退之相較，誠不可同年而語矣。退之所以得致此者，蓋亦由其平生獎掖後時，開啟來學，為其他諸古文運動家所不為，或偶為之而不專其意者，故「韓門」遂因此而建立，韓學亦更緣此而流傳也。世傳隋末王通講學河汾，卒開唐代貞觀之治，此固未必可信，然退之發起光大唐代古文運動，卒開後來趙宋新儒學新古文運動，史證明確，則不容置疑者也。綜括言之，唐代之史可分前後兩期，前期結束南北朝相承之舊局面，後期開啟趙宋以降之新局面，關於政治社會經濟者如此，關於文化學術者亦莫不如此。退之者，唐代文化學術史上承先啟後轉舊為新關捩點之人物也。其地位價值若是重要，而千年以來論退之者似尚未能窺其蘊奧，故不揣愚昧，特發新意，取證史籍……

此文發表後，鄧潭洲在一九五五年八月二十八日發表了《關於韓愈思想的評價問題》一文，對陳氏展開批評。他認為：「陳先生考證韓愈建立『道統』，是受了新禪宗教外別傳的影響，不僅沒有片言隻字觸及這個『道統』的本質，反而於字裡行間，隱約地流露出非常欽崇的思想。」不僅如此，鄧氏主張：「韓愈的『道統』是已經衰頹，並為社會上那些衰頹著的勢力底利益服務的東西……這個『道統』，到了宋朝，就轉化為長期統治思想界的根深蒂固的極其反動的唯心主義的理學。」進而，他批評陳寅恪的《論韓愈》「沒有根據世俗大地主與僧侶大地主的矛盾關係去分析，更沒有說明韓愈反對佛老主要是為他的建立『道統』掃清障礙；只是籠統地從『政俗』上立論，因而對韓愈的反對佛老給予了不甚恰當的讚揚，容易導引讀者錯誤地認為韓愈的反對佛老，完全是從人民利益出發，是為民除害。」[1]

與此同時，黃雲眉先生在當年第八期的《文史哲》上也發表了《讀陳寅恪先生論韓愈》一文，全面質疑陳氏的《論韓愈》：

韓愈在古代文化史上最大的貢獻，是文學，或者是儒學，固然還是可以商榷的問題。但至少不能把他的文學，僅僅作為他的儒學的隸屬者，是可以斷言的。[2]

然後哦，他提出：

因此，我認為陳先生只注意韓愈幼年到過韶洲，沒有注意韓愈到韶州的特候新禪宗學說在那裡的宣傳情況，而便以為韓愈幼年受了新禪宗的影響，顯然是一種臆測之詞。[3]

接下來，他主張：

陳先生只從韓愈闢佛老的手段上著眼，沒有從他的目的上著眼，所以肯定韓愈的「排斥佛老」是為了「匡救政俗之弊害」。韓愈的「排斥佛老」，主觀上不是為「匡救」當時「政俗

1 《光明日報．文學遺產》一九五五年八月二十八日。
2 《文史哲》，一九五五年第八期，二四頁。
3 《文史哲》，一九五五年第八期，二五頁。

之弊害」，……客觀上也不可能把當時「政俗之弊害」「匡救」過來。陳先生這個肯定是錯誤的。[1]

最後，黃氏認為：

陳先生認為，只有韓愈才能清晰地認識安史以來的夷狄之患，才能澈底地主張把夷狄之法——佛教，「抉其本根，力排痛斥」，因而才能領導以「尊王攘夷」為中心思想的古文運動，也是沒有客觀事實的根據的。[2]

可見，黃氏和鄧氏二人的質疑是有道理的。陳氏此文的確有些不知所云、不知所據。結合黃、鄧二人的反駁，我們可以發現：《論韓愈》並不是一篇理論嚴謹的學術論文，而是另有志趣所在。

對於這篇論文的志趣所在，一個美國學者在《陳寅恪晚年詩文釋證》中提出新的解釋，他主張：

《論韓愈》尤其值得重視，這是發表在有代表性的官方期刊上面的文字，其中自然含有深意。這篇文章是和《論唐高祖稱臣突厥事》同一年寫成的。後者既有所指，前者也不會是無的放矢……也都是反映世變的敏感文字。《論韓愈》一文之所以特別重要是因為它是陳先生個人的「中國文化宣言」。[3]

早在一九九六年，我發表的《陳寅恪先生年譜研究序說》中曾主張：

余英時先生在《陳寅恪晚年詩文釋證》一書中研究陳寅恪先生的晚年心境時有點過於敏感。

1 《文史哲》，一九五五年第八期，二八頁。

2 《文史哲》，一九五五年第八期，三二頁。

3 《陳寅恪晚年詩文釋證》（增訂版），臺北東大圖書公司，一九九八年，一一八頁。

現在，我承認我當時這句話對余英時先生的質疑是錯誤的。

但是那篇文章也有值得肯定的一點，那就是：我至今不承認《論韓愈》是「陳先生個人的『中國文化宣言』」。因為在我看來，如果有所謂陳寅恪先生的中國文化宣言的話，他的宣言只能是他所說的「吾國近年之學術……將來所止之境，今固未敢斷論。惟可一言以蔽之曰：宋代學術之復興，或新宋學之建立是已」，而不是這篇《論韓愈》。

在《柳如是別傳》中，陳氏本人的詩歌解釋學理論就是：

自來詁釋詩章，可別為二：一為考證本事，一為解釋辭句。質言之，前者乃考今典，即當時之事實，後者乃釋古典，即舊籍之出處。……寅恪釋證錢柳之詩，於時地人三者考之較詳，蓋所以補遵王原注之缺也。但今上距錢柳作詩時已三百年，典籍多已禁毀亡佚，雖欲詳究，恐終多偽脫，若又不及今日為之，則後來之難，或有更甚於今日者，此寅恪所以明知此類著作之不能完善，而不得不仍勉力為之也。至於解釋古典故實，自以不能考知辭句之出處為難，何況其作者又博雅如錢柳者乎？今觀遵王所注兩集，牧齋所用僻奧故實遵王或未著明，或難加注釋，復不免舛誤，或不切當。……抑更有可論者。解釋古典故實自當引用最初出處，然最初出處實不足以盡之，更須引其他非最初而有關者以補足之，始能通解作者道辭用意之妙。

現在，我將《論韓愈》和《論唐高祖稱臣突厥事》的「古典」和「今事」對比如下：

古典	今事	古典	今事
唐高祖	新中國	韓愈	陳寅恪
稱臣突厥	稱蘇聯為老大哥	闢佛老	反馬列

我想：余英時先生在文章中他的內心中最想說而沒有明說（「其中自然含有深意……後者既有所指，前者也不會是無的放矢……也都是反映世變的敏感文字」）的話就是：陳氏的《論唐高祖稱臣突厥事》其目的是類比新中國建國時「稱臣蘇聯事」，而他的這篇《論韓愈》則顯然是以韓愈「闢佛老」來象徵他自己的「闢馬列」。誠如是，又何談《論韓愈》是「陳先生個人的『中國文化宣言』」呢？！

第十八章

悲憤離世的陳寅恪

一九六〇年七月，經章士釗推薦，陳寅恪被聘任為中央文史研究館副館長。

一九六一年三月，郭沫若在廣州休假，於是帶著秘書造訪陳寅恪。

一九六一年八月三十日至九月四日，闊別多年的老友吳宓來訪。吳氏在當天日記中寫下了「然寅恪兄之思想及主張，毫未改變，即仍遵守昔年『中學為體，西學為用』之說（中國文化本位論），……但在我輩個人如寅恪者，則仍確信中國孔子儒道之正大，有裨於全世界，而佛教亦純正。我輩本此信仰，故雖危行言殆，但屹立不動，絕不從時俗為轉移；彼民主黨派及趨時之先進人士，其逢迎貪鄙之青苔，殊可鄙也云云」的記載[1]。陳寅恪把《論再生緣》油印本作為禮物送給吳宓，並正式向他透露了自己正在撰寫的一部關於錢柳姻緣的著作，這就是後來的三卷本八十萬字的《柳如是別傳》。

關於此書的寫作緣起，陳寅恪本人在《柳如是別傳》一書第一章就公開地說：

雖然，披尋錢柳之篇什於殘闕毀禁之餘，往往窺見其孤懷遺恨，有可以令人感泣不能自已者焉。夫三戶亡秦之志，九章哀郢之辭，即發自當日之士大夫，猶應珍惜引申，以表彰我民族獨立之精神，自由之思想。何況出於婉孌倚門之少女，綢繆鼓瑟之小婦，而又為當時迂腐者所深詆，後世輕薄者所厚誣之人哉！[2]

在這裡，陳氏再次重申了他的所謂的「獨立之精神，自由之思想」一語。但是，這並不表明他

1　《吳宓日記》，三聯書店，一九九八年。
2　《柳如是別傳》上冊，三聯書店，二〇〇一年，四頁。

將此時代認定為他理想中「獨立之精神，自由之思想」存在的時代。因為在他撰寫《高鴻中〈明清和議條陳殘本〉跋》一文中就已經對當時的社會和政治制度痛加批判：

夫明之季年，外見迫於遼東，內受困於張李。養百萬之兵，糜億兆之費，財盡而兵轉增，兵多而民愈困。觀其與清人先後應對之方，則既不能力戰，又不敢言和。成一不戰不和，亦戰亦和之局，卒坐是以亡其國。[1]

一九六一年到一九六二年之間，著名歷史學家郭沫若開始發表多篇論文，對陳寅恪的《論再生緣》研究展開責難。郭氏終於找到了一個可以痛快地發洩他當年對陳氏之不滿的大好機會。而陳寅恪本人在《論再生緣》中則似乎更鍾情於他所主張的「端生此等自由及自尊即獨立之思想，在當日及其後百餘年間，俱足驚世駭俗，自為一般人所非議」。他的用心已經昭然。這段時間，他的心境可以通過周揚一九六二年八月十日在大連創作座談會上的講話中看出一些端倪：

我與陳寅恪談過話，歷史家，有點怪，國民黨把他當國寶，曾用飛機接他走。記憶力驚人，書熟悉得不得了，隨便講哪知道哪地方。英法梵文都好，清末四公子之後。一九五九年去拜訪他，他問，周先生，新華社你管不管，我說有點關係。他說一九五八年幾月幾日，新華社廣播了新聞，大學生教學比老師好，只隔了半年，為什麼又說學生向老師學習，何前後矛盾如此。我被突然襲擊了一下，我說新事物要實驗，總要實驗幾次，革命，社會主義也是個實驗。買雙

1 《金明館叢稿二編》，上海古籍出版社，一九八〇年，一三一頁。

> 鞋，要實驗那麼幾次。他不大滿意，說實驗是可以，但是尺寸不要差得太遠，差一點是可能的……

陳氏的「實驗是可以，但是尺寸不要差得太遠，差一點是可能的……」之言，是考據家在談政治，難免不被別人所抨擊。所謂的「尺寸不要差得太遠」之說出自注重考據的歷史學家之口，顯然陳氏根本沒有意識到「新事物要實驗，總要實驗幾次」這句話的真正含義，而依然以他自己認可的價值體系和行事方法去強行要求別人和他的這一價值尺度「尺寸不要差得太遠」。我們幾乎可以說，從一九三〇年開始，他的價值尺度就沒再發生任何變化，已經成了他生命中的化石了！在四處堅持主張他的那個「獨立之精神，自由之思想」學說的陳寅恪先生，對於任何他認為有背於這一理念的新時代的新思想，頑強地表現出陳氏特有的固執和拒絕。

也正是在此時，一九六二年一月八日周揚在與廣東省社會科學聯合會等單位的座談上再次提到陳寅恪：

> 研究機關對資料的收集整理、研究，應該擔負具體的任務，應該提出整理、研究資料的具體計畫。如梁啟超的著作，解放後我們還未出版過，應該挑選出版。近代人物的著作，全國都要研究。需要注解、標點、說明。康有為、梁啟超、朱執信的著作，應該出版，要作整理。對活著的人的著作也應該出版，如陳寅恪、陳垣的著作，就應該出版。只要有學術價值的，政治上不反動，不管觀點如何，可以出，印數可以少一點。我們的遺產本來就不多，老藝人的藝術可以錄音保留，老學者的學術著作也要保留，只要他們有一方面的成就，就要繼承、不要抹煞。

一九六四年，陳寅恪在《贈蔣秉南序》一文中，他再次闡明：

果未及十稔，神州沸騰，寰宇紛擾。寅恪亦以求學之故，奔走東西洋數萬里，終無所成。凡歷數十年，遭逢世界大戰者二，內戰更不勝計。其後失明臏足，棲身嶺表，已奄奄垂死，將就木矣。默念平生固未嘗侮食自矜，曲學阿世，似可告慰友朋。至若追蹤昔賢，幽居疏屬之南，汾水之曲，守先哲之遺範，托末契於後生者，則有如方丈蓬萊，渺不可即，徒寄之夢寐，存乎遐想而已。嗚呼！此豈寅恪少時所自待及異日他人所望於寅恪者哉？雖然，歐陽永叔少學韓昌黎之文，晚撰五代史記，作義兒馮道諸傳，貶斥勢利，尊崇氣節，遂一匡五代之澆漓，返之淳正。故天水一朝之文化，竟為我民族遺留之瑰寶，孰謂空文於治道學術無裨益耶？

關於這段文字，陳寅恪從自己早年「以求學之故，奔走東西洋數萬里」一直說到「失明臏足，棲身嶺表」，但是值得自豪的只是「默念平生固未嘗侮食自矜，曲學阿世，似可告慰友朋」而已。看起來，一旦將學術理念進行信仰化的理解，以自我價值理念為中心的信條必然取代一切行為準則，傳統知識人在這一點上總無法跳出歷史的制約。早年接受了那麼多年的西學學術訓練後的陳寅恪，到了中晚年依然在作為職業的歷史學家和作為信仰的歷史學價值體系之間的糾葛之中徘徊。這也大概是東西方漢學家和中國傳統知識人的本質區別之一。

李錦繡在《陳寅恪學案》一文中主張：

是文為寅恪先生一生的總結……也是他為自己所有著作（即後來蔣天樞整理的《陳寅恪文集》）所作之序。序文中「未嘗侮食自矜，曲學阿世」，是對自己一生行事的概括，而「貶斥勢利，尊崇氣節」更是他終生為人治學的準則圭臬。[1]

---

1 引見《歐亞學研究》，http://www.eurasianhistory.com/data/articles/d02/39.html

陳氏這裡的「默念平生固未嘗侮食自矜，曲學阿世，似可告慰友朋。至若追蹤昔賢，幽居疏屬之南，汾水之曲，守先哲之遺範，托末契於後生者，則有如方丈蓬萊，渺不可即，徒寄之夢寐，存乎遐想而已。」已經道出了他與民國政府、新中國二者的本質不合作態度。現在學術界卻多讚美他的「獨立之精神，自由之思想」，似乎過於誇張，因為在他看來，從清代到新中國，從來就沒有存在過這樣一個環境。

而蔣天樞更是給陳寅恪先生下了定評：

> 綜觀先生一生，屯蹇之日多，而安舒之日少。遠客異國，有斷炊之虞。飄泊西南，備顛連之苦。外侮內憂，銷魂鑠骨。寄家香港，僕僕於滇越蜀道之中（在重慶，有「見機而作，入土為安」之聯語）。奇疾異遇，困頓（失明而無伴護）於天竺、英倫、紐約之際。雖晚年遭逢盛世，而失明之後，繼以臏足，終則被迫害致死。天之困厄斯人抑何酷耶？先生雖有「天其廢我是耶非」之慨歎，然而履險如夷，胸懷坦蕩，不斤斤於境遇，不戚戚於困窮，而精探力索，超越凡響，「論學論治，迴異時流」。而憂國憂民之思，悲天憫

大畫家黃永玉手書陳先生的名言

人之懷，鬱勃於胸中，壹發之於述作與歌詩。先生之浩氣遒矣。1

這一年，陳氏為《論再生》一書撰寫了《論再生緣校補記後序》，如下：

《論再生緣》一書乃頹齡戲筆，疏誤可笑。然傳播中外，議論紛紜。因而發現新材料，有為前所未知者，自應補正。茲輯為一編，附載簡末，亦可別行。至於原文，悉仍其舊，不復改易，蓋以存著作之初旨也。噫！所南心史，固非吳井之藏。孫盛陽秋，同是遼東之本。點佛弟之額粉，久已先乾。裹王娘之腳條，長則更臭。知我罪我，請俟來世。

一九六六年，「文革」爆發，陳寅恪的助手黃萱和護士全被紅衛兵組織趕走。九月，開始被多次抄家，工資和存款也被凍結。陳寅恪真正的厄運終於以前所未有的氣勢，向他撲面壓來。陳寅恪自此開始飽受折磨。從一九六六年冬開始，陳寅恪先後被迫六次作書面檢查交代。而且，屢屢被校方及「革命造反派」勒令要重新補充交代，所要交代的核心問題就是他個人在解放前後的歷史和他頗多複雜的海內外社會關係。這些都是當時足以致人於死地的重大問題！我們通過他在一九六七年四月二日唐篔代寫的三點聲明中就可以看出其中的一點頭緒：

一、我生平沒有辦過不利於人民的事情。我教書四十年，只是專心教書和著作，從未實際辦過事。

二、陳序經和我的關係，只是一個校長對一個老病教授的關係。並無密切的往來。我雙目失明已二十餘年，斷腿已六年，我從來不去探望人。

---

1 《陳寅恪先生編年事蹟》（增訂本），上海古籍出版社，一九九七年，二三三頁。

三，我自己的一切社會關係早已向中大的組織交代。

還有難以忍受的生理折磨：從四面八方傳過來的批判和打倒他的高音喇叭，日夜籠罩著包圍著陳寅恪的家，紅衛兵們甚至將喇叭臨時安放在陳寅恪的床前，這使他痛苦不堪，無法休息和睡眠。紅衛兵多次到中山大學東南區一號樓抄家，並且打傷了陳寅恪的夫人。抄家並非都出於政治原因，有的只是為了勒逼財物、珠寶、首飾之類。此中經歷的折磨，一言難盡！以至於他自己感歎說「我現在譬如在死囚牢」！

與此同時，全國大批像陳寅恪一樣的高級知識分子，卻遭到了血腥和殘暴的毒打、折磨和侮辱。在一九六六年八月發生在北京地區紅衛兵的殺戮中被害的人，不是被子彈或者大刀一下子殺死的，是被用銅頭皮帶和棍棒以及各種折磨虐殺的，殺害的過程長達數小時甚至數日，這種殺害也更為殘酷、更為痛苦、更加瘋狂。大批的文化名人選擇了自殺來結束這種痛苦，能夠及時地自殺已經成了躲避肉體迫害的唯一理智和幸運的手段。但是，這一切並沒有出現在陳寅恪的身上……可是，幾十年過去了，那些在文革中被殘酷折磨和虐殺的高級知識分子們至今沒有任何人要給他們寫一部記述他們晚年遭遇的「最後的二十年」，（當然，幾年前，美國出版了英文的《陳夢家傳》一書，獲得了全美讀書界的好評和震動。）他們在各自的領域作出了巨大的貢獻並且享有國際聲望，比如著名文學家老舍、羅廣斌、楊朔；著名考古

陳寅恪先生晚年照片

學家陳夢家；著名歷史學家翦伯贊、吳晗、李平心、劉盼遂、劉永濟、鄧拓；著名音樂家傅雷等等。

一九六七年，隨著「文革」第四號人物陶鑄的被打倒，造反派和紅衛兵再次要陳寅恪交待和陶鑄的私人關係問題成了一項新的罪狀。

一九六八年六月三日，中山大學爆發嚴重的武鬥事件，少數造反派打著「文攻武衛」的旗號，動用了機槍、手榴彈、炸藥等各種武器和各類刑具，上百名學生被圍困在學校圖書館，前後長達五十多天。可想見當時中山大學「文革」行動之厲害程度！

這一年，陳寅恪致中山大學革委會信中反映了他當時的悲慘壯烈的暮年：

申請書：

一、因心臟需吃流質，懇請允許每日能得牛奶四支（每支月四元八角）以維持生命，不勝感激。

二、唐篔先擔任三個半護士的護理工作①和清潔工雜工工作，還要讀報給病人聽，常到深夜，精神極差。申請暫時保留這位老工友②，協助廚房工作，協助扶持斷腿人坐椅上大便。唐篔力小頭暈，有時扶不住，幾乎兩人都跌倒在地。一位工友工資廿五元，飯費十五元，可否每月在唐篔活期存款折中取四十元為老工友開支。

又，如唐篔病在床上，無人可請醫生，（時兩女兒全家都去幹校。）死了也無人知道。

準確地說，這是一封寫給中山大學革委會的申請書，裡面敘述了陳寅恪晚年貧病交侵的淒慘境遇。貧者，是因為「工資凍結，即少量存款亦被凍結」，生病開銷又大，以至於請工友亦無錢付與，導致「因無錢付工友工資，致先生和師母故後，有的傢俱被人抬去抵工資」（蔣天樞《陳寅恪先生編年事輯》卷下）。可見這封申請書依然是石沉大海，沒有回音。關於三個護士的由來，文革時代的報紙曾如下揭示：「陶鑄在廣東工作長期以來，經常與民主人士和反動學術權威打交道，他不是去教育、分化和改造他們，而是討好他們，每年總要以他的名義給這些人送厚禮，而且經常接見這些人，並帶他們到最高級的地方遊覽。在陶鑄眼裡，好像沒有這些人我們的社會主義事業就不會成功一樣，他給一個反動的學者陳寅恪配了三個護士，群眾有意見，他反駁說：『假如你們有他的本領，我照樣也給你配三個護士。』真是何其毒矣！」[1]正面記載可見根據杜國庠的秘書李稚甫先生的回憶：「杜老去訪問陳老時，多次向陳先生請教、討論有關魏晉清談與玄學的關係，以及佛教傳入後對中國思想文化的影響，他們談得很歡洽，杜老很自然地就了解到陳老的生活、健康等情況，並向陶鑄同志作了反映，在可能範圍內，由中大加以落實，對陳老作了許多照顧。如陳老近盲，只有微弱視力，便在其住宅前，用白水泥鋪了一條小道供他散步。在工作上配了助手，派了專門護士照料健康，在困難時期又保證了付食品供應。陳老得到這樣的尊重，工作熱情高漲。」現在，一切已經過去了。

一九六九年春，中山大學革委會組織勒令陳寅恪從康樂園內住了近二十年的樓房中搬出，遷到中山大學西南區五十號，從這時開始陳寅恪的工資和存款也同時遭到凍結，家中財物在多次抄家過程中全部喪失，特別是陳寅恪的詩歌手稿和往來書信、還有陳家祖先的珍貴手稿。

——文物典籍在一九四九年以後的新中國都是歷次革命運動中的首先被搶奪霸佔、糟蹋毀壞

1 見廣東省委機關「紅旗」革命造反兵團編印的《陶鑄問題專輯》中的《陶鑄是民主人士和反動學術權威的庇護者》一文。

的「絕代佳人」！《古今典籍聚散考》一書闡述了文物典籍聚散的七大原因，該書作者沒有想到還有革命和移民這兩個現代原因存在。二〇一六年春節期間，余在京開始處理家中歷代保存下來的分到我手中的上千點文物和我個人的數萬冊古今中外善本圖書。歎國家法律不許可我攜帶一九四九年以前任何文物出境。甚至明確告知連梁漱溟、啟功兩先生寫給我的墨寶也不准出境，更不要說自家保存的古代文物。怎麼處理我的文物和圖書成了一大難題。捐給檔案館或博物館？歎如今內鬼猛於虎、作偽精如狼。不出兩天，你的文物就被徹底替換走了，留下偽品欺騙觀眾，這樣的案例層出不窮。留給子孫後代？我膝下有女無子，無人可留。只好出售，換個好價錢，也可以多給祖宗燒點紙吧。

七律《出售北京家中全部文物》

遙想豐功照汗青，皇恩浩蕩到終瞑。年年治學傳宗久，歲歲留書慰祖靈。

敗子逆孫唯你我，焚琴煮鶴棄街亭。文房聚散乾坤變，轉售商家避火刑。

照片中人物是某位歷史家族在宋代遠祖的肖像畫，而且是十分罕見的彩色朱砂拓版畫，具有非常高超的藝術創新價值。保存至今已達千年之久。而宋紙潔白如新，讓人驚歎！此珍貴文物出售後特地和收購該件文物的公司高管在家中書房合影留念。

同年三月五日，中山大學革委會在一份《堅決落實毛主席對知識分子「再教育」和「給出路」的政策》[1]一文中公然宣稱：

對於舊知識分子和反動學術權威要注意加以區別。像陳寅恪，一貫利用學術，堅持反動立場，惡毒地向黨向社會主義進攻的應劃為反動學術權威，要把他們批得比狗屎還要臭。以後，給予一定的生活費，養起來作反面教員。

同年十月七日晨五時許，飽受「文革」迫害的陳寅恪在廣州逝世。彌留之際，他一言不發，只是眼角不斷流淚。又是悲憤而死！

四十五天之後的十一月二十一日晚八時許，陳寅恪的夫人也因病逝世。

一代史學大師夫婦二人，從此長眠底下……

縱觀陳寅恪的一生，特別是陳寅恪解放後的生涯，他在學術史上具有重要而特殊的地位，是有其具體原因的：

陳寅恪早年以歐洲漢學傳統為核心、以對中國邊疆民族史和中外關係史的研究為基礎，晚年以清代才女為研究對象的治學道路，變化曲折而且耐人尋味。如果說陳寅恪在思想史上也具有重要地位的話，那就是通過自己的學術研究和價值取向鋪墊了中國近現代思想發展史（特別是現代新儒學）的一塊真正的基石。這是筆者所首先提出的一個新主張。

陳寅恪有著深刻的思想，雖然他追求的最基本境界就是「獨立精神和自由思想」。但這一思想

1 陸鍵東《陳寅恪的最後二十年》，三聯書店，一九九二年，四八三頁。

和儒家思想、和自由主義思想是無關的。因為，這一思想幾乎從來就沒有真正存在過，而只是他個人神往的一種虛擬境界。李錦繡《陳寅恪學案》一文中曾總結說：「可以斷定，獨立之精神、自由之思想是先生對劫盡變窮的中國文化抽象理想最高之境，亦即中國文化定義的重新概括」。[1]而這一所謂「中國文化抽象理想最高之境」卻是未曾有過的，即非六朝時代，又非明代晚期。但是，陳寅恪晚年一方面埋頭於「著書唯剩頌紅裝」的研究範圍內，另一方面卻又熱衷於「晚歲為詩欠砍頭」的詩歌議政興趣中，以這樣的晚年心態，即便是其一九四九年到了臺灣，在當時國民黨嚴酷統治的大環境下，他能否「善終」也還真是個大問題！

1 《歐亞學研究》，見 http://www.eurasianhistory.com/data/articles/d02/45.html

國家圖書館出版品預行編目(CIP)資料

陳寅恪別傳 / 劉正 著. -- 初版. -- 臺北市:
元華文創, 2020.08
面； 公分
ISBN 978-957-711-183-8 (平裝)
1.陳寅恪 2.學術思想 3.傳記
782.887　　109010478

陳寅恪別傳

劉正 著

發 行 人：賴洋助
出 版 者：元華文創股份有限公司
公司地址：新竹縣竹北市台元一街 8 號 5 樓之 7
聯絡地址：100 臺北市中正區重慶南路二段 51 號 5 樓
電　　話：(02) 2351-1607　　傳　　真：(02) 2351-1549
網　　址：www.eculture.com.tw
E-mail：service@eculture.com.tw
出版年月：2020 年 08 月 初版
定　　價：新臺幣 480 元

ISBN：978-957-711-183-8 (平裝)

總經銷：聯合發行股份有限公司
地 址：231 新北市新店區寶橋路 235 巷 6 弄 6 號 4F
電 話：(02)2917-8022　　傳 真：(02)2915-6275